中国特色高水平高职学校和专业建设成果

教育部课程思政教学研究示范中心建设成果

GAOZHI YUANXIAO
CAIJINGSHANGMAOLEI ZHUANYE
KECHENGSIZHENG JIAOXUE SHIJIAN

高职院校财经商贸类专业
课程思政教学实践

孔德兰 ◎主编

王玉龙 ◎副主编

ZHEJIANG UNIVERSITY PRESS
浙江大学出版社

国家一级出版社
全国百佳图书出版单位

·杭州·

图书在版编目（CIP）数据

高职院校财经商贸类专业课程思政教学实践／孔德兰
主编． — 杭州：浙江大学出版社，2023.3
ISBN 978-7-308-22543-4

Ⅰ．①高… Ⅱ．①孔… Ⅲ．①高等职业教育－思想政
治教育－教学研究－中国 Ⅳ．①G711

中国版本图书馆 CIP 数据核字（2022）第 064431 号

高职院校财经商贸类专业课程思政教学实践

GAOZHI YUANXIAO CAIJINGSHANGMAOLEI ZHUANYE KECHENGSIZHENG JIAOXUE SHIJIAN

孔德兰　主编

责任编辑	曾　熙
责任校对	高士吟
封面设计	春天书装
出版发行	浙江大学出版社
	（杭州市天目山路 148 号　邮政编码 310007）
	（网址：http://www.zjupress.com）
排　　版	杭州朝曦图文设计有限公司
印　　刷	广东虎彩云印刷有限公司绍兴分公司
开　　本	787mm×1092mm　1/16
印　　张	15.5
字　　数	375 千
版 印 次	2023 年 3 月第 1 版　2023 年 3 月第 1 次印刷
书　　号	ISBN 978-7-308-22543-4
定　　价	49.00 元

序

    2021年4月,习近平总书记对职业教育工作做出重要指示,强调在全面建设社会主义现代化国家新征程中,职业教育前途广阔、大有可为。要坚持党的领导,坚持正确办学方向,坚持立德树人,培养更多高素质技术技能人才、能工巧匠、大国工匠①。培养什么人、怎样培养人、为谁培养人是教育的根本问题,立德树人成效是检验高校一切工作的根本标准。全面推进课程思政建设是落实立德树人根本任务的战略举措。全面推进课程思政建设,就是要寓价值观引导于知识传授和能力培养之中,帮助学生塑造正确的世界观、人生观、价值观,这是人才培养的题中应有之义,更是必备内容。要紧紧抓住教师队伍"主力军"、课程建设"主战场"、课堂教学"主渠道"3个重要方面,让所有高校、所有教师、所有课程都承担好育人责任,"守好一段渠、种好责任田",使各类课程与思政课程同向同行,将显性教育和隐性教育相统一,形成协同效应。

    浙江金融职业学院为中国特色高水平高职学校建设单位和浙江省课程思政示范校,学校课程思政研究中心作为教育部课程思政教学研究示范中心、浙江省课程思政教学研究示范中心,认真落实教育部《高等学校课程思政建设指导纲要》及《浙江省高校课程思政建设实施方案》。学校制定并实施《浙江金融职业学院课程思政建设方案》《浙江金融职业学院课程思政规范化建设基本标准(试行)》《关于全面深化课程思政建设的意见》等制度文件,各二级学院制定并实施课程思政建设工

---

    ① 习近平对职业教育工作作出重要指示[EB/OL]. (2021-04-14)[2022-08-05]. https://www.ccps.gov.cn/xtt/202104/t20210414_148354.shtml.

作方案。按照"门门有思政,天天好课堂"的理念,有力推进学校课程思政建设,增强课程育人功能。学校一直注重课程思政顶层设计,坚持全方位行动、持续性推进、有步骤实施,全面落实立德树人的根本任务,强化思政元素引领作用,推进课程思政教学改革创新,有效推动课程思政建设,夯实公共素质类课程思政,聚焦专业类课程思政,重视社会实践类课程思政,做好专业教育和思政教育之间的有机统一。

2017 年,浙江金融职业学院教代会通过了《关于深化"千日成长工程",推进全课程育人的若干意见》,开始推进全课程育人工作,常态化定期组织课程思政专题教研活动,针对高等职业院校财经商贸大类专业和课程开展课程思政建设与教学实践。课程思政建设内容紧紧围绕坚定学生理想信念这一核心,以爱党、爱国、爱社会主义、爱人民、爱集体为主线,围绕政治认同、家国情怀、文化素养、宪法法治意识、道德修养等重点优化课程思政内容供给,系统进行中国特色社会主义和中国梦教育、社会主义核心价值观教育、法治教育、劳动教育、心理健康教育、中华优秀传统文化教育,帮助学生了解相关行业和专业领域的国家战略、法律法规和相关政策,教育引导学生深刻理解并自觉实践职业精神和职业规范,增强职业责任感,培养遵纪守法、爱岗敬业、无私奉献、诚实守信、公道办事、开拓创新的职业品格和行为习惯,培育学生经世济民、诚信服务、德法兼修的职业素养。学校深入落实德育为先的教育理念,坚持不懈地用习近平新时代中国特色社会主义思想凝心铸魂、用社会主义核心价值观铸魂育人。扎实推进习近平新时代中国特色社会主义思想和党的二十大的重要思想、重要观点、重大战略、重大举措有机地融入专业教学标准和人才培养方案，融入课程，并在课堂教学中落地生根。历经持续不断、与时俱进的积极探索和实践总结而得的有益经验，形成了本书的主要内容。

本书主要包括金融服务与管理、国际金融、农村金融、金融科技应用、保险实务、财富管理、大数据与会计、大数据与财务管理、信用管理、工商企业管理、市场营销、房地产经营与管理、电子商务、国际经济与贸易、国际商务、跨境电子商务、商务英语、会展策划与管理等 18 个财经商贸大类专业的课程思政教学实践指南。各专业课程思政教学实践指南的主要内容包括：专业课程思政教学的时代背景、专业课程思政教学的基本理念、专业课程思政教学的培养目标、面向课程思政的专业课程体系、课程思政教学实施、课程思政教学评价，以及管理制度与保障机制等。专业课程思政教学的时代背景主要阐述了政策背景、时代需求、相关专业人才培养目标定位和特点等宏观层面的内容。专业课程思政教学的基本理念主要从立德树人、专业人才培养、制度设计、学习方式、目标达成等维度撰写。专业课程思政教学的培养目标主要从总体目标和具体目标两个方面加以阐述。面向课程思政的专业课程体系主要包括思政建设、专业发展、学生发展等维度的设计依据，以及公共素质类课程思政、专业类课程思政、社会实践类课程思政等课程结构。课程思政教学实施主要包括教学设计、教学内容、教学方法、教材选用、师资队伍等。课程思政教学评价主要包括评价对象、评价内容、评价方法、评价标准等。管理制度与保障机制主要从管理制度和保障机制两个方面进行介绍。

本书编者在统一的指导思想下分工合作，各专业负责人团队结合自身专业特色，不断提炼总结课程思政研究与实践成果，最终形成各专业课程思政教学实践指南。本书希望能够为高等职业院校财经商贸大类专业开展课程思政建设提供思路和方略。由于我们的能力和水平有限，在理论探索和教学实践方面还存在一定的不足，欢迎各位专家、读者指正。

编者

2022 年 11 月

目 录

1 金融服务与管理专业课程思政教学实践

一、专业课程思政教学的时代背景

培养什么人、怎样培养人、为谁培养人是教育的根本问题,立德树人成效是检验高校一切工作的根本标准。要坚持把立德树人作为中心环节,把思想政治工作贯穿教育教学全过程,实现全员育人、全程育人、全方位育人。落实立德树人根本任务,必须将价值塑造、知识传授和能力培养三者融为一体,不可割裂。中共中央办公厅、国务院办公厅《关于深化新时代学校思想政治理论课改革创新的若干意见》提出,要把思想政治教育贯穿人才培养体系,全面推进高校课程思政建设。全面推进课程思政建设,就是要寓价值观塑造于知识传授和能力培养之中,帮助学生树立正确的世界观、人生观、价值观,这是人才培养的应有之义,更是必备内容,是落实立德树人根本任务的战略举措。

金融是现代经济的核心。金融活,经济活;金融稳,经济稳。作为国之重器,金融是国家重要的核心竞争力,金融安全是国家安全的重要组成部分,是经济平稳健康发展的重要基础。金融的安全健康发展离不开金融人才的支撑。金融从业人员的道德品格是,牢守底线思维,确保金融改革发展正确方向的关键。面对日益纷繁复杂的国际局势、快速迭代的金融科技、层出不穷的社会诱惑,如何在传授理论知识和专业技能的同时,培养学生的健全人格和职业操守,是金融专业人才培养必须高度重视的问题。

课程思政是当今国家对学生全方位进行思想政治教育的新要求,也是新时代中国高校面临的重要任务之一。为深入学习贯彻习近平总书记关于教育的重要论述和全国、浙江省教育大会精神,落实教育部《高等学校课程思政建设指导纲要》和《浙江省高校课程思政建设实施方案》,把思想政治工作贯穿教育教学全过程,强化课程育人功能,提升课程育人实效,着力构建符合人才成长规律、体现时代要求、彰显专业特色的课程思政体系,培养德智体美劳全面发展的社会主义建设者和接班人,结合金融服务与管理专业人才培养的目标定位和特点,特制定本专业课程思政教学实践指南。

二、专业课程思政教学的基本理念

金融服务与管理专业课程思政教学坚持以习近平新时代中国特色社会主义思想为指导,切实落实立德树人根本任务,扛起"三地一窗口"的使命担当,牢固确立人才培养的中心地位,坚持将价值塑造、知识传授和能力培养融为一体,紧紧抓住教师队伍"主力军"、课程建设"主战场"、课堂教学"主渠道"3个重要方面,在所有专业课程中全面推进课程思政建设,促使课程思政的理念形成广泛共识,全面提升专业教师开展课程思政建设的意识和能力,协同推进课程思政建设的体制机制健全,构建全员全程全方位育人大格局,进一步提高专业立德树人成效。

(一)坚持以全面提高金融服务与管理专业人才培养能力为核心的课程思政目标

课程思政建设工作要围绕全面提高人才培养能力这一核心目标,面向专业所有课程,结合专业特点,有针对性地修订金融服务与管理专业人才培养方案,切实落实教育部高职学校金融服务与管理专业教学标准,从专业建设、课程体系建设、课堂教学建设、教师队伍建设、实训环境建设、评价激励机制等进行整体统筹和系统谋划,将课程思政建设覆盖到金融服务与管理专业所有教师、所有课程,实现专业教育和思政教育有机融合,将显性教育和隐性教育相统一,形成协同效应,寓价值塑造于知识传授、能力培养之中。引导学生深入社会实践,关注现实问题,培育学生经世济民、诚信服务、德法兼修的职业素养。

(二)优化金融服务与管理专业课程思政的内容供给

金融服务与管理专业课程思政建设内容要紧紧围绕坚定学生理想信念,以爱党、爱国、爱社会主义、爱人民、爱集体等为主线,围绕政治认同、家国情怀、文化素养、法治意识、道德修养等重点优化课程思政内容供给,系统进行中国特色社会主义和中国梦教育、社会主义核心价值观教育、法治教育、劳动教育、心理健康教育、中华优秀传统文化教育。推进习近平新时代中国特色社会主义思想进教材、进课堂、进头脑,培育和践行社会主义核心价值观,加强中华优秀传统文化教育,深入开展宪法法治教育,深化金融职业理想和职业道德教育,教育引导学生深刻理解并自觉实践金融行业的职业精神和职业规范,增强职业责任感,培养遵纪守法、爱岗敬业、无私奉献、诚实守信、公道办事、开拓创新的职业品格和行为习惯。

(三)建立科学设计、分类推进的课程思政实施原则

要把金融服务与管理专业的专业课程作为课程思政建设的重点,进一步梳理本专业的价值引领元素,深度挖掘各专业课程的育人元素,研究制定各门课程的课程思政教学规范,明确课程思政融入课程教学的切入点,科学设计课程思政的具体实施路径与评价方式,通过潜移默化、春风化雨的方式,实现价值塑造、知识传授与能力培养的有机融合。要坚持学生中心和产出导向,持续改进,不断提升学生的课程学习体验及学习效果,坚决防止"贴标签""两张皮"。

(四)构建以评促建、以优带全的课程思政成果导向激励机制

以高水平专业课为主体培育课程思政示范课程,以专业教研室、教学团队和课程组为单位建设课程思政基层教学组织,围绕金融服务与管理专业和课程特色开展课程思政教学项目研究,建设课程思政教学优秀案例,充分发挥示范典型的引领带动作用,全面形成金融服务与管理专业广泛深入开展课程思政建设的良好氛围,使各位专业教师都能在课程思政建设工作中找到自己的"角色"、干出自己的"特色"。

三、专业课程思政教学的培养目标

(一)总体目标

金融服务与管理专业课程思政教学的总体目标是培养拥护党的基本路线,具有坚定的道路自信、文化自信和家国情怀,立足新时代国家发展战略,适应区域经济建设和社会发展需要,具备诚信、合作、敬业、创新创业基本素养,有强烈的合规与风险意识,能面向商业银行等各金融机构基层岗位,自觉践行普惠金融服务理念,追求精益求精工匠精神,德智体美劳全面发展,具有较强可持续发展能力的高素质技术技能型金融专门人才。扎实推进习近平新时代中国特色社会主义思想和党的二十大的重要思想、重要观点、重大战略、重大举措有机地融入专业教学。

(二)具体目标

1.道路自信与家国情怀

中国金融行业及金融机构的发展是在金融理论与中国实践相结合的过程中逐步发展起来的,这一过程蕴含着丰富的爱国主义和红色文化元素。中国共产党领导下的金融改革发展实践凸显了中国特色社会主义道路自信和理论自信。在专业课程教学中,通过解构中国问题、介绍中国经验、提炼中国方案,增强学生对中国特色社会主义及中国特色社

会主义市场经济的认同感,坚定道路自信。同时,中国金融业改革始终坚持维护群众利益、关注弱势群体,以实现共同富裕为目标。总结这些金融思想及其历史功绩,能够增强学生的爱国主义精神和民族自豪感,树立家国情怀,使其未来在金融领域的工作中能够恪尽职守,服务国家,服务社会,成为合格的社会主义建设者。

2. 遵纪守法与诚实守信

金融机构的经营管理离不开相关的法律法规约束,在业务开展中必须遵纪守法,坚持社会主义核心价值观,防止发生违法违规行为。作为金融机构一线人员,要树立知法懂法守法的观念,明确懂得相关法律知识,守牢法律底线。要树立合规操作意识,培养良好的工作习惯,把习惯性的合规操作嵌入各项业务活动之中,让合规的习惯动作成为习惯的合规操作,对他人负责、对自己负责、对金融机构负责。

诚信是金融机构赖以生存的最基本要求,也是每一个金融人必备的修养和素质。金融服务与管理专业课程思政要求学生以诚信为本,在未来的工作中要讲实话、办实事,严于律己,提升职业道德,做一名品德高尚的金融从业者。

3. 风险意识与创新思维

金融行业具有高风险属性,防范化解金融风险,事关国家安全、发展全局、人民财产安全,是实现高质量发展的重要保障。作为金融从业人员,要充分认识到金融风险防范的重要性,严格遵守职业规范,增强风险意识。同时,金融行业本身又是一个不断创新发展的行业,要培养学生的创新思维,以适应快速发展的行业需要。

4. 团队合作与工匠精神

金融服务与管理专业学生的职业就业方向主要集中于柜面操作、金融营销、理财咨询等一线金融服务岗位,必须具有敬业爱岗、精益求精的工匠精神。同时,现代社会的任何一个就业岗位,其工作都必须与他人共同合作才能完成,团队合作精神显得尤为重要。金融服务与管理专业课程思政要通过专业课程项目教学,组织参加技能竞赛、社会实践等方式培养学生精技笃行的金融工匠精神和团队协作的职业精神。

四、面向课程思政的专业课程体系

(一)设计依据

金融服务与管理专业面向课程思政的专业课程体系设计立足"立德树人"的根本任务,切实落实高等职业学校金融服务与管理专业教学标准,根据金融行业发展需求适时修订人才培养方案,结合各类课程特点有针对性地制订专业课程思政方案。设计课程思政教学,必须坚持以学生为本的原则,以激发学生课程思政学习兴趣、引导学生深入思考、丰富学生学习体验与提升学习效果为指向,科学设定教学目标、优化课程思政内容供给、创新课程思政教学方法、改进课堂教学管理、科学进行教学评价,进而推动课程思政卓越教学,塑造课程思政高效课堂。

(二)课程结构

根据金融服务与管理专业人才培养方案,将专业课程思政目标有机融入专业课程体系。公共素质类课程、专业类课程、社会实践类课程在实现专业课程思政目标上各有侧重,融合交叉。金融服务与管理专业公共素质类课程、专业类课程、社会实践类课程的核心思政目标与思政元素如表 1-1 所示,专业课程结构如图 1-1 所示。

表 1-1 金融服务与管理专业公共素质类课程、专业类课程、社会实践类课程的
核心思政目标与思政元素

课程类别	核心思政目标	思政元素
公共素质类课程	道路自信与家国情怀	政治意识、大局意识、道路自信、理论自信、制度自信、文化自信、家国情怀、劳动精神、体育精神、科学精神等
专业类课程	遵纪守法与诚实守信风险意识与创新思维	法治意识、遵纪守法、工匠精神、创新思维、诚实守信、共同富裕、和谐社会、大局意识、团结合作、职业道德、精益求精等
社会实践类课程	团队合作与工匠精神	安全意识、遵纪守法、团结合作、工匠精神、职业道德、劳动精神、创新思维、精益求精等

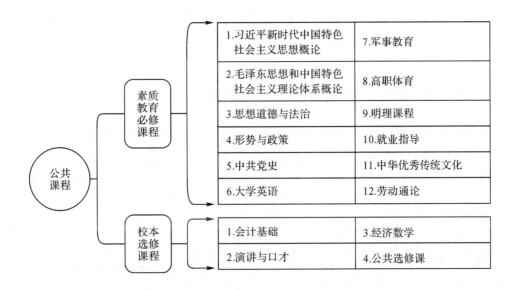

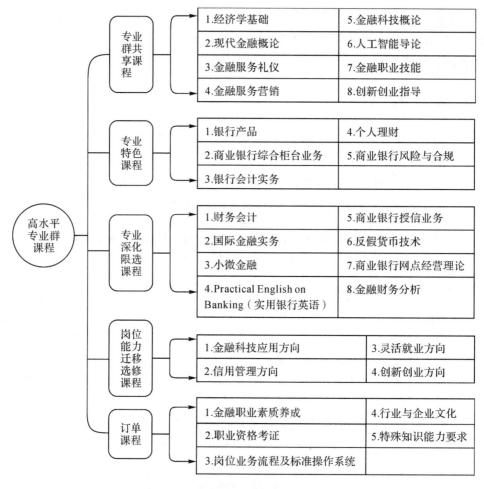

图 1-1　金融服务与管理专业课程结构

(三)专业课程的相关信息及课程思政育人目标

金融服务与管理专业课程的相关信息及课程思政育人目标示例如表 1-2 所示。

表 1-2　金融服务与管理专业课程的相关信息及课程思政育人目标示例

序号	课程名称	课程目标	主要教学内容	主要教学要求	课程思政育人目标
1	商业银行综合柜台业务	1. 掌握银行柜员基本职业能力素质要求,掌握银行柜面个人存款业务、个人贷款业务、个人结算业务等相关知识与操作流程,掌握银行柜面突发事件应急处理要求	银行柜员基本职业能力素质培养,个人存款业务相关知识与操作规程,个人贷款业务相关知识与操作规程,个人结算业务相关知识与操作规程	1. 达到对银行柜员基本职业能力规范的要求,达到对数字书写规范的要求,掌握钱箱使用保管、银行重要空白凭证及印章(包括电子化印章)管理规范的要求,达到对日初日终操作处理的要求	1. 在育人内容方面,积极践行社会主义核心价值观,将个人职业理想与社会担当有机结合;坚持思政育人理念,注重培养学生工匠精神,引导学生树立正确的世界观、人生观、价值观,培育团队协作能力、职业忠诚度、归属感和认同感

序号	课程名称	课程目标	主要教学内容	主要教学要求	课程思政育人目标
		2.能按照银行柜员基本职业能力规范操作,能正确进行数字书写,能规范进行各项个人柜面业务的操作处理,能规范应对银行柜面突发事件的应急处理,能熟练进行金融综合业务技能操作练习 3.熟悉银行企业文化,树立诚信、自律的职业操守;培养团队协作精神和职业认同感;正确对待银行柜面风险,构建风险防范意识,强化风险防范能力,能提供优质、高效、合规的金融服务	个人代理业务相关知识与操作规程,个人外汇业务相关知识与操作规程,柜面突发事件处理,电子银行业务规范,金融综合业务技能操作,金融互联网背景下的新业务(个人银行账户、移动支付、电子化印章、手机银行、微信银行等)	2.假币识别要求达到中国人民银行"反假货币上岗资格"证书考试等级标准,达到对个人储蓄存款业务、个人贷款业务、个人结算业务、个人外汇买卖业务、个人代理业务(包括手机银行、微信银行等移动支付手段的操作)等进行正确核算处理的要求,达到对银行柜面突发事件进行应急处理的要求,达到熟练进行金融综合业务技能操作练习的要求	2.在育人方法方面,通过案例法、讨论法、讲授法等,融入诚信、自律的行业职业道德;引导学生正确对待银行柜面风险,构建风险防范意识,强化风险防范能力;结合优秀校友职业生涯发展案例,帮助学生正确认识行业操守 3.在育人实践方面,借助工学交替、模拟实训等教学环节,帮助学生养成实事求是、严谨细致的工作态度,培养学生坚定的职业信念和积极的人生态度 4.在素质培养方面,结合课程具体内容,选择适宜的德育元素融入教学,培养学生优质高效的金融服务能力;培育严谨做事、勇于创新、协同合作的职业精神
2	银行会计实务	让学生熟悉商业银行一线临柜对公业务的基本内容、基本规定和业务规程,掌握各项对公业务的操作处理流程和会计核算方法,培养学生严谨遵守业务操作规程的职业操守,从而使学生具备从事商业银行一线临柜对公业务岗位的基本职业素质	银行会计基本核算方法处理,单位存款业务相关知识与操作规程(大额定期存单知识、电子化印章介绍),单位授信业务相关知识与操作规程(通过企业网银网上还贷、网上委托贷款及网上贷款查询等业务介绍),支付结算业务相关知识与操作规程(企业网银业务功能介绍、网银汇款、电子商票及其操作规程),资金清算和金融机构往来业务相关知识与操作规程,年终决算准备和决算日工作相关知识与操作规范,银行会计业务综合操作	1.掌握单位存款业务、单位贷款业务、支付结算业务、单位代理业务、单位外汇业务、资金清算和金融机构往来业务等商业银行一线临柜各项对公业务的业务内容和基本规定 2.达到对单位存款业务、单位贷款业务、支付结算业务、单位代理业务、单位外汇业务、资金清算和金融机构往来业务进行正确处理核算的要求,具体包括业务凭证填制,账簿登记,错账冲正,业务凭证的装订与保管等,达到对年终决算准备和决算日工作进行规范操作的要求	1.在育人内容方面,结合课程内容,引导学生认真学习专业知识、掌握专业技能,忠于职守,爱岗敬业,将个人职业理想与社会担当有机结合 2.在育人方法方面,通过案例法、情景模拟法等,将对公柜台岗位的典型案例融入课堂教学环节,帮助学生树立诚实守信的工作理念,以高标准职业道德规范行事,品行正直,恪守诚实信用 3.在育人实践方面,借助存款、贷款、结算等业务的课程实训,以职业人的标准培养学生规范业务操作意识,为毕业后上岗打好基础,降低差错,胜任对公柜台岗位要求

续 表

序号	课程名称	课程目标	主要教学内容	主要教学要求	课程思政育人目标
3	商业银行授信业务	1. 了解银行授信业务法规及政策的相关规定；掌握银行授信业务的操作流程；掌握客户信用分析方法；掌握贷款五级分类的核心定义、分类的方法程序，了解问题贷款的识别、处理方法及处理程序 2. 会填写与授信业务相关的各种法律文件、凭证；会通过借款人的财务资料与非财务资料对借款人偿债能力进行分析；会撰写贷款调查报告；能对具体的授信业务进行风险分类；能对有问题的贷款进行识别，并提出相应的处置措施 3. 具备与客户沟通的能力，具备良好的职业道德，具备较好的逻辑分析与专业报告写作能力	商业银行授信业务基本规章制度与一般贷款业务操作流程，客户的信用分析相关知识与操作规程（包括客户的基本情况分析、财务因素分析、非财务因素分析、担保情况分析），贷款风险分类管理相关知识与操作规程，非贷款类授信业务相关知识与操作规程，网络贷款的基本知识与操作流程	1. 能正确模拟商业银行一般贷款业务的操作流程，明确各流程的风险控制点 2. 能够正确搜集客户资料信息，并对其基本情况、财务因素、非财务因素、担保情况等进行正确分析 3. 熟悉银行授信业务法律与法规，并能运用于授信业务 4. 能正确填写与贷款相关的各种法律文件、凭证及撰写贷款调查报告 5. 能针对不同的有问题的贷款提出相应的处置措施 6. 具备良好的客户沟通的能力	1. 在育人内容方面，将诚信教育、职业道德教育、团队合作精神教育等融入教学，引导学生树立正确的世界观、人生观、价值观，满足商业银行授信业务人员基本的岗位要求 2. 在育人方法方面，通过案例分析法、小组合作法等方式，让学生在完成具体项目任务的过程中培养团队合作精神，提升职业道德和法律意识 3. 在育人实践方面，通过信贷产品调研、企业非财务因素分析、贷款调查报告撰写等实训项目，培养学生对国家政策环境变化的敏锐捕捉和辨识能力，践行金融支持实体经济发展的基本理念
4	金融服务礼仪	通过金融服务礼仪课程的学习，帮助学生了解服务礼仪的重要性，掌握礼仪基础知识和基本要求，陶冶礼仪与道德情操，养成良好职业礼仪行为，提升个人职业素养，使其成为适应金融行业发展需求、具有合格岗位技能的金融行业从业人员	金融服务礼仪的本质和基本要求，互联网金融下的金融行业工作人员的服务意识与礼仪修养，金融行业工作人员的仪表礼仪、仪态礼仪、语言礼仪，金融行业工作人员日常交际礼仪，金融行业网络服务过程中的礼仪规范，会议与宴请服务礼仪，电话服务礼仪，接待服务礼仪	1. 标准的站、坐、走姿势，手势到位，微笑真诚；具有良好优美的体态，展现个人气质，行为举止符合礼仪规范 2. 能灵活掌握金融行业工作人员见面沟通礼仪中的各项内容，熟悉会议、宴请礼仪规范，展现良好的职业形象	1. 在育人内容方面，结合专业学科特点，引导学生将礼仪知识作为一个学习的窗口，汲取中华传统文化之精华，建立正确的人生观、价值观、审美观 2. 在育人方法方面，利用多媒体及强大的网络信息，找资料，通过模仿纠正、岗位实景再现等多种教学方法的使用，带动学生学习的主动性 3. 在育人实践方面，立足于职业岗位，并将民俗、节庆等将中华优秀传统文化中礼仪相关部分更好地融入其中，使思政育人的活动内容更有生动性、实践性、趣味性，最终培养学生良好的职业意识，树立远大的职业理想

序号	课程名称	课程目标	主要教学内容	主要教学要求	课程思政育人目标
5	金融服务营销	通过金融服务营销课程各项目内容的学习与实践活动，要求学生了解并运用金融服务营销的基础知识，掌握金融服务营销各项任务所要求的基本职业能力，养成敬业精神、团队精神和求索精神，具有良好的人际沟通能力和职业道德的品格，为上岗就业做好准备	金融服务及评价、金融营销准备、金融营销能力（包括网络营销）、金融营销技巧、金融客户维护与培育、金融消费者管理、金融客户资产管理、金融客户关系管理、金融客户风险管理	1. 能将服务质量进行有形展示，能与客户熟练沟通（包括网络交流），能妥善处理服务失误 2. 具有良好的市场调研能力，能基于大数据对客户进行有针对性的维护，能妥善处理客户投诉，能对金融服务消费者进行有效管理（包括现场管理和网络管理） 3. 能搜集银行所需的相关信息，能在服务过程中主动寻找客户并发现商机	1. 在育人内容方面，结合营销准备等课程内容培养学生积极乐观的心态，提高抗压能力，能应对复杂的金融工作环境；引导学生树立正确的世界观、人生观、价值观，积极践行社会主义核心价值观 2. 在育人方法方面，通过案例法、讨论法、讲授法等，将经典营销案例融入教学等环节，帮助学生提高营销能力，准确分辨营销环境，正确看待营销实质 3. 在育人实践方面，借助自我营销方案、金融产品营销方案等环节，帮助学生养成自我认识、实事求是、严谨细致、务实创新的态度，培养学生坚定的理想信念和正确的人生态度
6	个人理财	1. 能列举个人理财业务，能描述理财规划流程、区分投资理财工具的应用策略，掌握客户分析的基本方法，熟练描述综合理财规划方案的制订、实施、反馈与调整的策略 2. 能分析投资理财市场现状与趋势；能准确测算货币时间价值；能熟练运用投资理财工具，并按照规范的流程制定教育规划、养老规划、消费规划、保障规划等，并在此基础上撰写完整的家庭综合理财规划方案；能在与客户进行有效沟通后，有效推进方案的实施，及时进行准确评估与调整等 3. 培养学生自主探究、团队合作精神；坚持诚信、自律的职业道德；能持有正确、健康的财富观念及理性的价值投资理念；形成严谨规范的工作作风	理财规划师基本素质培养，进行财务计算、客户交流、收集客户资料，为客户提供理财服务；客户分析，包括客户财务、风险和理财需求分析；人生规划，包括为客户制订合理的教育规划和养老规划；现金和消费规划，为客户现金管理、购房和购车做好相应的规划；保险规划，结合客户自身的风险情况，为客户设计较为全面的保险产品组合；投资规划，结合客户的风险承受能力和偏好等情况，设计风险和收益合适的投资工具组合；综合利用各类理财产品设计，为客户制订具有一定可行性的综合家庭理财规划方案	1. 能掌握货币时间价值的相关计算，熟练进行理财客户的服务沟通，熟练编制家庭资产负债表、收入支出表、风险承受能力表、风险偏好表，能从短期、中期和长期不同角度分析客户的理财需求/目标 2. 能够根据客户的实际情况测算教育、养老所需的费用，计算现有的费用缺口，并为客户选择合适的教育、养老规划的工具；能够针对客户的情况，为客户预留备用金；能结合房地产政策、车辆管理政策等，为客户筹集首付金，设计按揭方案 3. 能充分考虑社会保障情况及客户风险，为客户选择合适的保险产品，并做出评估；能掌握股票、债券、基金、外汇、黄金等多种投资工具的投资分析方法，结合客户情况组建投资组合	1. 在育人内容方面，结合投资品种、家庭理财课程内容培养学生理性投资、注重风险的投资观，积极践行投资者教育价值观，将个人职业理想与社会担当有机结合 2. 在育人方法方面，通过案例法、讨论法、讲授法等，将家庭理财案例融入教学等环节，帮助学生客观认知，正确看待宏观变化、行业发展 3. 在育人实践方面，借助开展参加国家投资者教育基地相关活动等实践教学环节，帮助学生养成独立思考、严谨细致的投资习惯，培养学生正确的投资态度

五、课程思政教学实施

(一)教学设计

课程思政教学实施以马克思主义和习近平新时代中国特色社会主义思想为指引,以金融人才培养高素质、职业化为特点,合理设置课程内容、教学方法,落实立德树人根本任务,厚植金融思政。在公共素质类、专业类、社会实践类课程的教学工程中,有机融入金融工匠精神和劳动教育,培养学生的家国情怀,激发严谨的学习工作态度,深化风险合规意识,践行普惠金融服务理念,锤炼精益求精的金融工匠精神,实现知识传承和价值引领的深度融合。

课程思政教学设计应遵循以下要求。

1. 启发与渗透相结合

课程思政应注重启发,是主动的认知、认同、内化,而非被动的注入、移植、嵌入,更非填鸭式的宣传教育。渗透应注重贴近实际、贴近生活、贴近学生,注重向社会环境、心理环境和网络环境等方向渗透。通过启发与渗透相结合,学生由被动、自发的学习转为主动、自觉的学习,主动付诸实践。

2. 理论与金融产业实际相结合

课程思政教育元素不是从抽象的理论概念中逻辑地推论出来的,而应从社会实际中、从金融专业的知识与社会实践的结合中寻找;不是从理论逻辑出发来解释实践,而是从社会实践出发来解释理论的形成,依据实际来修正理论逻辑。坚持理论与实际相结合,因时而进,因势而新。

3. 历史与我国发展现实相结合

课程思政的教学设计,从纵向历史与横向现实的维度出发,将世界发展趋势与中国发展的大势相比较、将中国特色发展道路与世界其他各国发展状况相比较、将自身历史使命与时代责任比较,使思政教育元素既源于历史又基于现实,既传承历史血脉又体现与时俱进。

4. 显性教育与隐性教育相结合

显性教育是指通过有组织的、有计划的、直接的、外显的教育活动使受教育者自觉地受到影响的有形的教育。隐性教育是指引导学生在教育环境中,直接体验和潜移默化地获取有益学生个体身心健康和个性全面发展的教育经验的活动方式及过程。课程思政教学设计,应坚持显性教育与隐性教育相结合,通过隐性渗透、寓道德教育于各门专业课程中,以润物细无声的方式,实现显性教育与隐性教育的有机结合。

5.共性与个性相结合

课程思政教学设计,必须遵循共性与个性相结合的原则,既注重专业课程教学内容的价值取向,也遵循学生在学习过程中的独特体验。

6.正面教育与纪律约束相结合

正面教育是指通过摆事实、讲道理,使学生明辨是非、善恶,提高认识,形成正确观念和道德评价能力的一种教育方法。课程思政教育和教学必须坚持以正面引导、说服教育为主,积极疏导,启发教育,同时辅之以必要的纪律约束,引导学生品德向正确、健康方向发展。

(二)教学内容

对标社会主义核心价值观和高素质内涵,紧跟金融行业高素质技术技能人才需求,围绕课程思政目标,梳理金融专业价值引领元素。各类相关课程的教学内容如下。

1.公共素质类课程

公共素质类课程思政重在提高学生思想道德修养、人文素质、科学精神、法治意识、国家安全意识和认知能力,系统进行中国特色社会主义和中国梦教育、社会主义核心价值观教育、法治教育、劳动教育、心理健康教育、中华优秀传统文化教育。注重在潜移默化中坚定学生理想信念、厚植爱国主义情怀、加强品德修养、增长知识与见识、培养奋斗精神,提升学生的综合素质。

2.专业类课程

专业类课程思政重在根据金融服务与管理专业的特色和优势,深度挖掘提炼专业知识体系中所蕴含的思想价值和精神内涵,科学合理地拓展专业课程的广度、深度和温度,从课程所涉专业、行业、国家、国际、文化、历史等角度,增加课程的知识性、人文性,提升引领性、时代性和开放性。例如,以我国金融业发展历史沿革与传承为融入点,培养学生的家国情怀、道路自信、理论自信、制度自信、文化自信、民族自豪感,升华学生的爱国情怀。以金融发展正、反面案例为融入点,深化学生风险意识,提升诚信认知度,传承诚信精神。以金融开放政策为融入点,培养学生国际视野、社会责任感,提升民族自信。

3.社会实践类课程

社会实践类课程思政要注重学思结合、知行合一,增强学生勇于探索的创新精神、善于解决问题的实践能力,在亲身参与中培养创新精神,提升创造意识和创业能力,在劳动实践中增长智慧才干,在艰苦奋斗中锤炼意志品质。社会实践类课程通过场景教学方式呈现金融行业业务综合化特点,引导学生在工作过程中保持严谨认真的工作态度和求真务实的工作作风,培养精益求精的金融工匠精神,弘扬劳动精神。通过业务合规性操作示范和金融风险案例提示,引导学生严格遵守职业操守,增强风险意识,提升学生作为金融从业人员的职业素养,引导学生主动完成实践工作任务,培养学生的职业责任感。

(三)教学方法

1. 对接金融行业职业标准,着重案例教学与项目教学

为适应金融产业发展需求,金融服务与管理专业的课程必须做到教学内容与金融行业职业标准对接,教学过程与金融业务流程对接。基于金融行业职业岗位特点,在专业课程中强化案例型教学法运用,在专业实务课中着重工作过程导向的项目式教学,注重启发式、互动式教学形式,强化学生主体作用,调动学生积极性。

2. 运用现代信息教育技术,推广线上线下混合式教学

充分发挥互联网、大数据等新技术新媒体的作用,借助 MOOC(慕课)、微课及在线课程资源,挖掘以金融热点事件、行业典型案例等为主题的资料,形成专题式的线上视频和案例资料,通过网上教学平台推送给学生,同时设计主题供学生们讨论并发表观点,采用线上、线下相结合的教学方式,加强与学生的互动交流,通过参与式、讨论式等教学方法达到育人于心的效果。对于"现代金融概论""经济学基础"等专业基础课程,可以指定网络媒介,引导学生关注经济发展现实,建立对敏锐的财经新闻动态的宏观、中观和微观认识,形成对世界和中国经济发展态势、中国特色经济发展成就与问题、历史使命和时代责任的正确认识。

3. 一、二、三课堂全方位贯通,强化课程思政育人过程有效衔接

金融根植于经济发展,而金融知识的传授也是以解决社会生活中的经济问题为教学目标的。金融服务与管理专业课程思政推进不应仅仅局限于第一课堂教学,而应拓展到第二、第三课堂,通过各类竞赛、课外实践、岗位实习等方式落实实践育人方针。包括指导学生参加创新创业大赛、银行业务综合技能大赛等学科竞赛,开展假期社会实践项目,围绕乡村振兴、环境保护、脱贫攻坚等国家重点工作开展系列活动,引导学生感知普惠金融、绿色金融的内涵,增强金融行业要坚持党的全面领导的思想意识。加强认知实习、岗位实习过程管理,强化职业道德与职业规范养成。

(四)教材选用

课程的教材及相应的教辅资料选用与编写应当依据专业课程标准执行。选用的教材应以马克思主义和习近平新时代中国特色社会主义思想为指引,从培养学生的道德品质、职业素质、专业能力、社会能力、方法能力、学习能力出发,以立德树人为宗旨,服务专业、服务后续课程、服务应用、服务市场,合理安排教材内容。选用的教材在内容上要注重与时俱进,要把金融领域的新知识、新规定、新技术、新方法融入教材中,使教材更贴近金融发展变化和实际需要。

(五)师资队伍

1. 以师德师风品牌建设为抓手,组建高质量课程思政教学团队

课程思政资源的开发与利用,需要一支专兼结合、师资队伍结构(年龄、学历、职称等)合理、有行业企业兼职教师参与的优良教学团队,以使课程思政教学资源的整合达到最优,实施"金鹰引航、匠心育人"师德师风品牌建设,注重教师的师德师风,注重教师科研活动与国家重大战略的对接,注重教学与科研的对接,组建职业素养高、思想品德优的课程思政教学团队,以满足课程思政目标达成需要。

2. 以金融行业调研与思政专题培训为着力点,提升教师课程思政育人水平

加强专业教师思政素养培训力度,对本专业教师的师德、专业素养、教学能力以高标准严要求。专业教师要做到能够准确理解课程思政目标内涵,并融入专业教学各个环节,以课程思政为中心提升课程结构、内容、评价等教学设计水平。通过组织专业教师参加各类课程思政建设专题培训班,深入金融企业了解用人需求与标准,开展师生同修三门课、现场教学观摩等学习活动,不断提升专业教师的思政素养、思政意识和课程思政育人能力。

3. 以常态化课程思政教学研讨为落脚点,扎实推进专业课程思政内涵建设

专业课程教学团队聚焦金融专业课程思政教学重点难点,以常态化教学研讨会、专题学习讨论等活动为载体,探讨如何把培育和践行社会主义核心价值观、培养社会主义合格接班人有机融入专业课程中,注重发挥课程育人功能,落实教师育人职责等。开展常态化的集体备课活动,研究探讨专业课程思政教学目标、专业课程一体化思政教学方案、专业课程思政考核方式、专业课程思政教学载体设计与实施路径等,通过阶段性总结专业课程思政建设在具体实施中的亮点与教学经验分享,扎实推进课程思政内涵建设与教学实施。

六、课程思政教学评价

(一)评价对象

1. 课程思政教学供给侧(投入端)
包括专业层面与课程层面。

2. 课程思政教学需求侧(产出端)
包括在校学生与毕业生。

(二)评价内容

1. 课程思政教学供给侧

(1)专业层面

主要从专业课程思政目标与教学设计合理性、专业课程思政目标达成度等方面进行评价。

(2)课程层面

主要从课程思政目标与教学设计合理性、课程思政目标达成度等方面进行评价。

2. 课程思政教学需求侧

以学生作为课程思政有效性的评价对象,从获得感和持续性两个维度进行评价。

(1)学生课程思政的获得感评价

评价学生从课程思政中的获得感,可以从"学习到知识""感受到历史""能运用知识"几个方面进行评价和考查。"学习到知识"即评价学生思想政治教育知识发展情况,包括思想政治教育知识自身、基于金融专业立场对思想政治教育知识的理解两个方面,前者关注的是明理程度,后者关注的是结合程度。"感受到历史"即评价学生从课程中感受到课程内容的专业历史,以及相关的党史、新中国史、改革开放史和社会主义发展史等内容情况,学生在专业学习中树立专业自信,同时增强道路自信、理论自信、制度自信、文化自信,更明白自己应成长为什么样的人、怎样成长、为谁而成长。"能运用知识"即评价学生思想政治教育的运用能力发展情况,也就是将思想政治教育知识与专业知识、专业方法相结合,系统地认识、分析问题和形成具体应对(态度、行为、言论)的能力,这种能力更为独特(专业特色),也更具有长久性和连续发展性。所以,课程思政的推进是否有效,在学生层面来说尤其应该根据其在课程学习中实实在在获得的内容进行评价。可以通过课程阶段性学习展示汇报结合考试进行评价,考试要整合"思政"与"课程"的内容,而非以往单纯考查课程内容。

(2)学生课程思政的持续性评价

评价课程思政的持续性,要从学生价值观的长远改造方面进行考查。根据《高等学校课程思政建设指导纲要》,课程思政的目标不仅在于当下的知识学习与历史感受,更在于价值观上的持续改造。这是在实践维度上的行动展现,是课堂内也是课堂外的改变,需辐射今后的长久发展。行为是价值观的反映,检验课程思政是否让学生武装了习近平新时代中国特色社会主义思想、是否有效改造了价值观、是否达到了量变引起质变的效果,还必须关注学生的学习、生活及在今后工作中是否行为失范来进行持续性的跟踪评价。基于此,课程思政持续性的实践维度评价,可以通过学生日常管理、综合测评等手段关注在校期间有无行为失范,通过跟踪调查、校友走访等手段进一步考察学生毕业后从业期间有无职业失范、是否坚持正确价值观、积极工作的持续性动力是否充足等方面,有效整合更多深度数据评价课程思政的有效性。

（三）评价方法

坚持定性分析和定量分析相结合、过程评价和结果评价相结合、静态评价与动态评价相结合的原则。

对于专业层面与课程层面的课程思政教学评价，应采用专业自评与学校评价相结合、教师自评和教研室评价相结合、校内自评与校外评价的多主体评价，包括专业课程授课目标达成度评价及学习效果完成度评价，专业教师的思想政治素养、教师育德意识和能力及课程思政教学成效。

对于学生角度的课程思政教学效果评价，对在校生评价应以过程性评价为主，课堂教学可采用学生自评、小组互评、老师评价相结合的多主体评价。对毕业生评价应采用学校评价与企业评价相结合、静态评价与动态评价相结合的方式，强调对毕业生的持续跟踪调查。

（四）评价标准

课程思政的有效性评价标准应围绕教学过程、思想引导、知识传授、身心及人格素质培养、社会稳定发展等 5 个方面来展开。

1.教学过程

包括教师素质、教学方法和教学理念 3 个指标。

教师自身知识、能力和思想道德素质足以满足教师的岗位和职业要求；教学方法能够结合课程实际，有效传递教育信息；教学理念在与行业前沿保持一致的同时，能够牢牢把握育人的最终目的。

2.思想引导

包括人生意义、价值判断、世界观念 3 个指标。

课程思政应将育人放在核心位置，在课程传授过程中结合课程内容引导学生在人生意义、价值判断和世界观念等方面形成正确的世界观、人生观、价值观，培育良好的职业素养。

3.知识传授

包括行业知识、行业能力和行业思维 3 个指标。

课程思政，不是纯粹的思政课程，有效地传授知识是课程的主要目标，包括传授给学生金融专业的理论知识，培养学生金融专业的实践能力，让学生形成良好的金融专业思维，并通过劳动教育引导学生传承金融工匠精神等。

4.身心及人格素质培养

包括身体健康、心理健康、人格品质 3 个指标。

在课程思政实施过程中，帮助学生关注和维护身心健康，培育学生优良的人格品性，做一个人格健全的人。

5. 社会稳定发展

包括方针政策、社会责任和社会和谐 3 个指标。

在把握国家的方针政策同时，勇于承担社会责任，致力于为社会和谐及稳定发展做出贡献。

七、管理制度与保障机制

(一)管理制度

1. 定期开展专任教师课程思政专题培训

深化教师"千万培养工程"，对专任教师进行课程思政专项培训，对教师运用多种教学方法的育人成效进行评估。定期邀请课程思政领域专家学者开展主题讲座、专题研修、实践研学；专业教研室每月至少召开一次课程思政建设专题教研活动，针对新进教师组织课程思政建设专题培训。推动专任教师进一步强化育人意识，找准育人角度，提升育人能力，确保课程思政建设入脑入心、落地落实、见行见效。

2. 加强课程思政教学实施的过程管理

严格课堂教学过程管理，贯彻落实教学规范和纪律，做实常规教学检查，完善常态化、制度化、规范化的课堂教学观摩和课堂教学质量评估制度。强化教学纪律的约束机制，坚持课堂教学守纪律、公开言论守规矩，所有的教育教学活动都不得出现违背党和国家大政方针、违背宪法法律、危害国家安全、破坏民族团结等言行。在期初、期中、期末教学检查中，重点就教学大纲、教案课件等方面与课程思政相结合情况进行检查，严格落实校、院两级领导到教学一线听课、评课制度，做到每听必评，注重反馈。

3. 优化课程思政建设的评价机制

进一步完善多维度的课程思政建设考核评价体系和监督检查机制，研究制定科学多元的课程思政评价标准。构建教研室—课程组—教师三层递进的实时管理体系，发挥教学团队、课程团队的作用，引入思政课教师参与合作与教学评价。完善科学有效的学生评价课程思政制度，科学设置评价指标，提升学生主动认真评教的积极性，及时向任课教师反馈课堂课程思政教学效果。

(二)保障机制

1. 加强组织领导

金融服务与管理专业成立课程思政建设领导小组，专业主任担任组长，副主任为副组长,小组成员由各专业课程负责人组成。健全工作机构,统筹推进专业课程思政教育教学改革工作,强化并完善制度设计,把思想政治工作制度建设作为金融服务与管理专业发展的重要政策基点,把全员育人理念纳入专业发展的规划和发展战略之中,强化顶层设计,重点研究制定挖掘用好各门课程思政元素的政策措施。

2.加强协同联动

建立班主任、辅导员、专业教师等各负其责,互相协同配合的课程思政教育教学改革工作机制,构建专业所在学院内各专业间任课教师的交流沟通与左右联动机制,定期开展调研和专项研讨,研究提出具体政策和措施,确保课程思政教育教学改革落到实处。

3.强化工作考核

定期对课程思政工作实施情况进行评价,建立动态化、常态化、滚动式的科学评价模式,把教师参与课程思政教学改革情况、课程思政效果,以及教师的思想政治表现、育德意识、育德能力、教学质量等作为教师考核评价、评优奖励、选拔培训等的重要推荐依据,使课程思政成为专业教研活动的重要内容。

4.加大经费投入

各专业在编制年度预算时,设立专项经费,为课程思政建设工作提供充分的资源保障,保障课程思政教学改革稳步推进,通过项目形式对课程思政工作提供资助,并根据考核结果实施动态管理,确保专项建设项目顺利实施,支持专业教师开展课程思政专业建设、示范课程建设、教材开发、成果发表、进修培训等工作。

（执笔人：邱俊如　李宏伟　金婧）

2 国际金融专业课程思政教学实践

一、专业课程思政教学的时代背景

国际金融专业以服务"一带一路"和长江经济带建设、对接金融科技发展趋势和浙江万亿金融产业发展布局、提升国际化办学水平为导向,培养输送适应地方经济发展的高素质技术技能型金融人才。本专业深入学习贯彻习近平总书记关于教育的重要论述和全国、浙江省教育大会精神,落实教育部《高等学校课程思政建设指导纲要》和《浙江省高校课程思政建设实施方案》,全面推进高校课程思政建设,强化课程育人功能,提升课程育人实效,着力构建符合人才成长规律、体现时代要求、彰显浙江特色的课程思政体系,培养德智体美劳全面发展的社会主义建设者和接班人。结合国际金融专业人才培养的目标定位和特点,特制定本专业课程思政教学实践指南。

二、专业课程思政教学的基本理念

坚持以习近平新时代中国特色社会主义思想为指导,切实落实立德树人根本任务,扛起"三地一窗口"的使命担当,牢固确立人才培养的中心地位,坚持将价值塑造、知识传授和能力培养融为一体,紧紧抓住教师队伍"主力军"、课程建设"主战场"、课堂教学"主渠道"3个重要方面,促使课程思政的理念形成广泛共识,所有教师、所有课程都承担好育人责任,守好一段渠、种好责任田,使各类课程与思政课程同向同行,将显性教育和隐性教育相统一,形成协同效应,构建全员全程全方位育人大格局。广大教师应以习近平新时代中国特色社会主义思想和全国高校思想政治工作会议、全国职业教育大会精神为指引,立足专业课程体系,全面提升理解思政建设的意识和能力,协同推进课程思政建设体制机制的基本健全。

(一)以立德树人为主线,培养德才兼备国际金融人才

习近平总书记在全国高校思想政治工作会议上强调:"要用好课堂教学这个主渠道……各类课程要与思想政治理论课同向同行,形成协同效应。"①中国特色社会主义教育要以"立德树人"为主线,融入思想道德教育、文化知识教育、社会实践教育各环节。课程思政建设是发挥课堂教学的育人主渠道,既要充分挖掘蕴含在国际金融专业知识中的德育元素,又要深挖各专业课程的不同思政元素,将专业特色与当前政治、经济、社会热点问题进行创新融合,将思想政治教育融入专业课程教育各环节,从专业知识技能、创新创业能力、社会实践等各个方面进行全方位全程育人。培养学生理论分析与实践能力、终身学习能力、家国情怀、尊重与合作的态度及诚信敬业的精神。

(二)以人才培养为核心,实现育人育才相统一

人才培养是育人和育才相统一的过程,而育人是本。人无德不立,育人的根本在于立德,这个德既有个人品德,也有社会公德,更有报效祖国和服务人民的大德。国际金融专业致力于培养拥护党的基本路线,适应区域经济建设和社会发展需要,面向中外资金融机构、类金融机构、涉外企业等基层业务和管理岗位,具有诚信、合作、敬业、创新创业基本素养,掌握经济、金融、营销、理财、创业创新等知识,具备柜面业务操作、外语交流、投资理财、营销服务、创业等能力,能从事银行柜员岗、国际业务岗、客户经理岗、理财经理岗、大堂经理岗和客户服务岗等工作,同时具有德、智、体、美、劳全面发展,具有一定国际视野和国际交流能力及较强可持续发展能力的高素质技术技能型金融人才。

(三)以制度设计为保障,构建专业培养目标+思政目标为核心的课程体系

高职教育阶段是塑造青年思想和意识形态的重要时期。学校入选"双高计划"为国际金融专业提升思政教育水平提供了历史性机遇:宏观层面要重塑人才培养目标,中观层面将思政课程和课程思政相结合,微观层面深挖各类课程要素和隐形课程,实现德育和专业课统一。国际金融专业课程思政教学体系将专业人才培养目标、毕业要求、课程体系、课程建设与评价、人才培养质量评估、师资队伍建设等要素有机结合,以培养目标中的思政要素为引领,在课堂教学中落地扎根,力求将学生未来可持续发展与国家建设需要紧密结合,培养德才兼备的高素质技术技能型金融人才。

(四)以教学活动为抓手,做到思政教育润物无声

课程思政教学安排,要实现思政目标与专业课程有机融合,进而提升学生的学习效

---

① 习近平.把思想政治工作贯穿教育教学全过程　开创我国高等教育事业发展新局面[N].人民日报,2016-12-09(01).

果。思想政治教育主题的切入，可以采用多种方式，如问题创设、国际国内时事关联、案例导入、故事导入、情境预设等。思政教育要像盐溶于水中，不要物理焊接，不能简单堆砌，而要能引起学生情感的共鸣，能有效地激励学生产生学习内动力，能有效促进学生对课程知识的理解、掌握与灵活运用。

(五)以素质目标为依据，形成课程思政科学评估制度

国际金融专业人才培养的素质目标包括：坚决拥护中国共产党领导，树立中国特色社会主义共同理想，践行社会主义核心价值观，具有深厚的爱国情感和中华民族自豪感；崇尚宪法，遵守法律，遵规守纪；遵守、履行道德准则和行为规范，具有社会责任感和社会参与意识；崇德向善，诚实守信，爱岗敬业，具有精益求精的工匠精神；具有质量意识、安全意识、职业生涯规划意识和创新思维；具有较强的集体意识和团队合作精神，良好的行为习惯和自我管理能力；具有健康的体魄、心理和健全的人格，养成良好的健身与卫生习惯；具有一定审美和人文素养。

以国际金融专业人才培养的素质目标为依据，开展多种评价方式，构建课程思政评价制度。从课程思政元素的引入、融入方式、实施效果、学生满意度等方面着手确定评价元素，并从授课教师、教学管理等角度建立评价机制，将过程考核与结果考核有机融合，完善课程思政纵深推进的内生动力。

三、专业课程思政教学的培养目标

(一)总体目标

国际金融专业立足党的教育方针与新时代国家发展要求，面向国家战略需求，培养拥护党的基本路线，适应区域经济建设和社会发展需要，能适应金融行业一线工作岗位要求的高素质技术技能型金融人才。所培养人才能够在德、智、体、美、劳各方面全面发展，有坚定的国家认同、家国情怀，具备国际视野和国际交流能力、可持续发展能力、强烈的社会责任感与团队协作精神，并具有优秀的职业素养。扎实推进习近平新时代中国特色社会主义思想和党的二十大的重要思想、重要观点、重大战略、重大举措有机地融入专业教学。

(二)具体目标

国际金融专业的课程思政总目标可分解为家国情怀、专业素养、团队协作、职业素养等4个方面。

1.强烈的家国情怀

中国经济金融融入全球的程度不断深入，教师要引导学生关注、了解国际金融时事热点，从国际金融的角度对这些国际新闻事件进行深度剖析，挖掘事件背后的本质，培养学

生的爱国主义情怀,树立正确的社会主义核心价值观;帮助学生提高思想觉悟,培养社会责任感。专业教师在教学中寓价值塑造于知识传授、能力培养之中,坚持不懈用习近平新时代中国特色社会主义思想铸魂育人,引导学生了解世情、国情、党情、民情,增强对党的创新理论的政治认同、思想认同、情感认同,坚定中国特色社会主义道路自信、理论自信、制度自信、文化自信。培育和践行社会主义核心价值观,加强中华优秀传统文化教育,开展宪法法治教育。培养学生健康的体魄、心理,健全的人格,养成良好的健身与卫生习惯;具有一定的信息、审美和人文素养。

2. 扎实的专业素养

通过课程教学内容的学习和实训练习,让学生掌握国际金融专业领域的知识,奠定扎实的专业素养,为从事相关岗位工作奠定基础。包括:掌握经济金融的基本概念与基础理论;熟悉和掌握我国金融管理方面的方针、政策、法规及金融运行的国际惯例和规则;掌握银行相关业务基本知识及操作流程;掌握服务营销中沟通与技巧的基本知识;掌握计算机和互联网知识的应用;掌握文献检索、资料查询的基本方法,具备基础科学研究能力;了解互联网金融发展新业态;了解创新型人才的素质要求,了解创业的概念、要素与特征;掌握创新思维和创业的含义、类型与过程;掌握创业机会的寻找与评估、创业环境分析、创业团队组建、创业融资渠道与方式、创业计划书撰写等相关知识。同时注重提高学生的双语交流能力,注重培养学生诚实守信的职业品质、严谨认真的工作态度、规范操作的职业操守、爱岗敬业的职业精神,有效提升学生的岗位竞争能力,适应金融业务的国际化发展。

3. 良好的团队协作精神

教师在教学过程中通过学校自主学习平台等布置学习任务,驱动学生完成,培养学生自主学习、自我管理能力,以及合作探究的团队协作意识;开展实践教学,通过实践环节训练,让学生做到理实结合、胆大心细,提高动手能力及团队协作能力;通过小组讨论进行案例分析、观点分享,培养学生合作完成任务的团队协作精神。

4. 优秀的职业素养

学生要具备金融行业一线岗位的职业素养,主要包括以下方面:能准确快速进行手工点钞与机器点钞;能流利使用英语进行国际交流;能准确进行本外币的假币鉴别及现金挑残;能熟练使用五笔输入法打字;能熟练进行数字键盘的传票录入;能熟练制作和审核国际结算业务的各种单据单证;能进行良好的人际沟通和客户开发;能进行投资分析和理财规划;能寻找和评估创业机会、进行创业环境分析、组建创业团队,开展简单的创业实践。教师要围绕金融从业人员岗位素质要求,结合银行柜面业务等一线岗位工作特点,在教学的过程中注重结合岗位素质、社会主义核心价值观及金融工匠精神等展开有效的教学和实践,培养学生崇德向善、诚实守信、爱岗敬业、精益求精的工匠精神。同时,教师要通过严格考勤,明确上课纪律,使同学们养成良好的行为习惯,懂得规则,明确责任,为走向社会奠定行为习惯基础。

四、面向课程思政的专业课程体系

(一)设计依据

2020年5月,教育部颁发了《高等学校课程思政建设指导纲要》(以下简称《纲要》),明确了开展课程思政的路线图。贯彻落实《纲要》精神,要发挥"课堂教学"这一"主渠道","将课程思政融入课堂教学建设全过程"。课程思政教学旨在将价值塑造、知识传授、能力培养融为一体,寓价值观引导于知识传授和能力培养之中,帮助学生塑造正确的世界观、人生观、价值观。设计课程思政教学,必须围绕这一目标,以《纲要》为依据,坚持学生为本原则,以激发学生课程思政学习兴趣、引导学生深入思考、丰富学生学习体验与提升学习效果为指向,科学设定教学目标、优化课程思政内容供给、创新课程思政教学方法、改进课堂教学管理、科学进行教学评价,进而推动课程思政"卓越教学"、塑造课程思政"高效课堂"。《纲要》要求:"要根据不同学科专业的特色和优势,深入研究不同专业的育人目标",教学上"要落实到课程目标设计"。贯彻这一要求,需要研制专业的思政教育目标,形成具体专业课程的思政教育目标,再细化为课堂的思政教育教学目标。

第一,立足专业课程的课程布局和课程特征,梳理形成专业课程的思政教育教学目标框架。课程负责人依据《纲要》关于课程领域的思政教育主题建议,深入梳理和挖掘具体课程的思想政治教育元素,通过科学研讨,形成专业课程的思想政治教育教学目标框架,使专业课程的思政教育教学目标与思政课程目标形成有机协同。课程思政与思政课程"同向而行",必须体现在教学目标设定上,只有目标一致,才能各司其职并形成"合力"。因为,双方的课程负责人应将专业课程具体的教学安排与思政课程的具体安排进行协调统筹,落实具体专业课程的思政教育教学目标。

第二,结合对思想政治教育元素的具体开发,立足与思政课程协同的理念,设定具体章节的思想政治教育教学目标。在具体章节的思政教育教学目标的开发上,除了考虑与思政课程的协同外,更主要的是立足本章的思想政治教育元素进行开发,设定具体的思政教育教学目标及其侧重重点。将具体的思政教学目标写入教学大纲,确定具体课程的思政教育教学体系。具体章节的思政教育目标体系化之后,需要与专业课程的目标体系结合,写入教学大纲和教学日历,进而形成"专业课程思政"教学大纲。

(二)课程结构

国际金融专业课程结构如图2-1所示。

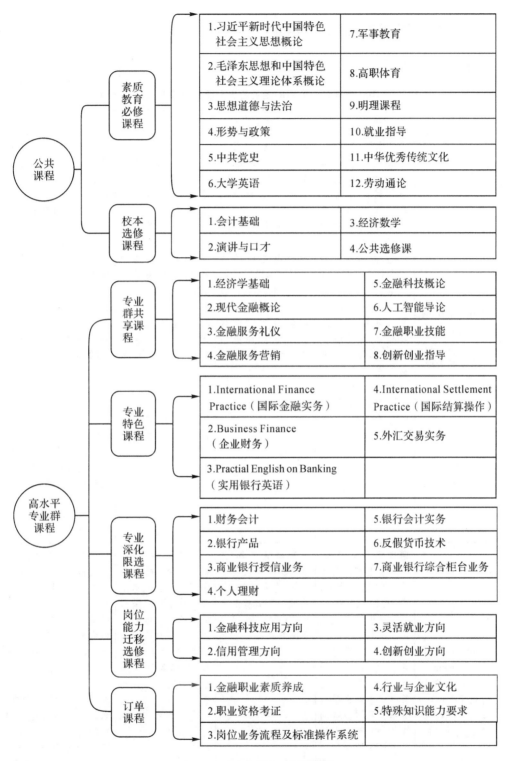

图 2-1　国际金融专业课程结构

（三）专业课程的相关信息及课程思政育人目标

国际金融专业课程的相关信息及课程思政育人目标示例如表 2-1 所示。

表 2-1　国际金融专业课程的相关信息及课程思政育人目标示例

序号	课程名称	课程目标	主要教学内容	主要教学要求	课程思政育人目标
1	International Finance Practice（国际金融实务）	通过学习与实训，要求学生能掌握国际金融宏观理论和我国涉外金融工作中的方针政策、国际业务和外汇交易等基本理论、基本知识和基本技能，并具备一定的分析能力和知识运用能力，用以分析和解决国际金融领域中的实际问题。并能了解和分析互联网金融发展对国际金融相关领域的影响	国际收支、国际储备、国际货币体系、外汇与汇率、汇率制度与外汇管制、外汇交易、外汇风险及管理、国际金融市场、国际金融组织等方面的基本知识、基本理论、基本技能，以及运用上述知识对实际问题加以分析和应用的能力	1.掌握国际收支、国际储备、国际货币体系、外汇与汇率、汇率制度与外汇管制、外汇交易、外汇风险及管理、国际金融市场、国际金融组织等方面的基本知识、基本理论、基本技能 2.能运用上述知识对国际金融实际问题进行分析应用；能进行即期、远期等外汇交易操作，能根据具体案例，制订规避汇率风险的相关方案	1.在育人内容方面，结合我国的国际收支、人民币国际化等课程内容培养学生从我国立场出发对现实问题的综合分析能力；引导学生树立正确的世界观、人生观、价值观，积极践行社会主义核心价值观 2.在育人方法方面，通过案例法、讨论法、讲授法等，引导学生掌握专业知识，拓展国际化视野，培养对国际金融热点的分析能力，为今后的职业发展奠定基础 3.在育人实践方面，借助外汇交易操作、汇率风险防范方案设计等实践教学环节，帮助学生养成诚实守信、严谨细致、务实创新、爱岗敬业的职业态度
2	International Settlement Practice(国际结算操作）	通过学习与实训，要求学生掌握国际结算的基本知识、理论、业务流程，能够熟练进行票据业务、国际汇兑业务、托收业务、信用证业务、银行保函、国际保理业务及各结算方式下融资等国际结算具体业务的操作，培养学生的业务操作技能和职业素养，更好地适应国际业务发展的需要	国际结算工具、国际结算方式及各结算方式下融资、信用证项下单据及审核、国际结算惯例及结算系统操作等内容	1.票据业务、国际汇兑业务、托收业务、汇款业务、信用证业务、银行保函等业务及各结算方式下融资等国际结算具体业务的操作，熟练掌握各类业务电文的写作和阅读	1.在育人内容方面，结合国际结算的相关规定惯例，结算工具、结算方式和结算单据等课程内容，培养学生分析和解决实际问题的能力，拓展国际视野和培养爱国主义精神，引导学生树立正确的世界观、人生观、价值观，积极践行社会主义核心价值观，帮助学生增强现代大学生的社会责任感和时代使命感

序号	课程名称	课程目标	主要教学内容	主要教学要求	课程思政育人目标
				2. 票据业务、国际汇兑业务、托收业务、汇款业务、信用证业务等,能够熟练操作模拟系统;信用证业务除能够独立操作结算系统外,根据 UCP 600(跟单信用证统一惯例)要求能独立审查信用证内容和不符点	2. 在育人方法方面,通过案例法、讨论法、讲授法等,结合国际结算业务中的仿真教学,帮助学生不断提高业务分析能力和辨析能力,并培养严格遵守国际惯例,增强契约精神和审慎处理各方当事人利益的理念,不断提高行业发展的判断力和个人职业发展潜力 3. 在育人实践方面,借助实训过程中的业务操作过程和相关的国际惯例,培养学生严谨谨慎和耐心细致的职业素质,树立坚定的职业理想,拥有正确的人生态度
3	银行会计实务	让学生熟悉商业银行一线临柜对公业务的基本内容、基本规定和业务规程,掌握各项对公业务的操作处理流程和会计核算方法,培养学生严谨遵守业务操作规程的职业操守,从而使学生符合从事商业银行一线临柜对公业务岗位的基本职业要求	银行会计基本核算方法处理,单位存款业务相关知识与操作规程(大额定期存单知识、电子化印章介绍),单位授信业务相关知识与操作规程(企业网银网上还贷、网上委托贷款及网上贷款查询等业务介绍),支付结算业务相关知识与操作规程(企业网银业务功能介绍、网银汇款、电子商票及其操作规程),资金清算和金融机构往来业务相关知识与操作规程,年终决算准备和决算日工作相关知识与操作规范,银行会计业务综合操作	1. 掌握单位存款业务、单位贷款业务、支付结算业务、单位代理业务、单位外汇业务、资金清算和金融机构往来业务等商业银行一线临柜各项对公业务的业务内容和基本规定 2. 达到对单位存款业务、单位贷款业务、支付结算业务、单位代理业务、单位外汇业务、资金清算和金融机构往来业务能够进行正确处理核算的要求,具体包括业务凭证填制、账簿登记、错账冲正、业务凭证的装订与保管等,达到对年终决算准备和决算日工作进行规范操作的要求	1. 在育人内容方面,结合银行临柜对公业务等内容,引导学生遵守银行从业人员职业道德规范,培养其诚信、自律的职业道德,积极践行社会主义核心价值观,承担社会责任 2. 在育人方法方面,通过案例法、讨论法、讲授法等进行全过程仿真教学,引导学生学习专业知识,掌握专业技能,以准职业人的身份严格要求自己 3. 在育人实践方面,引导学生严格遵守实训过程中业务的操作规程,帮助学生养成诚实守信、严谨谨慎、勤奋耐劳、忠于职守、爱岗敬业的职业态度

续　表

序号	课程名称	课程目标	主要教学内容	主要教学要求	课程思政育人目标
4	商业银行综合柜台业务	1.掌握银行柜员基本职业能力素质要求;掌握银行柜面个人存款业务、个人贷款业务、个人结算业务、个人代理业务、个人外汇业务、电子银行业务等相关知识与操作流程;掌握银行柜面突发事件应急处理要求 2.能按照银行柜员基本职业能力规范操作,能正确进行数字书写,能规范进行钱箱、重要单证和印章的使用管理,能规范进行各项个人柜面业务的操作处理,能规范应对银行柜面突发事件的应急处理,能熟练进行金融综合业务技能操作练习 3.培养学生团队协作能力和职业归属感;坚持诚信、自律的职业道德;能正确对待银行柜面风险,构建风险防范意识,强化风险防范能力;培养学生良好的服务意识,能提供优质、高效、合规的金融服务	银行柜员基本职业能力素质培养,个人存款业务相关知识与操作规程,个人贷款业务相关知识与操作规程,个人结算业务相关知识与操作规程,个人外汇业务相关知识与操作规程,个人代理业务相关知识与操作规程,柜面突发事件处理,电子银行业务规范,金融综合业务技能操作;金融互联网背景下的新业务(个人银行账户、移动支付、电子化印章、手机银行、微信银行等)	1.达到对银行柜员基本职业能力规范的要求,达到对数字书写规范的要求,掌握钱箱使用保管、银行重要空白凭证及印章(包括电子化印章)管理规范的要求,达到对日初日终操作处理的要求 2.假币识别要求达到中国人民银行"反假货币上岗资格"证书考试等级标准,达到对个人储蓄存款业务、个人贷款业务、个人结算业务、个人外汇买卖业务、个人代理业务(包括手机银行、微信银行等移动支付手段的操作)等进行正确核算处理的要求,达到对银行柜面突发事件进行应急处理的要求,达到熟练进行金融综合业务技能操作练习的要求	1.在育人内容方面,注重培养学生工匠精神,引导学生树立正确的世界观、人生观、价值观,培育团队协作能力、职业忠诚度、归属感和认同感 2.在育人方法方面,通过案例法、讨论法、讲授法等,引导学生正确对待银行柜面风险,构建风险防范意识,强化风险防范能力;结合优秀校友职业生涯发展案例,帮助学生正确看待行业操守 3.在育人实践方面,借助工学交替、模拟实训等教学环节,帮助学生养成实事求是、严谨细致的态度,培养学生远大的职业理想和积极的人生态度 4.在素质培养方面,结合课程具体内容,选择适宜的德育元素融入教学,培养学生优质高效的金融服务能力,培育严谨做事、勇于创新、协同合作的职业精神

序号	课程名称	课程目标	主要教学内容	主要教学要求	课程思政育人目标
5	金融服务营销	通过学习与实训，学生能够具备和客户良好沟通的能力，能有形高效展示服务质量，及时采取措施补救服务失误；会进行市场调研，能应对不同类型的客户和出现的问题，逐步建立关系网；能提出新产品创意；能提出客户维护方案，妥善处理客户投诉，有步骤地培育忠诚的客户	商业银行服务营销基础知识，服务质量的定义和评价、服务沟通组合、服务失误与补救，商业银行营销准备、商业银行营销能力培养、商业银行营销技巧（增加网络营销的相关内容），商业银行客户维护与培育、客户满意度，商业银行消费者管理，商业银行客户价值管理，商业银行客户关系管理	1.能将服务质量进行有形展示，能与客户熟练沟通（包括网络交流），能妥善处理服务失误 2.具有良好的市场调研能力，能基于大数据对客户进行有针对性的维护，能妥善处理客户投诉 3.能对金融服务消费者进行有效管理（包括现场管理和网络管理） 4.能搜集银行所需的相关信息，能在服务过程中主动寻找客户机会	1.在育人内容方面，结合营销准备等课程内容培养学生积极乐观的心态，提高抗压能力，能面对复杂的金融工作环境；引导学生树立正确的世界观、人生观、价值观，积极践行社会主义核心价值观 2.在育人方法方面，通过案例法、讨论法、讲授法等，将经典营销案例融入教学等环节，帮助学生提高营销能力、准确分辨营销环境，正确看待营销实质 3.在育人实践方面，借助自我营销方案、金融产品营销方案等环节，帮助学生养成实事求是、严谨细致、务实创新的态度，树立坚定的职业理想，拥有正确的人生态度
6	个人理财	通过学习与实训，要求学生能够按照客户的风险偏好和家庭财务状况为其选择合适的理财产品，进行理财规划、撰写理财规划书，并能运用互联网金融工具提供更高效的理财方案	个人理财相关的经济、金融基础知识，以及客户分析、人生规划、现金消费规划、保障规划、个人投资规划、个人税收规划和综合理财规划的基本知识、基本理论和基本技能，并结合相关知识点分析互联网金融理财在国内外发展的现状、趋势及其对个人理财的影响和促进作用	1.掌握商业银行个人理财业务的基本理论、基本知识和业务技能，掌握个人理财业务所涉及的法律、法规、惯例和规章制度，了解从业人员必备的职业道德，培养良好的职业素养和职业道德，在实践中正确运用相关知识解决理财业务中的实际问题 2.能寻找并确定目标客户，在面谈搜集相关信息的基础上为其进行全面的综合理财规划，并撰写完整的家庭理财规划书	1.在育人内容方面，结合投资品种、家庭理财课程内容培养学生理性投资、注重风险的投资观，积极践行投资者教育价值观，将个人职业理想与社会担当有机结合 2.在育人方法方面，通过案例法、讨论法、讲授法等，将家庭理财案例融入教学等环节，帮助学生客观认知、正确看待宏观变化、行业发展 3.在育人实践方面，借助开展参加国家投资者活动等实践教学环节，帮助学生养成独立思考、严谨细致的投资态度，培养学生正确的投资观

(四)3 类课程思政要点

1. 公共素质类课程思政

国际金融专业公共素质类课程包括素质教育必修课程和校本选修课程两类。素质教育必修课程思政注重在潜移默化中坚定学生理想信念、厚植爱国主义情怀、加强品德修养、培养奋斗精神,提升学生综合素质。同时培养学生热爱劳动和体育锻炼,帮助学生在劳动和体育锻炼中享受乐趣、增强体质、健全人格、锤炼意志,在美育教学中提升审美素养、陶冶情操、温润心灵、激发创造创新活力。校本选修课程主要为学生专业课的学习奠定知识基础、拓宽知识面、增长知识见识、提升演讲口才等综合素质能力。

2. 专业类课程思政

专业课程思政主要是结合国际金融专业的特色和优势,深度挖掘提炼专业知识体系中所蕴含的思想价值和精神内涵,科学合理拓展专业课程的广度、深度和温度,从课程所涉专业、行业、国家、国际、文化、历史等角度,增加课程的知识性、人文性,提升引领性、时代性和开放性。

在专业课程的教学过程中,通过学科渗透的方式把思政内容与教学内容相互融合在一起,从而实现思政教育目标。引导学生从国际金融的角度对现实热点事件进行深度剖析,挖掘事件背后的本质,培养学生的社会主义与爱国主义情怀,树立中国特色社会主义道路的"四个自信",树立正确的社会主义核心价值观;帮助学生提高思想觉悟,培养社会责任感;培养学生的职业素养和良好的竞争心态,使学生具有良好的职业道德和思想品德。结合银行业务操作进行中国特色社会主义和中国梦教育、社会主义核心价值观教育、法治教育、劳动教育、心理健康等方面教育,坚定学生的理想信念,锻铸金融工匠精神,切实提升立德树人的成效。

专业课教师不仅要教给学生专业的知识和技能,还要培养学生的职业素养和解决实际问题的能力,更要坚持立德树人,帮助学生树立正确的价值观,把学生培养成全面发展的应用技术型人才。在实训业务操作中引导学生认识到生活中处处有规则,社会秩序需要规则来维持,法律就是维护社会安定有序的规则,引导学生认识规则,掌握规则,合理地利用规则。

3. 社会实践类课程思政

实习实践课程要注重学思结合、知行统一,培养学生勇于探索的创新精神、善于解决问题的实践能力。创新创业教育课程要注重让学生"敢闯会创",在亲身参与中增强创新精神、创造意识和创业能力。社会实践类课程要注重教育和引导学生弘扬劳动精神,将"读万卷书"与"行万里路"相结合,扎根中国大地了解国情民情,在实践中增长智慧才干,在艰苦奋斗中锤炼意志品质。

五、课程思政教学实施

(一)教学设计

课程思政教学设计要结合各门课程特点,挖掘思政元素,进行系统化设计,将教学内容和思政元素相结合,既遵循专业学科的规律性,也应遵循思政教育的特殊性。课程思政的教学设计主要强调"溶盐于水""润物无声",要在专业知识点的教学中融入思政元素,实现专业知识与思政元素的有效连接。

1.将思政教育理论与国际金融业务实际相融合

课程思政教育元素不是从抽象的理论概念中逻辑地推论出来的,而应从社会实际中寻找挖掘,从学科的知识与社会实践结合中寻找。国际金融专业课程思政设计要在国际金融各门课程章节内容中、在国际金融业务实际中挖掘相应的思政元素,进而设计形成系统化课程思政教学体系,并要根据课程内容和实际业务的发展变化不断更新思政要素,坚持理论与实际相结合,因时而进、因势而新。

2.增强中华文化认同与拓展国际视野相融合

党的十九届五中全会明确提出要加快构建以国内大循环为主体、国内国际双循环相互促进的新发展格局。国际金融专业的课程思政的教学设计,要从国内和国际两个维度出发,通过对世界与中国发展大势的比较、中国金融业发展特色与其他国家金融业发展模式的比较、历史使命与时代责任比较,评估全球市场的文化因素,用中国智慧解决世界问题,加强民族自信。培养学生拓展国际化视野的同时,要注重引导学生从中国的实际出发,站在中国立场角度看待问题,增强中华文化认同,讲好中国故事。"人类命运共同体"等一系列重要理念的提出无不表明,我国在一系列世界性问题上均表现出大国应有的责任意识与使命感。在进行课程思政设计时,应着重加强培养当代大学生的社会责任感和使命感,实现中华民族的伟大复兴。

3.将知识点讲授与思政启发渗透相融合

培养学生的责任与使命感是国际金融专业课程思政的重要目标,这既要求学生有过硬的专业知识,也要求学生有高尚的道德情操。国际金融专业课程知识点讲授与思政教学不是两个独立进行的环节,而是要在知识点讲授的同时进行思政元素的启发渗透。课程思政教育应注重启发性,是能动的认知、认同、内化,而非被动的注入、移植、嵌入,更非填鸭式的宣传教育。渗透应注重贴近实际、贴近生活、贴近学生,注重向社会环境、心理环境和网络环境等方向渗透。通过启发与渗透相结合,使学生由被动、自发的学习转为主动、自觉的学习,主动付诸实践。

(二)教学内容

任课教师要将课程思政融入课堂教学,对每门课程进行课程思政教学设计,具体落实到课程目标设计、教学大纲修订、教材编审选用、教案课件编写等各方面,贯穿于课堂授课、教学研讨、实习实训、课程考核各环节。围绕课程思政目标,通过积极培育和践行社会主义核心价值观,运用马克思主义方法论,引导学生正确做人和做事。国际金融专业各门课程的思政教学内容,应结合以下方面开展。

1. 与党和国家的大政方针保持一致

教师应坚持正确的政治方向,坚持教书和育人相统一,坚持言传和身教相统一,坚持潜心问道和关注社会相统一,坚持学术自由和学术规范相统一,坚守课堂讲授有纪律有规矩,不在课堂上传播违反中华人民共和国宪法,违背党的路线、方针、政策的内容或言论,使课堂成为弘扬主旋律、传播正能量的主阵地。

2. 宣扬社会主义核心价值观

核心价值观承载着一个民族、一个国家的精神追求,体现着一个社会评判是非曲直的价值标准。专业教师要在课程教学过程中,结合国际金融专业的特点,将社会主义核心价值观的基本内涵、主要内容等有机、有意、有效地纳入整体教学布局和课程安排,做到专业教育和核心价值观教育相融共进,引导学生做社会主义核心价值观的坚定信仰者、积极传播者和模范践行者。

3. 坚守职业道德和专业伦理

专业伦理教育是针对未来从业人员掌握并遵守的人与人之间的道德标准和职业行为规范的教育活动。专业教师针对国际金融专业学生,在传授专业知识的过程中,明确将专业职业伦理操守和职业道德教育融为一体,给予其正确的价值取向引导,以此提升学生的思想道德素质及情商能力。因此,专业课程的思想政治教育素材的挖掘要紧密结合学校办学特色与专业优势,找准专业教学内容与价值观引领的结合点,充分挖掘课程本身的思想政治资源。同时,根据学科课程特点,结合当下经济社会形势与时事热点,以及专业领域内重点关注的问题,将思想政治素材不断补充到思想政治案例库中,做到因时而变,因材施教。

(三)教学方法

教师要准确理解和把握课程思政建设的目标要求和内容重点,深度挖掘各专业课程的育人元素,研究制定课程思政教学规范,明确课程思政融入课程教学的切入点,科学设计课程思政的具体实施路径,通过潜移默化、春风化雨的方式,实现价值塑造、知识传授与能力培养的有机融合。

积极实施多元化的教学方法改革,采用案例式、互动式、探究式教学,推进现代信息技术在课程思政教学中的应用,实施线上线下混合式教学改革。通过教学改革激发学生的学习兴趣,引导学生深入思考,培养学生自主学习的能力和工匠精神。

在实践类教学中,组织学生实地考察、访谈探究各类红色基因场馆、基地,积极引导学生自主参与、体验感悟;借助国际金融专业的校外实训基地,组织开展大学生社会实践、志愿服务、实习实训和创新创业等活动,不断拓展课程思政教学新途径。

(四)教材选用

1.教材选用范围

思想政治理论课教材须选用由中宣部、教育部组织编写的、中央和学校要求的指定教材。专业课教材选用以教育部认定的专业教材为基础,重点选择在国内专业领域受到广泛认可的优秀经典教材。

2.教材选用程序

(1)教材选定原则上由任课教师向学院推荐,包括教材名称、作者、出版社、版次及相关背景信息。按照专业人才培养目标、课程思政教学要求,筛选适合的教材。

(2)教材选定须召开由二级学院领导、教研室主任、任课教师代表等相关人员组成的教材选定会,重点对教材是否符合课程思政要求进行审核,最终由学院党总支书记签署审定意见。

(五)师资队伍

全面落实《新时代高校教师职业行为十项准则》,融入学校尚德、精业、爱生的教风,强调政治素养、行为规范、学术道德等要求,培养有理想信念、有道德情操、有扎实知识、有仁爱之心的好老师,打造"四有"高素质师资队伍。将师德师风纳入课程思政考核评估并作为首要要求,强化教师思想政治素质考察,落实高校教师职业行为准则,引导专业教师教书育人和自我修养相结合,做到以德立身、以德立学、以德施教,更好担当起学生健康成长指导者和引路人的责任。通过"师生同修三门"、课程思政专项培训、教师教学技能大赛、专题研讨、现场教学观摩、教学设计案例分享等加强对专业课教师的思想政治理论教育,引导教师提升政治理论修养,挖掘专业课程中的思政元素,自觉加强课程思政建设,不断提升课程思政教学能力。

邀请金融行业企业的资深专家、经验丰富的业务管理人员、优秀校友,围绕课程学习、行业发展、业务技能、从业操守、岗位发展等方面开展课堂教学和讲座报告,为学生提供专业前沿信息,拓宽学生视野,提高专业认同,加深对金融行业领域的认识了解;邀请地方知名专家学者、优秀企业家、劳动模范、工匠名师和抗疫英雄等为学生传播浙江精神、中国精神。

六、课程思政教学评价

随着课程思政的发展建设,专业课程考核需要与时俱进地进行相应改革,要从知识水平和思想道德素质两方面进行综合评定,激励学生将社会主义核心价值观时刻融入自身的学习和实践过程中。

(一)评价对象

评价对象可分为两类:基于学生课程思政学习效果的评价和基于学生思想政治素养发展的评价。

(二)评价内容

1. 基于学生课程思政学习效果的层级设计评价

课程思政评价,应立足学生的知识、能力、情感、态度、价值观方面的发展情况,充分及时反映学生成长成才情况,凸显评价的人文性和综合性。

2. 基于学生思想政治素养发展的过程性实施评价

课程思政教学效果评价,应将客观量化评价与主观效度检验相结合,注重过程评价、动态评价,反映课程思政教学中知识传授与思想启迪、价值引领的结合程度,以科学评价提升教学效果。

(三)评价方法

坚持定性和定量分析相结合、工作评价和效果评价相结合、教师自评和教研室评价相结合。教师自评,包括授课目标达成度评价及学习效果完成度评价;教研室评价主要根据课程设置的"育德功能"指标及"价值引领"观测点,考察教师的思想政治素养、教师育德意识和能力,以及课程思政教学成效。

(四)评价标准

课程思政的有效性评价应当围绕教学过程、思想引导、课程传授、身心健康和人格健全、责任担当等几个方面开展。

1. 教学过程

教学过程包括教育者素质、教学方法和教学理念3个方面。教育者自身知识、能力和思想道德素质足以满足教师的岗位和职业要求;教学方法能够结合课程实际,有效传递教育信息;教学理念在与行业前沿保持一致的同时,能够牢牢把握育人的最终目的。

2. 思想引导

思想引导包括人生意义、价值判断、世界观念 3 个方面。作为思政化课程,育人要放在核心位置,在课程传授过程中结合课程内容引导学生在人生意义、价值判断和世界观念等方面形成正确的观念,培育良好的职业素养。

3. 课程传授

课程传授包括行业知识、行业能力和行业思维 3 个方面。思政化课程,不是纯粹的思政课程,有效地传授知识是课程的主要目标。包括传授给学生专业的学科知识,培养学生专业的学科能力,让学生形成良好的专业思维等。

4. 身心及人格素质培养

身心及人格素质培养包括身体健康、心理健康、人格品质 3 个方面。在课程讲授过程中,帮助学生关注和维护身心健康,培育学生优良的人格品性,做一个人格健全的人。

5. 责任担当

责任担当包括方针政策、社会责任和社会和谐 3 个方面。在把握国家方针政策的同时,勇于承担社会责任,致力于为社会和谐及稳定发展做出贡献。

七、管理制度与保障机制

(一)加强组织领导

为加强对课程思政建设的领导,落实责任分工,确保各项工作有序开展,以二级学院领导、各专业教研室负责人、院办和学工办主任为主要成员成立国际金融专业群课程思政建设领导小组。同时,实施教师巡课制度,加强对课程思政实施状况的督导,将其纳入学院督导评估范畴,加强督导问责,确保课程思政建设工作取得显著成效。

(二)优先经费支持

对课程思政建设加大专项经费支持,对课程思政建设中涉及的教师专项培训、课程资源建设、课题申报和教研论文发表、相关会议交流研讨等优先保障经费。

(三)加大考核奖励

把教师参与课程思政建设情况和教学效果作为教师教学业绩考核、年度考核、评优评先的重要参考指标。在教学成果奖、教材奖、教学名师等各类表彰奖励工作中,突出课程思政要求,加大对课程思政建设优秀成果的奖励力度。

(执笔人:李敏 屠莉佳 朱莉妍)

3 农村金融专业课程思政教学实践

一、专业课程思政教学的时代背景

从社会主义新农村建设到实施乡村振兴战略,我国"三农"领域和县域经济社会的发展取得了举世瞩目的成绩。2003年8月开始启动新一轮农村信用社改革,2006年进一步放宽机构准入条件,允许在县域农村地区设立村镇银行、农村资金互助社、贷款公司等新型农村金融机构等,这一系列改革措施给农村金融业发展注入了新动能,农村金融改革的成效显著。经济是肌体,金融是血脉,两者共生共荣。在我国县域经济和农村金融协同发展的时代背景下,以银行业为主体的农村金融机构基层一线对"懂农业、爱农村、爱农民、热爱农村金融事业"的高素质技术技能型金融人才具有广泛的需求。落实立德树人根本任务的要求,必须将价值塑造、知识传授和能力培养三者融为一体,寓价值观塑造于知识传授和能力培养之中,全面推进课程思政建设,着力构建符合人才成长规律、体现时代要求、彰显浙江县域金融特色的课程思政体系,深化教育教学改革创新,培养德智体美劳全面发展的社会主义建设者和接班人。

浙江金融职业学院农村金融专业是基于普惠金融体系建设和县域金融发展,针对基层一线岗位金融职业人才的广泛需求而开设的高职金融类专业,是浙江省"十二五""十三五"特色专业、浙江省现代学徒制试点专业、教育部双高校金融服务与管理高水平专业群组成专业。经过多年的专业建设,农村金融专业硕果累累:作为组长单位主持修订教育部高职专科农村金融专业教学标准和专业简介,近5年立项省级课题10项、新形态教材2部,出版专著4部、教材7部,成果要报获省领导批示9次,获省级教学成果二等奖1项。本专业学生连续8届代表学校参加全国银行业职业技能大赛,并获最高奖。农村金融专业于2006年在全国率先设立,2007年开始招生,招生规模稳中有升,到2021年已毕业学生 12 届 1500 余人，金融类订单班录取率接近 60％，毕业生初次就业率为 100％，对口就业率 90％以上，用人单位满意度 90％以上，为社会输送了一大批高素质技术技能型农村金融人才，专业综合评价位列全国第一。

二、专业课程思政教学的基本理念

(一)落实立德树人根本任务

党的十八大以来，以习近平同志为核心的党中央坚持教育优先发展，坚持立德树人，把提高教育质量作为教育改革发展的核心任务，深入推动习近平新时代中国特色社会主义思想进教材、进课堂、进头脑，构建全员、全过程、全课程育人格局，培养德智体美劳全面发展的社会主义建设者和接班人。为落实立德树人根本任务，农村金融专业要深入挖掘各门课程所蕴含的思政教育元素和教学方式中蕴含的思政教育资源，按照价值塑造、知识传授、能力培养的总体要求，把思想政治教育工作贯穿教育教学全过程，帮助农村金融学子牢固树立正确世界观、人生观、价值观，坚定理想信念，增强"四个意识"，坚定"四个自信"，做到"两个维护"，自觉成为社会主义事业的建设者和接班人。

(二)践行"双元共享、知行合一"人才培养模式

校企共同打造双导师教师团队，选拔师德师风优良的校内专任教师和具有良好职业道德的行业导师共同完成课程教学任务。学生在学习中工作，在工作中学习，实现金融基础技能、素养教授与典型岗位特有知识、技能和职业精神培养的有机融合，达到"内化于心、外化于行"的思政教育效果。校企双元开发课程标准，编写特色教材、新形态教材，以银行真实案例、故事、人物为媒介丰富课程思政案例库。校企共建共享职业精神突出的数字化教学资源，共建共享"行校一体"实践教学基地，共同实施课程思政教学方法改革，双元评价学习者学习成效，探索实践"双元共享、知行合一"人才培养模式。

(三)改革创新课程思政教育教学方法

农村金融专业要紧紧抓住专兼结合双师素质教师队伍"主力军"、专业人才培养的各类课程建设"主战场"、一二三课堂教学"主渠道"，挖掘梳理本专业人才培养各门课程的德育元素，充分发挥各类课程的协同育人功能，实现专业人才培养的全程育人、全方位育人和全员育人的大思政格局。引导学生通过自主、合作、探究等学习模式，了解农村金融领域的国家战略、法律法规和相关政策，将价值观与专业特色及当前农业、农村、农民和社会热点问题进行创新融合，形成学生对思政元素主动探索、主动学习、主动提升的效果。让学生致力于以发展农村金融服务事业为己任，具备经世济民、诚信服务、德法兼修的职业素养，养成大国"三农"情怀，增强金融服务农业农村现代化、服务乡村全面振兴、服务美丽

中国建设的使命感和责任感,成为学农知农爱农、德才兼备的高素质技术技能型农村金融人才。

三、专业课程思政教学的培养目标

(一)总体目标

围绕农村金融专业人才培养目标,充分挖掘各门课程和各类实习实践环节的思政教育资源,有针对性地修订人才培养方案,统筹谋划课程体系、课堂教学、教材编写、师资队伍、实习实训、评价保障机制,将思政元素融入专业人才培养的各环节,将社会主义核心价值观等教育内容融入专业课教学和改革中,实现技能培养与能力培养、专业教育和思政教育的有机融合。注重专业知识和职业技能培养的同时,要引导专业学生关注农业、农村、农民问题,引导学生养成金融工匠精神,引导学生有效防范金融风险,引导学生养成协作创新能力,做好农村金融服务,致力于普惠金融服务和农村金融事业发展,为实施乡村振兴战略提供强有力的金融支持,达成"懂农业、爱农村、爱农民、热爱农村金融事业"的高素质技术技能型金融人才的专业培养目标。扎实推进习近平新时代中国特色社会主义思想和党的二十大的重要思想、重要观点、重大战略、重大举措有机地融入专业教学。

(二)具体目标

农村金融专业课程思政目标可以分解为 5 个维度分目标,具体包括大国"三农"情怀、金融工匠精神、风险合规意识、团队协作能力和创新发展能力。

1. 强烈的大国"三农"情怀

中国自古以来,以农立国。只有了解"三农"问题,才能更好地读懂中国经济。解决好"三农"问题,是实现中国梦的基础和前提。农村金融专业肩负坚守"三农"阵地、助力乡村振兴的时代使命,农村金融专业的学生要了解农业、农村、农民,掌握农业经济、农村经济、农户家庭经济的基础理论知识,经常深入农村地区开展调查研究和实践锻炼,深入了解各类农村金融机构的金融服务,掌握数字普惠金融等农村金融发展新技术、新业务、新规范,提升服务农村金融、建设美丽乡村的能力。只有以强农兴农为己任,兼备经世济民、诚信服务、德法兼修的职业素养,才能养成大国"三农"的家国情怀。

2. 极致的金融工匠精神

农村金融事业发展需要金融工匠精神。严谨、敬业、专注、执着是工匠精神的精髓,爱岗敬业、执着专注、精益求精是农村金融专业的育人导向。银行综合柜员、贷款客户经理、金融理财经理、金融业务风险审查等岗位的工作内容既重复单调又充满挑战,需要具备工匠追求完美的极致精神。学生在专业学习过程中要求真务实、戒骄戒躁,熟练掌握会计核算、银行柜台业务处理、小额信贷业务、理财业务等的知识、业务规范和技术方法。农村金融专业培养出了大批金融工匠校友,相关课程要将他们的故事及时转化为课程思政育人案例,为在校生树立学习榜样,发挥育人正能量。

3.严谨的风险合规意识

金融行业经营信用和风险,本身就是高风险行业,农村金融领域更是风险管理的薄弱点。农村金融专业要培养学生的风险防范意识,强化合规文化教育和法律法规的学习,引导学生遵守、履行道德准则和行为规范,熟悉与本专业相关的法律法规及环境保护、安全消防等相关知识,按照操作规程处理每一笔业务,把习惯性的合规操作嵌入各项业务活动之中,不断提升自身的综合素养,增强明辨是非和拒腐防变的能力,有效防范农户、个体户和农村小微企业等客户金融业务的各类风险。

4.突出的团队协作能力

银行营业网点运营基于各一线岗位的配合衔接,金融业务处理离不开团队协作。农村金融专业要帮助学生养成良好的行为习惯、岗位认知、沟通协作能力和自我管理能力。各专业课程在授课内容上要强化农村金融业务的分流与转介,强调岗位与岗位之间的相互信任、密切合作;在教学方法上要借助分组讨论、角色扮演、团队游戏等环节培养学生的集体意识和团队合作精神,养成良好的岗位适应能力;在课程评价上要侧重学生协作能力的考核;在组织专业活动时鼓励以团队为单位参与,养成众人拾柴火焰高、团队荣誉人人有责的良好学习氛围。

5.持续的创新发展能力

创新是社会进步的动力。农村金融的发展需要不断推进理论创新、制度创新、科技创新和文化创新。农村金融专业要积极探索培养创新人才的途径和方法:一要提高专业课程实践课时比例,培养学生的动手操作能力;二要在课程体系中增加创新选修课程,在学习过程中培养学生的创新能力;三要鼓励学生参加各级创新创业大赛。专业教师也要不断创新教学方式,提倡启发式、讨论式、问题式和研究式教育教学方法,在课堂上给学生留出足够的时间思考,并通过教师的引导、启发、点拨,以及师生、同学间互动,提高学生的创新能力。

四、面向课程思政的专业课程体系

(一)设计依据

强农兴农、乡村振兴需要一大批热爱农村金融事业,具有高尚的责任意识和担当精神的优秀金融人才。农村金融专业是基于我国普惠金融体系建设和县域金融发展对一线金融人才的广泛需求而开设的高职金融类专业。本专业根据小微金融和县域金融对基层一线人才的规格要求,培养具有扎实的经济金融理论和业务知识,具备较好金融职业素养、较高金融职业技能和较强岗位胜任能力,能从事县域银行综合柜员、小微贷款客户经理、金融理财经理、金融业务风险审查等岗位工作的高素质技术技能型金融人才。农村金融专业职业面向一览如表 3-1 所示。

表 3-1　农村金融专业职业面向一览

所属专业大类(代码)	所属专业类(代码)	对应行业(代码)	主要职业类别(代码)	主要岗位类别(技术领域)举例	职业资格(职业技能等级)证书举例
财经商贸大类(53)	金融类(5302)	货币金融服务(66) 其他金融业(69)	银行服务人员(4-05-01) 银行专业人员(2-06-09) 其他金融服务人员(4-05-99)	银行综合柜员 贷款客户经理 金融理财经理 金融业务风险审查	1. 银行业专业人员职业资格 2. 会计专业技术资格 3. 金融智能投顾职业技能等级证书 4. 金融产品数字化营销职业技能等级证书 5. 金融大数据处理职业技能等级证书

(二)课程结构

农村金融专业课程结构如图 3-1 所示。

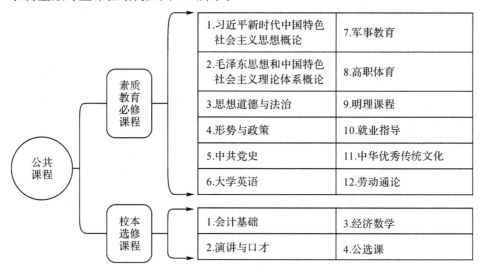

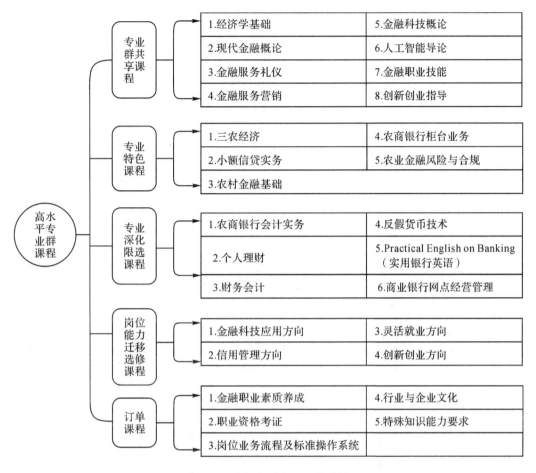

图 3-1 农村金融专业课程结构

(三)专业课程的相关信息及课程思政育人目标

农村金融专业课程的相关信息及思政育人目标示例如表 3-2 所示。

表 3-2 农村金融专业课程的相关信息及课程思政育人目标示例

序号	课程名称	课程目标	主要教学内容	主要教学要求	课程思政育人目标
1	小额信贷实务	通过教学,学生能够理解和掌握贷款和小额信贷的基本理论知识,掌握贷款业务流程规范,掌握贷前调查技术,能够处理农户、个体户、小微企业等客户的贷款业务	小额信贷概述、小额信贷业务规范、小额信贷技术、农户贷款实务、个体户贷款实务、小企业贷款实务、利率定价与绩效评价等	1.掌握贷款和小额信贷的相关概念和基本理论知识、小微贷款业务流程规范、小额信贷技术、交叉检验与逻辑检验、财务与非财务分析	1.在育人内容方面,结合弱势群体贷款难和贷款贵等问题,帮助学生认识普惠金融服务的重要意义,引导学生树立正确的世界观、人生观、价值观,积极践行社会主义核心价值观

续 表

序号	课程名称	课程目标	主要教学内容	主要教学要求	课程思政育人目标
				2.能够按照业务流程处理小额信贷业务,能够应用交叉检验和逻辑检验开展现场调查,对客户进行财务和非财务分析,撰写小微贷调查报告	2.在育人方法方面,通过案例法、讨论法、讲授法等,帮助学生掌握信贷技术,引导学生在工作中要爱岗敬业、清廉公正、遵纪守法 3.在育人实践方面,通过典型客户贷款业务分析与操作处理等内容,提高学生贷款业务岗位工作胜任能力,培养学生的合规意识和尽责意识,养成学生高尚的从业操守品质
2	农商银行柜台业务	通过教学,学生能够了解农商银行柜员基本职业能力素质要求,掌握银行柜面个人存款业务、贷款业务、结算业务、代理业务、外汇业务、电子银行业务及柜面突发事件处理等相关知识与操作流程,培养学生良好的服务意识,提供优质、高效、合规的金融服务	银行柜员基本职业能力素质训练、个人存款业务知识与操作规程、个人贷款业务知识与操作规程、个人结算业务知识与操作规程、个人外汇业务知识与操作规程、个人代理业务知识与操作规程、电子银行业务规范、柜面突发事件处理等	1.掌握数字书写、钱箱使用保管、银行业务印章保管使用、重要空白凭证管理、银行业务凭证填制与个人业务处理、账簿登记、错账更正、业务凭证的装订与保管等基本岗位技能,熟悉相关操作要求 2.能够正确核算处理个人储蓄存款业务、个人贷款业务、个人结算业务、个人外汇买卖业务、个人代理业务 3.能够对银行柜面突发事件进行应急处理,对电子银行业务进行柜面接待处理,熟练进行金融综合业务技能操作	1.在育人内容方面,注重培养学生工匠精神,引导学生树立正确的世界观、人生观、价值观,培育团队协作能力、职业忠诚度、归属感和认同感 2.在育人方法方面,通过案例法、讨论法、讲授法等,引导学生正确对待银行柜面风险,构建风险防范意识,强化风险防范能力;结合优秀校友职业生涯发展案例,帮助学生正确看待行业操守 3.在育人实践方面,借助工学交替、模拟实训等教学环节,帮助学生养成实事求是、严谨细致的态度,培养学生坚定的职业信念和积极的人生态度 4.在素质培养方面,结合课程具体内容,选择适宜的德育元素融入教学,培养学生优质高效的金融服务能力,培育严谨做事、勇于创新、协同合作的职业精神

序号	课程名称	课程目标	主要教学内容	主要教学要求	课程思政育人目标
3	农商银行会计实务	通过教学，让学生熟悉农商银行一线临柜对公业务的基本规程，掌握各项对公业务的操作处理流程和会计核算方法，培养学生遵守业务操作规程的职业操守，使学生具备从事银行临柜对公业务岗的基本职业素质	银行会计基本核算方法处理、单位存款业务知识与操作规程、授信业务知识与操作规程、支付结算业务知识与操作规程、资金清算和金融机构往来业务知识与操作规程、年终决算准备和决算日工作知识与操作规范等	1. 掌握单位存款业务、贷款业务、支付结算业务、代理业务、外汇业务、资金清算和金融机构往来业务等商业银行一线临柜各项对公业务的业务内容和基本规定 2. 正确处理对单位存款业务、贷款业务、支付结算业务、代理业务、外汇业务、资金清算和金融机构往来业务核算，具体包括业务凭证填制、账簿登记、错账冲正、业务凭证的装订与保管等，规范操作年终决算准备和决算日工作	1. 在育人内容方面，结合农商银行临柜对公业务等内容，引导学生遵守银行从业人员职业道德规范，培养诚信、自律的行业职业道德，积极践行社会主义核心价值观，承担社会责任 2. 在育人方法方面，通过案例法、讨论法、讲授法及全过程仿真教学等，引导学生学习专业知识、掌握专业技能，以准职业人的身份严格要求自己 3. 在育人实践方面，教导学生严格遵守实训过程中的业务操作规程，帮助学生养成诚实守信、严谨谨慎、勤奋耐劳、忠于职守、爱岗敬业的职业态度
4	金融服务营销	通过教学，学生能够理解并运用金融服务营销的基础知识，掌握金融服务营销所要求的市场调研、服务沟通、业务营销、客户关系维护、客户管理等基本职业能力	金融服务及评价、金融营销准备、金融营销能力、金融营销技巧、金融客户维护与培育、金融消费者管理、金融客户资产管理、金融客户关系管理、金融客户风险管理等	1. 服务沟通能力、商业银行营销能力、客户关系维护能力、客户管理能力 2. 服务质量的有形展示能力和客户的熟练沟通能力，妥善处理服务失误的能力，市场调研能力，针对特定客户进行关系维护的能力，妥善处理投诉客户的能力，管理服务消费者的能力，搜集银行所需的相关信息的能力，在服务过程中寻找客户机会的能力	1. 在育人内容方面，结合营销准备等课程内容培养学生积极乐观的心态，提高抗压能力，能面对复杂的金融工作环境；引导学生树立正确的世界观、人生观、价值观，积极践行社会主义核心价值观 2. 在育人方法方面，通过案例法、讨论法、讲授法等，将经典营销案例融入教学等环节，帮助学生提高营销能力、准确分辨营销环境，正确看待营销实质 3. 在育人实践方面，借助自我营销方案、金融产品营销方案等环节，帮助学生养成自我认识、实事求是、严谨细致、务实创新的态度，培养学生坚定的职业理想信念和正确的人生态度

续　表

序号	课程名称	课程目标	主要教学内容	主要教学要求	课程思政育人目标
5	农村金融风险与合规	通过教学,学生能够掌握农村金融机构风险种类、风险识别和风险控制的基础理论知识,能够理解与掌握相关法律法规及银行内部规定、章程、操作规范文件的要求,提升实际金融业务中的风险管理与合规操作能力,养成良好的风险和合规意识	农村金融风险概述、金融机构风险管理架构、信用风险管理、市场风险管理、操作风险管理、流动性风险管理、人民币合规管理、外汇业务合规管理、存款业务合规管理、授信业务合规管理、理财业务合规管理、中间业务合规管理等	1. 掌握农村金融机构风险管理的基础理论,掌握农村金融机构信用风险、市场风险、操作风险等风险的识别、管理和控制策略,掌握并能够运用农村金融业务中的基本法律法规 2. 能运用风险管理和合规操作规范的技术和方法,分析和解决实际金融业务的风险与合规问题	1. 在育人内容方面,结合风险识别、风险防范等内容,培养学生正确的世界观、人生观和价值观,引导学生树立正确的风险管理意识和风险管理素养 2. 在育人方法方面,通过案例法、讨论法、讲授法,将银行业代表性风险案例融入教学内容,使学生切身体会风险管理的职能和管理者素质的养成,潜移默化地引导学生树立正确的风险管理意识和风险管理素养 3. 在育人实践方面,培养学生的爱民情怀、遵纪守法的观念、团结协助的意识,使学生能理论联系实践,解决生活、工作中遇到的各种风险问题
6	商业银行网点经营管理	通过教学,学生能够了解身边的银行网点、构建银行网点、管理银行网点、提升银行网点四部分的内容,全面解构银行网点经营管理的理论和运作方法,提高学生在基层网点工作的适应能力和管理能力	1. 了解身边的银行网点:银行网点概念与类别、功能分区、服务设施 2. 银行网点构建:银行网点选址规划、岗位设置、品牌塑造 3. 银行网点常规管理:日常管理、人员管理、风险管理、绩效管理 4. 银行网点效能提升:网点动线布局管理、服务管理、销售管理	1. 银行网点基础知识:概念、分类、功能分区和服务设施 2. 银行网点选址构建知识:选址的原则、方法与策略,网点品牌塑造 3. 银行网点常规管理知识:日常管理原则、主要内容和特殊事件的处置策略,各岗位的基本要求和工作内容,风险管理措施、绩效管理 4. 银行网点效能提升:网点动线布局管理的基本内容和动线设计的方法、网点优质服务、服务沟通、投诉处理、网点营销的难点与重点、网点常见营销策略	1. 在育人内容方面,结合银行网点岗位设置、岗位管理等课程内容,培育学生在银行网点集体中的归属感和责任感,引导学生树立正确的世界观、人生观、价值观,将个人职业定位、发展与社会担当有机结合 2. 在育人方法方面,通过案例法、讨论法、讲授法、角色扮演法等,将行业中的优秀榜样融入教学内容,帮助学生定位合适的岗位,适应职业发展规律,胜任管理者角色 3. 在育人实践方面,结合银行网点支行长、柜员、客户经理、大堂经理、业务经理等岗位的要求,培养学生的服务意识、协作意识和大局意识,提升现代银行业的服务水平

五、课程思政教学实施

(一)教学体系

立足"懂农业、爱农村、爱农民、热爱农村金融事业"的高素质技术技能型金融人才培养目标,以农村金融专业人才培养方案为抓手,实现专业课程思政教学体系整体性设计。要将专业培养目标、毕业要求、课程体系、课程建设与评估、人才培养质量评估、师资队伍建设、管理制度与保障机制等要素有机结合起来,挖掘筛选体现农村金融专业人才培养目标的思政元素,转化为评价体系中的思政指标和评价标准,构建科学合理、功能互补的农村金融专业课程思政教学体系。

(二)教学设计

专业教师应将课程思政建设融入课程建设和课堂教学,根据《教育部高等学校课程思政建设指导纲要》对公共素质类课程、专业类课程、社会实践类课程的课程思政具体要求,编制课程思政实施方案,对每门课程进行课程思政教学设计,明确课程思政的定位、基本内容和方式,将社会主义核心价值观、大国"三农"、生态文明、美丽乡村、乡村振兴、工匠精神、职业道德、知行合一等思政内容具体落实到课程目标设计、教学大纲修订、教材编审选用、教案课件制作、案例编写等各方面,贯穿于课堂授课、教学研讨、实验实训、课程考核等各环节。同时,强化第二课堂育人实效,邀请农村金融领域的专家骨干、金融行业企业的资深专家、优秀校友围绕课程学习、行业发展、业务技能、从业操守、岗位发展等方面进行交流互动,培养学生对于农村金融的热爱之情,增强学生对于农村金融专业的认同感。

(三)教学内容

要紧密结合学校办学特色和专业优势,充分挖掘学校历史、学校传统、专业历史、专业文化、校友故事中的思政元素,邀请地方知名专家学者、优秀企业家、劳动模范、工匠名师和优秀校友走进课堂,将价值观导入课程当中去,为学生传播浙江精神、中国精神,使专业课程内的思政教育相关内容更加清晰和具体,引导学生树立把论文写在祖国大地上的意识和信念,实现精准育人,培养"农村金融工匠"。要根据专业和课程特点,以学生喜欢和关注的鲜活案例、故事、人物为媒介,将思政元素有效融入案例中,编制农村金融专业课程思政教学案例集、资源库,讲好美丽乡村的美好金融故事,深化金融职业理想和职业道德教育,将社会主义核心价值观与专业人才培养方案中的育人内容充分融合,逐步充实和创新课程教学体系。

(四)教学方法

专业课程要充分利用信息技术手段,将金融行业领域的新技术、新业务、新规范有机融入农村金融专业课程教学,吸收以省内农商银行、村镇银行为代表的农村金融业务行家,共同开发建设优质的专业课程数字化教学资源和线上课程平台,借助职教云、慕课、在线开放课程共享平台等教学平台开展教学,发挥平台优势,扩大育人覆盖面,增强教育渗透力,提高学生自主学习能力和获取公共资源能力。要鼓励教师进行混合教学方法改革,借助生讲生评、以练代讲、边讲边练、案例点评、研讨辩论、角色扮演、平行互动、生问生答等手段开展教学,激发学生的创造潜能。要依托校外实践教学基地等社会资源开展第二课堂教学,在农村地区开展反假货币宣传、反金融诈骗知识讲座,去农村金融机构实习实训,到农村地区进行创新创业等活动,引导学生养成职业道德,弘扬劳动精神,提升综合素质,成为知行合一、德才兼备的人才。

(五)教材选用

要积极研讨教材内容,选定和用好专业教材,发挥好教材育人的基础作用。一方面要规范教材的选用,把规划教材、精品教材和具备地方特色的教材作为教材选用的主体;另一方面要统筹骨干教师和优势资源,将社会责任感、专业认同感、风险意识、合规意识、团队意识、创新意识等思政教育元素有机融入专业课程中,深度拓展教学内容,推出高水平农村金融专业系列教材,提高课程思政的吸引力、感染力和解释力,帮助学生树立正确的人生观、价值观,激发学生的内生学习动力,通过学生的自探、自悟、自省和自明达到"内化于心、外化于行"的思政教育效果,在潜移默化中树立知农、爱农、兴农的正确价值观。

(六)师资队伍

鼓励支持思政课教师与专业课教师跨学科合作教学教研,打造一支具有较高专业知识素养和思政育人能力的农村金融专业教师队伍,要把师德师风作为评价教师队伍素质的第一标准,拓宽教师文化视野,提高教师综合素养,推动教师成为先进思想文化的传播者、党执政的坚定支持者。要强化教师的"三农"情怀,鼓励教师到农村金融机构挂职锻炼,深入农村一线学习、实践、调研,掌握农业、农村、农民发展的最新信息,鼓励支持博士等高层次人才带头开展课程思政建设,加强对课程思政建设的重点、难点、前瞻性问题研究。通过定期和不定期地开展课程思政教学沙龙或教研活动,将思政内容和专业知识深入结合,不断提高农村金融专业教师队伍的思政教育认识和育人能力。

六、课程思政教学评价

(一)评价对象

评价对象包括整体专业课程体系及每一学期参加每门课程学习的农村金融专业学生。

(二)评价内容

由每门课程的任课教师作为评价主体,可从两个层面开展评价:一方面要对课程的教案、教学计划、教材、课件、课堂教学过程等基本教学要素进行评价,将社会主义核心价值观、金融职业道德、大国"三农"、习近平总书记关于"三农"问题的重要论述等思政考核内容融入评价体系;另一方面要客观评价学生对于课程思政元素的理解和接受度。两者合成最终得到课程的各个评价环节得分,从而确定主讲课程针对课程思政指标的达成度评价,作为任课教师对该学期课程的课程思政教学设计进行调整的依据。对于得分低于设定标准的教学环节,任课教师要及时给出调整方案,并落实到教学过程中。教研室也要根据课程的课程思政评价结果,结合课程设置的专业逻辑,将课程思政教学目标达成度较好的课程优先纳入专业课程体系之中,不断优化人才培养方案。

(三)评价方法

将客观量化评价与主观效度检验结合起来,综合考察课程思政教学的融入度和对学生的影响度,科学评价课程思政育人效果。既要借助教学管理部门、督导、教师听课互评、党政领导听课或者学生的认知、情感、价值观反馈等方式,对教案、教学计划、教材、课件、教学方法等环节的课程思政教学内容落实情况进行全过程定性评价,又要系统设计课程体系思政评价指标和标准,运用成绩评价方法,科学设定相关比例,将平时表现、作业、测验、实训、期末考试的成绩统一纳入考核,累计得到每门课程的课程思政评价结果,便于任课教师和教学管理部门更加直观地判断对应课程的课程思政教学目标达成情况。

(四)评价标准

一是教学目标具体明晰。教师应设计课程思政的总体教学目标和具体的课程思政育人目标。二是教学内容合理准确。教师要在教案中明确列出本次课的思政元素及相关联的具体专业知识点和教学案例,并合理分配课程思政内容所占时间。三是教学方法灵活多样。教师要事先设计课程思政教学方法,明确这些课程思政元素在教学过程中的具体教学形式,实现对学生思想和心灵的教育。四是教学考核有所体现。可以借助课堂汇报、课堂讨论或课后作业,考查学生对思政内容的理解与接受度;在期中、期末考试中,将思政元素融入开放性考题中;重视用人单位对于学生价值观满意度等思政素养方面的反馈(见表3-3)。

表 3-3　农村金融专业课程思政评价指标与评价标准

评价指标	评价标准
大国"三农"情怀	掌握社会主义核心价值观 掌握习近平新时代中国特色社会主义思想 掌握必备的科学文化基础知识和中华优秀传统文化知识 掌握经济学和金融学的基础理论知识 了解农业、农村、农民,热爱农村,支持乡村振兴,对农村金融事业有浓厚的感情 掌握农业经济、农村经济、农户家庭经济的理论知识 深入了解各类农村金融机构和主要农村金融服务,熟悉普惠金融业务
金融工匠精神	掌握会计核算和财务分析的基础知识与操作流程 掌握银行柜台业务处理核算的基本知识和操作规程 掌握银行会计业务核算的基本知识与操作规程 掌握农村小额信贷业务的基本知识、操作规程及技术方法 掌握农村金融机构理财业务的基础知识、业务规范及技术方法 掌握互联网金融的基础知识和基本业务 掌握农村金融服务礼仪基本规范和金融营销基本方法 能准确、快速地进行手工点钞和机器点钞,准确鉴别假币及现金挑残,熟练进行数字键盘的传票录入,熟练使用形码输入法录入信息
风险合规意识	崇尚宪法,遵守法律,遵规守纪 遵守、履行道德准则和行为规范,具有社会责任感 熟悉与本专业相关的法律法规及环境保护、安全消防等相关知识 掌握农村金融风险管理和合规管理的基本知识和方法 能进行农户、个体户和农村小微企业等客户的贷款实务操作和风险控制
团队协作能力	具有较强的集体意识与团队合作精神、良好的行为习惯和自我管理能力 具有探究学习、终身学习、分析问题和解决问题的能力 具有良好的语言、文字表达能力和沟通能力 具备团队领导能力,能借助团队力量完成工作任务
创新发展能力	能接收、吸纳、应用农村金融领域的新技术、新业务、新规范 具有良好的岗位发展能力 掌握创新创业的基础知识和基本技能 能准确确定创新创业的方向、目标、战略及制订具体实施方案

七、管理制度与保障机制

(一)完善生评教、教评学、教师督导互评机制

　　学校、二级学院教学督导等专家小组,要监控课程思政教学目标达成情况、教学实施质量、教学制度落实情况。要落实教学督导和教师互听互评制度,重视学生反馈的课堂教学状况,积极对课堂进行监督和指导,以形成课程思政教学模式实施的适时反馈和不断优化的良好循环。

(二)设立课程思政教学激励制度

把教师参与课程思政建设情况和教学效果作为教师教学业绩考核和年度考核、评优评先的重要参考指标。将课程思政教学改革纳入专业建设及课程建设体系内,加强经费保障,落实教学资助,并在课题推荐、评奖评优、聘岗、职称晋升等方面,突出课程思政要求,体现重视课程思政教学专业教师的优越性。

(三)推进课程思政教学改革融入高水平专业群建设

积极推进金融服务与管理高水平专业群思政平台建设,立足专业群特色,面向职业岗位群,挖掘专业群思政元素,抓住课堂教育载体、用好实践教育渠道,充分发挥专业课程的育人功能。

(四)开展第三方思政育人效果评价

与金融行业协会、专业的第三方评价组织合作,开展学生成长跟踪评价、毕业生跟踪反馈、用人单位满意度调研;通过定期不定期地开展对金融机构的问卷调查、走访用人单位、召开行业企业用人单位座谈会等形式,了解专业学生的就业适应能力与职业发展状况,掌握行业、企业、社会对毕业生的思政素养评价,实现校内、校外两个闭环相结合的质量保障体系。

(执笔人:王德英 凌海波)

4 金融科技应用专业课程思政教学实践

一、专业课程思政教学的时代背景

党的十八大以来,习近平总书记高度重视金融在经济发展和社会生活中的重要地位和作用,多次强调金融是现代经济的核心。金融是资源配置和宏观调控的重要工具,已成为推动经济社会发展的重要力量。金融是国家重要的核心竞争力,金融科技代表着金融未来发展的方向,"推动我国金融业高质量发展"[①]是国家赋予金融科技的使命,中国的金融科技发展处于全球领先地位。为适应金融科技领域及金融科技产业优化升级需要,对接金融产业数字化、网络化、智能化发展新趋势,对接新产业、新业态、新模式下客户服务、市场营销、商务推广、用户运营、数据分析、风险控制、产品设计等岗位(群)的新要求,不断满足金融科技领域及相关产业高质量发展对高素质技术技能人才的需求,推动职业教育专业升级和数字化改造,提高人才培养质量,遵循推进现代职业教育高质量发展的总体要求,为全面落实立德树人根本任务,深入贯彻落实习近平总书记关于教育的重要论述和全国教育大会精神,贯彻落实中共中央办公厅、国务院办公厅《关于深化新时代学校思想政治理论课改革创新的若干意见》、教育部《高等学校课程思政建设指导纲要》、《浙江省高校课程思政建设实施方案》、《中华人民共和国国民经济和社会发展第十四个五年规划和2035年远景目标纲要》、《金融科技发展规划(2022—2025年)》等文件精神,响应高校金融科技应用专业在人才培养过程中通过课程思政教学提升人才政治素养的切实需求,编制了金融科技应用专业课程思政教学实践指南,指导金融科技应用专业课程思政教学,并为相近专业的课程思政教学提供参考。

---

① 习近平. 深化金融供给侧结构性改革 增强金融服务实体经济能力[N]. 人民日报,2019-02-24(01).

金融科技应用专业是面向银行、证券、保险、基金等传统金融机构和互联网银行、互联网保险等新型金融科技企业,培养高素质技术技能型复合人才而开设的一门新兴专业。本专业培养能够践行社会主义核心价值观,德、智、体、美、劳全面发展,具有一定的科学文化水平,良好的人文素养、职业道德和创新意识,精益求精的工匠精神,较强的就业创业能力和可持续发展的能力,掌握本专业知识和技术技能,面向银行、证券、保险、基金等传统金融机构及新兴金融科技企业的客服、市场营销、商务经理、用户运营、数据分析、风控、产品助理等职业群,能够从事金融科技客户服务、市场营销、商务推广、用户运营、数据分析、风险控制、产品设计工作的高素质技术技能人才。本专业培养的人才,除了掌握互联网金融典型业务,具备良好沟通能力、表达能力、团队协作能力,同时还应当具有诚信、合作、敬业的品质和创新创业基本素养,是德、智、体、美、劳全面发展,具有较强可持续发展能力的专门人才。

二、专业课程思政教学的基本理念

(一)至诚而行,落实立德树人根本任务

高校立身之本在于立德树人,高校的思政教学必须秉持"育人为本,德育为先"的理念,以德施教,以德立学,将"立德树人"理念引入思政课程中实现全方位育人。落实立德树人根本任务,必须将价值塑造、知识传授和能力培养三者融为一体,不可割裂。全面推进课程思政建设这一战略举措,影响甚至决定着接班人问题,影响甚至决定着国家长治久安,影响甚至决定着民族复兴和国家崛起。在专业建设过程中全方位立体式融入思政理念和实践,把思想政治教育贯穿人才培养体系,紧紧抓住教师队伍"主力军"、课程建设"主战场"、课堂教学"主渠道"3个重要方面,发挥好每门课程的育人作用,真正做到"如盐入水",全面推进专业群课程思政建设,提高"银领"人才培养质量,构建全员全程全方位育人大格局。具体落实到学生培养上,金融科技应用专业将诚信教育作为立德树人第一抓手,注重金融素养的培育,并将它作为社会主义核心价值观实施的重要前提及现代公民未来美好生活的必备素养,融入对学生的认知、能力和人格的培养中。在专业课程的教学指导中,以金融诚信立业的理念贯穿始终,努力让学生在获取知识与技能的同时,成为德才兼备、德智体美劳全面发展的人才,而这对实现中华民族伟大复兴的中国梦具有重要意义。

(二)春风化雨,助推金融科技复合型人才培养

专业人才的培养是一个系统性工程,学生在学习过程中不断受到外界各类因素的影响,周遭的社会环境更会对人才塑造不断产生潜移默化的影响,日积月累,学生的世界观、人生观、价值观也就随之定型。金融科技人才培养的过程需要一个风清气正的教学环境,尤其是在社会环境复杂多变的情况下,课程思政的融入就像春风化雨一般能给纯粹的专

业教学带来思想上的丝丝滋润。对于财经商贸大类专业而言,重点是要在课程教学中坚持以马克思主义为指导,加快构建中国特色哲学社会科学学科体系、学术体系、话语体系,要帮助学生了解相关专业和行业领域的国家战略、法律法规和相关政策,引导学生深入社会实践,关注现实问题,培育学生经世济民、诚信服务、德法兼修的职业素养。落实到金融科技应用专业,需要重点突出四个自信、金融素养、信息素养、科学精神等关键点,科学设计课程思政教学体系。当前金融科技发展迅速,中美两国的金融科技发展对全球经济有着重要影响。教学中对比两国金融科技发展的异同,凸显近年来中国的快速发展和社会稳定,有助于强化社会主义核心价值观,培养学生的爱国主义精神。

(三)家国情怀,落实铸魂育人核心理念

家国情怀是育人过程中需要关注的核心素养。落实为我中华铸魂育人的教育理念,不仅反映了当前教育评价系统对学生的世界观、人生观、价值观问题的高度重视,也进一步体现了当前素质教育理念向"育人为本"观念过渡的重要突破。尤其要注重从课程内涵中加强对学生社会主义世界观、人生观、价值观等方面的正向培育。通过金融科技对社会的影响与变革的讲解,培养学生的开放精神、全球视野和民族自信,在对各国金融科技发展现状的对比过程中,不断强化学生的社会主义核心价值观和爱国主义精神。

三、专业课程思政教学的培养目标

(1)坚定拥护中国共产党的领导和中国特色社会主义制度,以习近平新时代中国特色社会主义思想为指导,践行社会主义核心价值观,具有坚定的理想信念、深厚的爱国情感和中华民族自豪感。扎实推进习近平新时代中国特色社会主义思想和党的二十大的重要思想、重要观点、重大战略、重大举措有机地融入专业教学。

(2)崇尚宪法,遵守法律,遵规守纪。

(3)能够熟练掌握绿色生产、环境保护、安全防护、质量管理等相关知识与技能,了解相关产业文化,遵守职业道德准则和行为规范,具备社会责任感和担当精神。

(4)崇德向善、诚实守信、爱岗敬业,具有精益求精的工匠精神。

(5)具有质量意识、安全意识、职业生涯规划意识和创新思维。

(6)具有较强的集体意识和团队合作精神,良好的行为习惯和自我管理能力。

(7)达到国家大学生体质测试合格标准,养成良好的运动习惯、卫生习惯和行为习惯。

(8)具备一定的心理调适能力。

(9)掌握必备的美育知识,具有一定的文化修养、审美能力。

(10)弘扬劳动光荣、技能宝贵、创造伟大的时代精神,热爱劳动人民、珍惜劳动成果、树立劳动观念、积极投身劳动,具备与本专业职业发展相适应的劳动素养、劳动技能。

四、面向课程思政的专业课程体系

(一)设计依据

首先,对金融科技相关行业的人才需求进行长期、全方位的调研,在调研的基础上,对适合高职、适合我校培养的岗位进行细分,确定产品设计、系统运营与运维、市场营销、风险控制、客户服务等工作岗位为重点培养方向。然后根据职业能力和岗位能力需求,逐步确定课程体系,其中还应考虑到专业师资情况、课程思政融入的连贯性和深度等具体因素。

(二)课程结构

金融科技应用专业课程结构如图 4-1 所示。

1. 公共素质类课程思政

通过教授"习近平新时代中国特色社会主义思想概论""毛泽东思想和中国特色社会主义理论体系概论""思想道德修养与法治""形势与政策""军事教育""高职体育""明理课程""中华优秀传统文化""劳动通论"等公共课,重点将爱国主义精神、人文精神、人文情怀、强健体魄、自我管理等思政内容融入课程,培养坚决拥护中国共产党领导,具有中国特色社会主义共同理想,践行社会主义核心价值观,崇尚宪法,遵守法律,遵规守纪,具有深厚的爱国情感和中华民族自豪感的人才。通过教授"就业指导""创新创业指导"和校本选修类课程,强化遵守道德准则和行为规范的意识,强调崇德向善、诚实守信、爱岗敬业的职业素养,培养学生精益求精的工匠精神和科学精神,强调职业生涯规划意识和创新思维。

2. 专业类课程思政

科学合理的课程体系是思政融入的基础。金融科技应用专业的课程体系具有系统性和符合职业发展的规律性,结合金融科技特色,课程体系中既有较为全面的信息技术和经济金融方面的课程,又安排有专门的金融科技课程。深度挖掘提炼专业知识体系中所蕴含的思想价值和精神内涵,从课程所涉及的专业、行业、国家、文化、历史、国际趋势等方面,增加课程的知识性、人文性,提升引领性、时代性和开放性。课程同时引入行业法律法规、国产自主技术、典型案例等,构建学生正确的世界观、人生观、价值观。

3. 社会实践类课程思政

社会实践类课程弘扬劳动精神,教育和引导学生能够知行结合,扎根中国大地了解国情民情,在实践中增长智慧,在艰苦奋斗中锤炼意志品质。通过"图形图像处理""网页设计与制作""数据库原理与应用"等校内实践教学,培养学生的理性思维和勇于探究的精神,并在其中融入精益求精的工匠精神和科学精神。通过"明理课程""就业指导""认识实习""创新创业认知""岗位实习和毕业设计"等课程,培养学生的实践创新能力,增强其劳动意识,提升其自我管理、技术运用和解决问题的能力。

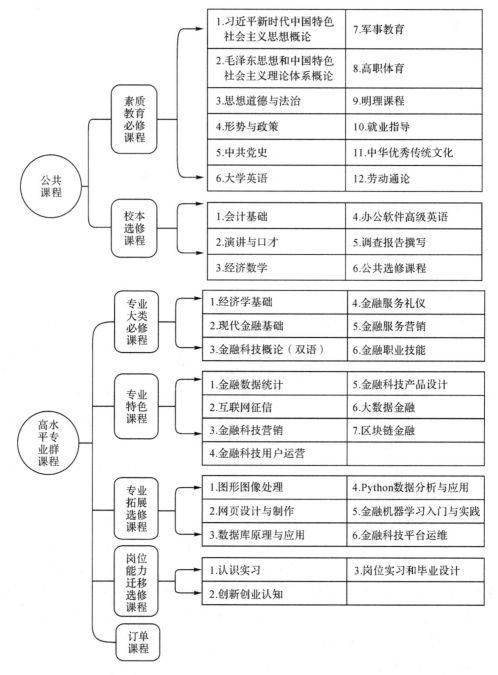

图 4-1 金融科技应用专业课程结构

(三)专业课程的相关信息及思政育人目标

金融科技应用专业核心课程的相关信息及课程思政育人目标示例如表 4-1 所示。

表 4-1　金融科技应用专业课程的相关信息及课程思政育人目标示例

序号	课程名称	课程目标	课程思政育人目标
1	金融数据统计	课程内容包括金融市场的基础知识、金融数据的基本特征、数据处理的前期准备工作(如数据收集、数据清洗等)、数据描述性统计和推断性统计、相关分析、多元回归分析、时间序列分析等;培养学生运用货币、金融与投资统计数据检验金融学相关原理,介绍金融统计数据的生成、挖掘与分析方法,分析金融数据、经济现象和经济理论之间的内在关系,理解金融计量模型的检验与解释功能,提高学生运用统计分析方法解决金融经济实践问题的能力	从数据收集的角度,培养学生科学严谨的务实态度,保证统计数据的质量;从数据处理的角度,培养学生精益求精的工匠精神;从数据分析的角度,培养学生对数据分析的唯物辩证的科学思维
2	互联网征信	培养学生诚信为金的职业道德能力;能运用金融、互联网等知识从信用管理的角度分析公司和个人信用评价情况;能运用征信知识进行一定深度的案例分析和比较;能掌握互联网征信的特点,并把握其发展形势	借助开展信用卡申请风险评估、量化投资策略等实践教学环节,帮助学生养成严谨细致的态度,培养学生正确处理数据、正确评估模型、真实反映结果的数据分析能力
3	金融科技营销	面向金融机构理财经理、理财规划助理、投资顾问、市场专员、活动策划、文案策划等岗位群,从事基于大数据分析的客户经济行为识别与追踪、用户画像、综合理财需求分析,制订资产配置方案,提供客户支持和服务,组织理财沙龙和理财讲座,实现数字化营销工具组合运用等综合类工作	在课程教学过程中,将近年来发生的金融科技营销领域相关案例融入课堂,通过真实案例找到切入点,融入科学精神,教导学生正确的营销理念与方式,引导学生树立正确的价值观念,培养学生的社会责任感与使命感
4	金融科技用户运营	主要教学内容为金融科技用户运营的核心知识和相关方法、基于用户生命周期的运营、用户画像调研及营销策略制定、运营活动文案写作与能力提升;要求学生掌握用户运营的基本概念及沟通媒介,能够制作用户属性思维导图,制订用户画像调研方案,并能够实施用户调研、完成用户画像报告,针对调研的目标用户完成各种类型活动的策划及文案写作	在课程教学过程中,将近年来发生金融科技用户运营相关案例融入课堂中,通过真实案例找到切入点,融入科学精神,教导学生正确的用户运营理念与方式,引导学生树立正确的价值观念,培养学生的社会责任感与使命感
5	金融科技产品设计	主要教学内容为金融科技产品概述、产品战略分析(商业模式画布、典型盈利模式、商业分析模型)、产品规划、产品需求分析(用户需求卡、产品需求卡)、产品功能设计(流程图、原型图)、产品上线推广等。要求学生能够完成金融科技产品竞品分析、设计产品原型图,完成 BRD(business requirement document,商业需求文档)、PRD(product requirement document,产品需求文档)文档写作等,了解产品设计全流程	在课程教学过程中,将近年来发生金融科技产品设计领域的相关案例融入课堂中,通过真实案例找到切入点,融入科学精神,教导学生正确的金融科技产品设计理念与方式,引导学生树立正确的价值观念,培养学生的社会责任感与使命感
6	大数据金融	了解大数据金融(银行、保险、证券等)的宏观发展体系及微观应用案例等;能够基于理论知识,结合金融数据收集与整理的基本知识,掌握金融数据特征分析方法;掌握主流大数据技术在大数据金融案例中的应用,并能自主应用平台解决大数据金融现有的问题	通过案例法、讨论法、讲授法等,将优秀行业案例融入教学等环节,帮助学生认识个体在行业发展中的差异,正确看待行业发展及自身的职业目标

五、课程思政教学实施

(一)教学设计与教学内容

1. 课程思政总体教学设计

(1)金融科技概论思政设计

①通过对各国金融科技发展现状的对比,强化社会主义核心价值观和爱国主义精神。

②通过对金融科技发展理论基础的讲解,培养学生理论联系实际分析问题的能力,用马列主义观点分析我国实际国情。

③通过对金融科技的影响与变革的讲解,培养学生的开放精神、全球视野和民族自信。

(2)金融科技的技术基础思政设计

①通过对物联网、云计算与区块链的讲解,对学生进行网络强国战略思想教育,加强网络安全意识。

②通过对3G、4G发展到5G这一路来中国网络通信科技逆袭夺冠历程的讲解,培养学生科技追赶的勇气与责任担当精神,坚定道路自信。

③通过对人工智能的讲解,引导学生深入思考"人类命运共同体"的真正价值和内涵。

(3)金融科技的支付工具思政设计

①通过对支付手段不断迭代的讲解,培养学生互联网创新思维和服务实体经济的意识。

②通过对支付科技前沿进展的讲解,提升学生独立自主的科研能力,培养科技强国、立国的思想。

③通过对中国央行数字货币率先在深圳等地开展试点的案例的讲解,激发学生民族自豪感和使命感。

(4)银行业金融科技思政设计

①通过对银行业发展的讲解,帮助学生了解我国商业银行对我国经济发展所发挥的积极促进作用,明确诚信是银行的立身之本。

②通过对银行业务变革的讲解,培养学生对我国监管政策的理解,感受国家的强大及在国际银行业风险防范中发挥的重大作用。

③通过对未来银行业发展趋势的讲解,培养学生的民族责任感、主人翁意识,树立走中国特色金融发展之路的理念。

(5)证券业金融科技思政设计

①通过对证券业发展现状的讲解,帮助学生了解我国证券领域相关政策运行机制和资金操作规律,引导学生像对待投资一样理性对待职业发展和人生规划。

②通过对证券业务管理创新的讲解,融入风险意识、职业道德、家国情怀的内容,培养学生诚实守信、团队协作等优良品质。

③通过对证券业务所面临挑战的讲解,培养学生自我分析解决问题的能力,从而能正确认识和分析复杂的社会现象,保持正确的价值导向。

(6)保险业金融科技思政设计

①通过对保险业发展特点的讲解,引导学生理解保险在中国特色社会主义建设中发挥的全面保障作用。

②结合保险业科技创新的讲解,关注一些社会热点,如公益保险、保险扶贫、老龄化等问题,帮助学生形成和谐发展的社会主义主流价值观。

③通过对保险业务未来发展的讲解,培养学生的风险意识和保险理念,帮助学生理解保险是守护美好生活的重要金融工具这一理念。

(7)其他行业金融科技思政设计

①通过对征信行业发展特点的讲解,内化学生诚信意识,增强学生征信法治观念,外化学生征信行为,增强学生金融职业素养。

②结合财富管理行业存在问题的讲解,增强学生对中国特色社会主义市场经济的理解,思想上杜绝脱离人民利益的唯利是图,培养形成正确的价值导向和高尚的精神品质。

③通过对互联网消费金融的讲解,增强学生对中国特色社会主义道路及中国特色社会主义市场经济的认同感,鼓励学生多研究中国问题。

(8)金融科技的风险与监管思政设计

①通过对金融科技风险特征的讲解,与学生一起解构中国问题、介绍中国经验、提炼中国解决方案,帮助学生参与本土化金融科技创新的热情和兴趣。

②结合金融科技风控主要手段的讲解,培养学生敬畏市场、信守承诺的职业素养,形成对金融职业道德的基本意识。

③通过对沙盒监管模式创新的讲解,强化学生对金融风险的集聚、外溢和传染的认识,明白沙盒监管的必要性,了解金融风险甚至会对国家安全构成重大威胁。

(9)金融科技发展展望思政设计

①通过对智慧金融的讲解,帮助学生深刻认识加快发展新一代人工智能的重大意义,并结合金融业场景,进一步理解人工智能是我国赢得全球科技竞争主动权的重要战略抓手。

②通过对共享金融的讲解,引导学生重视共享经济,理解公平包容,打造平衡普惠的发展模式,领会世界各国人民共享经济全球化发展成果的意义。

③通过对全球金融科技合作的讲解,帮助学生理解在中国金融业新一轮扩大对外开放之际,金融科技生态体系能创造巨大的社会价值,而其健康良好的运行离不开有效的生态治理,中国身在其中应当发挥应有的作用。

(二)教学方法

注重将思政建设融入教学全过程。将课程思政作为课程设置、教学大纲核准和教案评价的重要内容,落实到课程目标设计、教学大纲修订、教材编审选用、教案课件编写各方面,贯穿于课堂授课、教学研讨、实验实训、作业论文各环节。结合金融专业群两个国家级教学资源库——金融专业教学资源库和金融科技应用专业教学资源库,持续推进现代信息技术在课程思政教学中的应用。各专业课程教学中根据课程具体情况选择或者组合使用项目教学法、案例教学法、任务驱动教学法、讲授教学法、分组讨论法、情境教学法、角度扮演法等方法,以培养学生各方面的能力,融入各项课程思政教学内容。同时,使用立体化教学手段丰富课程讲授过程,包括课程网站、案例、项目实例、视频教程、微课、阅读材料等。教学过程中,通过校企合作、校内实训基地建设等多种途径,采取生产性实训、任务驱动、项目教学等形式,让学生完成金融产品营销方案设计、推广方案设计、客服流程设计、网站开发等任务,从而给学生提供丰富的实践机会。适当选取多门课程,按照学生原有课程基础、自身学习兴趣、学习能力、毕业后升学意向和就业意向开展分层教学。充分利用自主学习平台,实现课堂教学和网络自主学习相结合,既有集中授课,又强调自主学习,拓宽课堂视野。

(三)教材选用

教材是课程教学改革的载体,是高水平专业群"三教"改革的重要基础,关系国家事权。要将教材建设作为提升专业内涵质量、推动专业转型升级的重要抓手。按照国家规定,经过规范程序选用教材,优先选用国家规划教材和国家优秀教材。专业课程教材应体现本行业新技术、新规范、新标准、新形态。禁止不合格的教材进入课堂,推荐有课程思政案例、融入素质目标的教材优先使用。建立由专业教师、行业专家和教研人员等参与的教材选用机构,完善教材选用制度,经过规范程序择优选用教材。

(四)师资队伍

按照"四有好老师""四个引路人""四个相统一"的要求建设专业教师队伍,将师德师风作为教师队伍建设的第一标准。推动教师团队进一步强化育人意识,找准育人角度,提升育人能力,确保课程思政建设落地落实、见功见效。

1.队伍结构

学生数与本专业专任教师数比例不高于 20:1,双师素质教师占专业教师的比例一般不低于 60%,专任教师队伍要考虑职称、年龄,形成合理的梯队结构。整合校内外优质人才,选聘企业高级技术人员担任产业导师,组建校企合作、专兼结合的专业教师团队,建立定期开展专业(学科)教研的机制。

2.专任教师

具有高校教师资格;原则上具有金融学、计算机科学、统计学等相关专业本科学历;具有本专业理论和实践能力;能够落实课程思政要求,挖掘专业课程中的思政教育元素和资源;能够运用信息技术开展混合式教学等教法改革;能够跟踪新经济、新技术发展前沿,开展技术研发与社会服务;专业教师每年至少1个月在企业或实训基地实训,每5年累计不少于6个月的企业实践经历。

3.专业带头人

原则上应具有本专业及相关专业副高及以上职称,有较强的实践能力,能够较好地把握国内外金融科技行业、专业发展,能广泛联系行业企业,了解行业企业对本专业人才的实际需求,能够主持专业建设,开展教育教学改革、教科研工作,社会服务能力强,在本专业改革发展中起引领作用的优秀教师。

4.兼职教师

主要从本专业相关行业企业的高技术技能人才中聘任,应具有扎实的专业知识和丰富的实际工作经验,原则上应具有中级及以上相关专业技术职称,了解教育教学规律,能承担专业课程教学、实习实训指导和学生职业发展规划指导等教学任务。应建立专门针对兼职教师聘任与管理的具体实施办法。

六、课程思政教学评价

(一)多维度课程思政建设成效考核评价体系

建立多维度的课程思政建设成效考核评价体系和监督检查机制,充分发挥金融行业职业教育教学指导委员会等专家组织作用,研究制定科学多元的课程思政评价标准。采取过程评价与结果评价相结合的方式,通过理论与实践相结合,重点评价学生的职业能力和思政教学成果,如以证代考、项目考核、作品考核、操作考核、调查报告等,考核内容包括平时作业、课堂提问、课堂讨论、技术文档、作品、实训操作等。证书有证券业从业资格证、银行业从业资格证等,作品有移动应用系统、互联网金融产品设计方案、互联网金融营销方案、互联网金融动态网站等,尤其在学生提交的个人作业中,重点设计有关课程思政的考量因素。

(二)第三方评价

就业工作是专业生存和发展的基础,专业将重视发挥专业教师的积极性和主观能动性,利用一切可以利用的资源做好学生的就业工作,同时专业今后将不定期就毕业生在企业中的表现等征求行业、企业对毕业生的评价,增加思政方面的评价内容,如职业素养、道德情操的评价等,从而修订完善专业人才培养方案,争取在各方努力下使本专业的毕业生的工作单位主要分布在与金融科技相关的企业、事业单位、金融行业等。今后将多对这些行业进行调研,积极搜集反馈意见,用以指导教学。

七、管理制度与保障机制

学校和二级院系应建立专业人才培养质量保障机制,健全专业教学质量监控管理制度,改进结果评价,强化过程评价,探索增值评价,健全综合评价。完善人才培养方案、课程标准、课堂评价、实验教学、实习实训、毕业设计及资源建设等质量标准建设,通过教学实施、过程监控、质量评价和持续改进,达到人才培养规格要求。学校和二级院系应完善教学管理机制,加强日常教学组织运行与管理,定期开展课程建设、课程思政建设、日常教学、人才培养质量的诊断与改进,建立健全巡课、听课、评教、评学等制度,建立与企业联动的实践教学环节督导制度,严明教学纪律,强化教学组织功能,定期开展公开课、示范课等教研活动。

专业教研组织应建立集中备课制度,定期召开教学研讨会议,不定期召开学生座谈会以了解学生的所思所想,以改进教学管理和课程思政设计,利用评价分析结果有效改进专业教学,持续提高人才培养质量。根据本专业人才培养计划,制定所有专业课程的教学大纲、实训大纲等资料,据此编制学期教学进度计划表;课程考核、成绩评定等按学校要求进行。对学生的认知实习、专业实习、毕业实习、毕业设计等,制订切实可行的实习计划,同时强调规章制度及毕业论文写作规范,使管理有章可依,要求专业指导教师指导严格、细致,主动关心学生的思想、学习和生活状况。专业应建立毕业生跟踪反馈机制及社会评价机制,并对生源情况、在校生学业水平、毕业生就业情况等进行分析,定期评价人才培养质量和培养目标达成情况。

(执笔人:申睿　吴金旺　史浩)

保险实务专业课程思政教学实践

一、专业课程思政教学的时代背景

(一)专业所对接行业的发展现状

1.经济发展态势

近年来,保险业仍保持较快发展,但增速有所放缓。2017—2020 年,保险业总资产从 16.75 万亿元增长到 23.30 万亿,年均增速为 11.4%,中国已经成为全球第二大保险市场。但是我国保险业总体仍处于初级发展阶段,在保险深度、保险密度,保险市场的业务结构、市场环境等方面相比国际平均水平,还有很大的发展空间,是金融的朝阳产业。保险科技促进保险模式加速变革。保险科技依托新技术对传统保险模式在产品、交易、服务和风控四大方面产生深刻变革,对保险专业人才的素质也提出了新的要求。

2.数字经济影响

保险作为一种风险管理手段,在数字经济时代迸发出全新活力。在数字经济背景和数字科技的加持下,保险的本质属性已经由原来的"被动风险分摊机制"进化为"主动风险管理手段",这种进化从规避风险本身入手,短期内可能影响保险公司的承保收入,但从长远来看,却给保险行业带来更具想象空间的盈利模式。

(二)专业建设现状

1.专业实力与地位

浙江金融职业学院保险专业于 2001 年 3 月设立,是"浙江省首批高职高专 20 个重点专业"之一,是全国首批 28 所国家示范性重点建设专业,在 2016 年 12 月作为浙江省唯一的保险类专业入选浙江省高校"十三五"优势专业建设项目。2019 年 7 月,保险专业被认定为国家级骨干专业,并作为副组长单位,牵头完成全国保险专业教学标准的制定工作,专业主要培养三年制专科生,尝试合作培养本科生,加快推进留学生招生和中外合作办学。

2. 专业建设内涵

"十三五"期间,2016 年 12 月,作为浙江省唯一的保险类专业入选浙江省高校"十三五"优势专业建设项目;2019 年 7 月,保险专业被认定为国家级骨干专业。学院对照投资保险高水平专业群建设任务书,重点围绕人才培养模式创新、师资团队建设、课程教学资源、教材与教法改革、实践教学条件、教学创新团队、"学历证书+若干职业技能等级证书"(简称"1+X"证书)考试试点、现代学徒制、产业二级学院建设等方面开展工作,基本实现预期建设任务目标。

3. 专业教学质量

保险实务专业顺应产业变革、深化校企合作,创新人才培养模式。深入推进人才培养模式改革与实践,形成特色化专业人才培养平台;建立"虚实结合、灵活多样"的保险订单人才培养机制;拓展校企合作的宽度,实现资源共享、优势互补,共同发展;拓展校企合作的深度,开发建设更多险种的生产性教学实训。

保险实务专业顺应市场变化,满足行业发展需求,以培养"诚信合作、语言表达、人际沟通、组织策划、抗挫抗压"等方面能力俱佳的、具有工匠精神的人才为核心,着力提升学生岗位能力要求和职业素质要求,为此打造了以"职业适应力"为圆心的"四力"立体式课程群。

4. 学生就业质量

保险专业培养的毕业生素质高,毕业生供不应求,近年来,保险专业毕业生就业率达 98.25%,签约率达 97.36%。经过多年的努力,保险专业人才培养质量高,社会服务能力强,受到行业、社会、学生、家长的广泛认可。

二、专业课程思政教学的基本理念

(一)立德树人是根本

保险专业关键在于明确立德树人的根本培养方向,在继续巩固思政课程主渠道主阵地作用的基础上,推动课程思政广覆盖,赋予专业课程价值引领的重任,并进一步提升和改善专业课程的育人成效。

(二)专业人才培养是途径

由于将思政教育融入保险专业的教学中对人才培养有重要的影响,因此,教师在遵循大学生认知规律的基础上,对保险专业课程开展思政教育的途径进行探讨,现提出保险专业课程开展思政教育的有效途径,主要包括:课程讲授与爱国主义教育相结合,课程教学与诚实守信教育相结合,课程实践与职业素养教育相结合。

(三)以制度设计服务课程改进

充分挖掘和拓展保险专业课程的育人价值,推动保险专业课程与课程思政的融合,同样有赖于相关制度的健全。应完善教材开发、教师培训、教学组织管理制度,强化教学方案设计和教学改革。完善的制度设计,有助于推动教师以其研究成果和实践成果反哺于教学,实现教书育人、科学研究、社会服务相得益彰,推动构建课程思政的育人大格局。

(四)将思政元素融入课程内容

专业课程蕴含着丰富的思政元素。一方面,保险专业知识本身具有明显的价值倾向、家国情怀等;另一方面,保险专业教师可以通过深度挖掘,在已有思政元素的基础上实现进一步拓展和开发。由此,专业教材和课程内容应体现时代性、风险防范性、社会安定性,保险专业教师在知识传授中应注重主流价值观引领,强调保险业作为社会稳压器的重要性,明确其在国家和社会发展中所扮演的重要角色。

(五)用多元评价体现课程效果

由于长期以来唯数量化的评价导向,对专业课程的评价主要侧重于采用调查问卷、统计分析等方法,就专业论专业,评价标准单一。要认真贯彻落实教育部关于清理"五唯"(唯论文、唯帽子、唯职称、唯学历、唯奖项)的各项要求,回归教育的本质和初心,为推进课程思政营造良好的制度环境。就课程思政评价本身而言,需要将学生的认知、情感、价值观等内容纳入其中,体现评价的人文性、多元性。为此,应逐步将客观量化评价与主观效度检验结合起来,综合采用结果评价、过程评价、动态评价等方式,制定出更为精细和系统的评价指标,充分及时反映学生成长成才情况,反映课程中价值塑造、知识传授与能力培养的结合程度,以科学评价提升教学效果。

三、专业课程思政教学的培养目标

(一)总体目标

1. 保险行业的发展

"十三五"时期,保险行业通过实施"保险＋"行动计划,将服务经济转型升级、社会保障、"三农"建设、灾害救助、社会治理"五大体系"作为切入点和主攻方向,主动融入"一带一路"、"互联网＋"、中国(浙江)自由贸易试验区、城西科创大走廊、钱塘江金融港湾、特色小镇、供给侧结构性改革等重大举措,将政保合作打造成浙江的一张"金名片",全面提升浙江省治理现代化水平。

2.保险实务专业课程思政建设目标

市场与行业的发展变化对高校人才培养提出了新的需求和更高的要求,为顺应这种变化,更好地为保险行业发展培养人才和提供智力支持,为浙江省乃至长三角地区经济发展提供大量保险专业高素质技能人才,保险专业继续按照"诚信合作、语言表达、人际沟通、组织策划、抗挫抗压"的现代保险工匠精神,培养适应经济社会发展需要,具有强烈社会责任感和良好道德修养,掌握经济学、金融学基本理论和保险学基本知识,具备保险产品营销、核保、理赔等实务专业技能,能胜任保险公司、商业银行、企业风险管理部门、其他金融中介机构、经济管理部门等机构相关工作的复合型人才。扎实推进习近平新时代中国特色社会主义思想和党的二十大的重要思想、重要观点、重大战略、重大举措有机地融入专业教学。

(二)具体目标

坚持系统观念,落实党对教育工作的全面领导,将党的创新理论贯穿教育教学全过程。更好发挥思政课关键课程作用,把立德树人贯穿各类教育,融入思想道德教育、文化知识教育、社会实践教育各个方面。

1.发挥专业授课教师课程思政育人主体作用

(1)培养教师课程思政育人能力

积极发挥保险实务专业党支部在完善教师思想政治工作体系和育人工作体系中的重要作用,发挥党员老师在思想政治教育与教师职业素养教育、师德师风建设、教书育人方面的先锋模范专业。保险实务专业老师要利用自身优势做到与市场与时俱进,学会灵活运用多种教学方法,发挥专业老师的育人优势,提高全体教师科学施教的能力和水平。

(2)细化教研室责任,形成专业教师思政育人的氛围,夯实课程思政工作的基础

加强集体备课和集体教研,努力提高课堂教学水平;每学期初完成详细的课程思政育人教学设计;定期组织主题教研活动,要求每位老师参加思政教育说课比赛;专业主任(副主任)、教研室主任(副主任)进课堂,随机听课,重点检查课程思政育人内容。

2.聚焦课程、教材、教学、评价体系一体化,着力打造思政一体化工作体系

加强课程思政育人主渠道建设,丰富课程思政的教学方式和评价方法。课堂教学是课程思政育人的主阵地,保险专业要以专业核心课程为中心,逐步增加课程思政与教学内容的结合程度,要根据专业课程涉及的不同领域,明确思政育人的结合点,把育人贯穿课程教学全过程,在学习、思辨及实践中更新教育理念、创新教学载体、强化教育责任,用好课堂教学这个主渠道,达到"润物细无声"的育人效果。

3. 加强课程思政针对性, 强化课程育人功能, 提升课程育人实效

着力构建符合金融保险从业人员成长规律、体现时代要求、彰显浙江区域经济特色的课程思政体系。将课程思政育人的理念、目标、原则、内容融入人才培养方案中。加强行业企业人才需求和毕业生跟踪调研, 将学生发展核心素养融入专业教学标准中, 根据学生发展素质、知识、能力要求, 动态调整课程结构, 使课程结构更加合理, 课程内容更加科学, 课程思政育人更加凸显, 确保人才培养工作更加贴近目标、贴近学生、贴近需求, 确保教学内容的正确导向与育人价值, 形成有效的课程思政育人正能量。

四、面向课程思政的专业课程体系

(一)设计依据

1. 思政建设

课程思政建设是要深度挖掘不同专业课程中蕴含的思想政治教育资源, 充分开发专业课程的价值塑造功能, 是落实全员全方位全过程育人的新时代高校思想政治教育工作的改革创新举措。

2. 专业发展

保险实务专业要依托专业课程的"现代学徒＋思政融入"积极开展教学研究, 即以保险实务专业课程保险理论与实务的实际工作任务为中心进行"现代学徒＋思政融入"与专业课程知识点的再次匹配; 面对数字经济和"互联网＋"时代的冲击和挑战, 保险实务专业将培养适应区域经济建设和社会发展需要, 具有诚信、合作、敬业、创新创业基本素养, 具备从事保险相关岗位相应素质要求、知识要求和技术技能要求, 有较强可持续发展能力的一线高素质技术技能人才。

3. 学生发展等维度

从保险实务专业的现实应用中挖掘出和家国情怀、政治认同、文化自信等有关的, 能触动情感、震撼心灵的素材。并将采集到的素材加工成学生喜闻乐见、能引发共鸣的思政教学元素, 使同学们在知识学习和技能训练的过程中自然而然受到价值引导, 提升思想境界。

(二)课程结构

课程结构分为公共素质类、专业类、社会实践类 3 类课程。保险实务专业课程结构如图 5-1 所示。公共素质类课程思政着重挖掘所蕴含的符合当前社会主流意识形态和社会主义核心价值观的育人资源, 包括政治思想、道德规范、安全法纪、是非观念和为人之道等, 帮助学生养成正确的政治觉悟和行为习惯, 提高综合素养, 培育健全人格。专业类课程思政则着重挖掘所蕴含的创新精神、科学精神、工匠精神和爱国情怀。根据专业课程的

自身特点,深入挖掘专业课程所包含的爱国情怀、责任担当、创新进取、文化自信和职业素养等隐性德育元素,并将德育资源有效融入育人过程。社会实践类课程思政注重知行合一,理论联系实际,通过岗位实习、创业探索等,培养学生的职业素养和解决实际问题的能力。

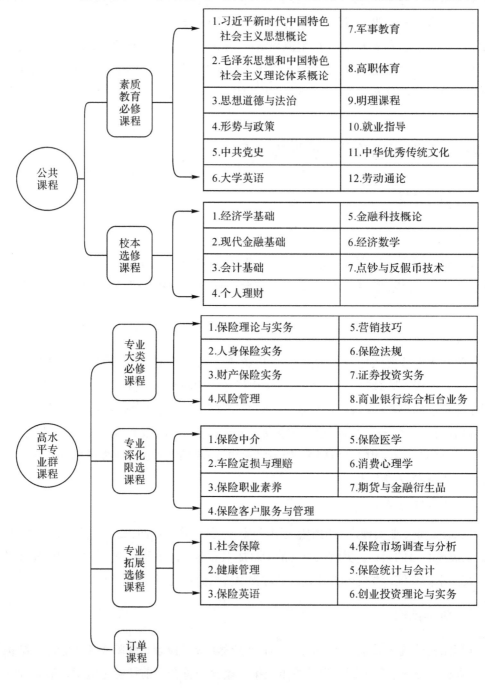

图 5-1　保险实务专业课程结构

(三)专业课程的相关信息及课程思政育人目标

保险实务专业课程的相关信息及课程思政的育人目标示例如表 5-1 所示。

表 5-1 保险实务专业课程的相关信息及课程思政的育人目标示例

序号	课程名称	课程目标	主要教学内容	主要教学要求	课程思政育人目标
1	保险理论与实务	通过讲授和练习，要求学生掌握保险的基本原理和原则，为以后各专业课的学习及顺利通过"1＋X"人身保险理赔职业技能等级证书考试，成为一名合格的保险初/中级从业人员奠定基础	保险的基础理论知识；保险四大基本原则；保险合同的订立与履行；保险费率的构成及厘定原则；保险产品的分类与识别；认识保险市场，尤其是互联网环境下市场出现的新变化；保险经营全流程，掌握特定环节的简单实操	1.初步掌握保险基本原理和运作规则 2.能利用四大基本原则进行案例分析，掌握合同订立、生效、失效、变更等相关变化出现的条件 3.能讲述具体产品 4.对当今保险市场发展有一定的了解 5.取得"1＋X"人身保险理赔职业技能等级证书	帮助学生掌握保险知识，了解保险发展历史，熟知保险的职能和作用，正确看待保险行业现象，注重在教学中引入社会主义新时代的新政策，如国家新的保险法、保险监管政策等，引导学生正确认识时代责任和历史使命，激励学生把职业生涯规划和个人理想融入国家和民族事业中
2	人身保险实务	"人身保险实务"是保险专业、医疗保险专业、金融理财等专业的必修课程，通过课程的系统化学习能够使学生初步具备保险从业的操作技能与基本职业素养，培养学生认真细致的工作作风和善于沟通合作的品质，为学生今后的发展及各专门化方向的职业能力奠定基础	本课程的主要内容包括人身保险的产生和发展、人身保险合同、人寿保险、年金保险、意外伤害保险、健康保险的基本原理，人身保险保费计算基础知识，营销、核保、理赔、监管等基本知识。通过学习，要求学生掌握寿险的基本原理、主要条款和实务操作的基本技能，了解互联网＋寿险保险产品	1.了解人身保险在我国和世界上的发展 2.掌握人身保险合同的构成、要素、履行等 3.掌握保险基本原则在人身保险领域的应用（能够进行案例分析） 4.了解人身保险的分类及具体产品分析 5.取得"1＋X"人身保险理赔职业技能等级证书	使学生能够根据掌握的人身风险和保险基础知识，形成正确的从业道德观和价值观，认真贯彻"保户至上、忠诚服务，笃守信誉、准确理赔，遵纪守法、从业清廉，敬业爱岗、团结协作"的保险职业道德规范
3	财产保险实务	"财产保险实务"课程是为培养和检验学生的财产保险营销、产品选择、保费计算、核保与理赔等技能而设置的一门实务性课程。在教学过程中，重视理论与实践的结合，使学生毕业后完全胜任相关工作岗位	通过本课程的教学，要求学生比较全面地了解和掌握财产保险的基本原理，熟悉企业财产保险、家庭财产保险、机动车辆保险、货物运输保险、工程保险、责任保险、信用保证保险的理论知识，并掌握其实务操作，了解互联网＋财产保险产品	1.掌握财产保险合同的基本知识 2.掌握财产保险的数理基础，会简单计算产品保费 3.掌握财产保险的产品：火灾保险、运输工具保险、责任保险等 4.掌握财产保险业务流程和各个环节的实务操作技能	引导学生正确认识时代责任和历史使命，激励学生把职业生涯规划和个人理想融入国家和民族事业中。崇尚宪法，遵守法律，遵规守纪；遵守、履行道德准则和行为规范，具有社会责任感和社会参与意识；崇德向善、诚实守信、爱岗敬业，具有精益求精的工匠精神

续 表

序号	课程名称	课程目标	主要教学内容	主要教学要求	课程思政育人目标
4	风险管理	旨在培养具有较好风险认知能力和风险管理技术素养的专业学生,为今后从事保险、投资理财、银行等相关工作岗位提供必要的知识储备和技能训练	风险与风险管理相关原理,金融风险和保险风险等具体风险类别的专题介绍	1.能够较好地识别、认知风险 2.具有专业的风险管理技术和能力	结合党和政府有关国家安全、金融安全、经济安全、金融监管等方面的政策、制度、讲话精神等内容,以讲解、案例分析、小组讨论等多种形式和手段,全方位融入课程
5	保险法规	了解现行保险业所遵循的法律法规及今后保险法的发展趋向,自觉地培养起保险法律意识,从而在今后的从业过程中自主地按法律法规办事	目前规范我国保险市场的各种法规,包括保险法、海商法等单行法及保险监督管理机构颁布的各种规定;并结合各种典型案例,揭示保险法如何规范保险实务,保护双方当事人的利益	1.能够分析财产保险合同与人身保险合同案例 2.能够独立处理简单的保险合同纠纷,能够依法依规从事保险工作	遵守法律,敬畏法律,懂法、守法、护法;具备保险从业人员要求的职业精神和道德;具有法治思维,善于用法律解决复杂问题
6	车险定损与理赔	通过教学,学生能够具备从事汽车保险定损与理赔所必需的专业知识和比较熟练的职业技能	本课程主要包括汽车基本知识、汽车保险概述、汽车保险理赔实务、汽车保险查勘定损实务、汽车保险人伤理赔实务	1.掌握车险定损与理赔相关汽车的基本知识 2.掌握汽车保险理赔知识和实务操作技能 3.掌握汽车保险查勘定损实务知识和实务操作技能 4.掌握汽车保险人伤理赔实务知识和实务操作技能	向学生进行车险定损与理赔职业道德教育,形成良好的职业素养;充分体现本国制度的优势,坚定职业理想;培养车险定损与理赔从业人员诚信为本的业务理念

五、课程思政教学实施

(一)教学设计

1.教学目标

经过 3 年学习,学生掌握与保险实务专业密切相关的金融、经济、保险等学科基本知识,了解保险市场发展动态、国际保险活动的规则和惯例、保险发展和改革需要解决的问题;具有与高职层次匹配的知识水平和合理的知识结构,通晓相关学科基本知识,了解国内外金融保险政策。除此之外,学生还应具有一定的科学知识与科学素养;具有正确的世界观、人生观、价值观,能够秉持实事求是的工作态度;具备社会责任感,能够树立忧患意识和使命感,树立回报社会的意识。

2.教学设计

课程思政对教学设计提出的要求：①对课程所涉及的保险学科发展、保险专业发展、保险科技发展等的沿革变化做出梳理，从中挖掘出有思想价值和精神内涵的素材。②深入了解保险实务专业的每一门课程在社会经济发展中的地位和应用，以及这门课程和专业、行业的发展，和国家命运、民族前途，甚至人类命运有什么样的关系。结合新冠疫情在全球肆虐期间保险行业的迅速反应，保险业抗击自然灾害方面的行动，以及保险行业参与养老风险管理中发挥的积极作用，我们就会发现，保险实务专业的课程与专业、行业的发展，与国家、民族的振兴休戚相关。

(二)教学内容

1.教学内容选择标准

就保险实务专业课程的育人资源挖掘而言，授课教师首先应该通过所在课程思政教学团队的多次研讨明确本课程的思政教育目标。然后，深入挖掘本课程所包含的思政元素点，梳理各思政元素点之间的关系，明确每个思政元素点与课程所传授的知识、技能和素养之间的关系，去除重复或者关联度不大的思政元素点，努力做到精心准备、因材施教。在此基础上修订本课程的课程标准和教学计划，精细设计教案，精心施教。

2.保险实务专业核心课程思政教学内容

在职业道德方面，要求熟悉与金融保险行业的相关法律法规，要具有良好的消费者保护观念和意识，自觉抵制各种违法违规的行为，自觉遵守金融保险企业规章制度。在"保险法规"平时的教学过程中，设计模拟法庭，对真实案例进行演示，不能仅满足于学生对知识技能的基本掌握，还应能够培养学生精益求精的工匠精神，并将其纳入课程考核评价的范围。

在合作意识方面，培养学生的友善意识，要求具有良好的语言、文字表达能力和沟通能力，有较强的团队合作精神和抗压能力。在"保险营销"课程的教学过程中，将学生分为小组开展教学，小组共同完成"晨会经营"项目。在平时的学习过程中，要求小组成员间互相学习、互相帮助、互相监督；在设计项目时，要求小组成员相互沟通协作，共同完成项目；在考核评价时，采取组内自评、组内互评、组间互评等方式，让学生在学习中体会团队合作的重要性，并且相互帮助，以耐心、包容的态度对待同伴，积极为团队做出贡献。

加强诚信意识的培养。人无信不立，老师在平时的教学管理过程中，要对学生强化诚信教育，还要增强学生的法治观念和知识产权保护意识，培养他们遵纪守法的良好习惯。在"保险理论与实务""人身保险实务""保险中介"课上，针对现在网络上对保险的负面新闻，要求学生进行思辨，培养他们独立分析和解决问题的能力，能够正确中立地判断，从而具备探究学习和终身学习的意识。

（三）教学方法

根据保险实务专业课程的特点,教师要以树立学生"诚信合作、语言表达、人际沟通、组织策划、抗挫抗压"的职业使命感和"工匠精神",采取不同的教学方式。

1.第一课堂教学方法

采用灵活多样的现代化教学方法和手段,尽量贴近学生的思想实际与情感需求,努力营造有温度的思政课堂。充分发挥信息化教学新形态的优势,积极开展微课、翻转课堂、混合式教学,综合运用情景教学、互动教学、案例教学、体验式教学、合作教学等灵活多样的教学方法,努力提高课程思政的教学效果。

2.第二、第三课堂教学方法

依托新生始业教育活动和一系列实践育人活动,打造第二、第三课堂。例如保险实务专业多年来承担全校学平险销售宣传和理赔咨询服务,每学年为近百人次提供理赔咨询和单证整理服务。专业可将学平险服务作为课程思政育人载体,结合学生成长规律,实现专业知识与社会服务的融合,增强学生的专业自豪感。定期聘请保险等金融行业一线专家开展专题讲座,多角度、深层次强化学生的专业认知、拓展学生的专业视野,让学生了解保险专业前景、感受职场氛围、做好职业规划。丰富和完善智能投顾中心及投资者教育基地、中国人保产险营销部、中国人寿寿险营销部等校内实训基地的实践育人能力和作用,帮助学生形成正确的从业道德观和价值观,认真贯彻保险职业道德规范。

（四）教材选用

1.总体选用依据

根据《职业院校教材管理办法》相关要求,职业院校教材必须体现党和国家意志。坚持马克思主义指导地位,体现马克思主义中国化要求,体现中国和中华民族风格,体现党和国家对教育的基本要求,体现国家和民族基本价值观,体现人类文化知识积累和创新成果。能充分体现社会主义核心价值观,加强爱国主义、集体主义、社会主义教育,引导学生坚定道路自信、理论自信、制度自信、文化自信,成为担当中华民族复兴大任的时代新人。

2.保险专业类教材选用

在选择保险实务专业教材时,选择的教材内容要符合技术技能人才成长规律和学生认知特点,对接国际先进职业教育理念,适应人才培养模式创新和优化课程体系的需要,教材应突出理论和实践的统一,强调实践性。适应项目学习、案例学习、模块化学习等不同学习方式要求,注重以真实生产项目、典型工作任务、案例等为载体组织教学单元。

（五）师资队伍

教师是课程思政改革和建设的关键因素,同样,专业课程思政的成效很大程度上取决于教师的育人意识和育人能力,因此师资队伍建设至关重要。教师必须自觉树立牢固的课程思政育人意识和育人理念,孜孜不倦地提升课程思政育人能力,充分履行育人职责,践行"四有"好老师标准,坚持"四个相统一",做好"四个引路人"。

1.树立课程思政的育人意识和协同育人理念

教师始终坚持教书和育人相统一,既做知识传授的"经师",也做品德塑造的"人师"。保险实务专业老师丰厚的专业积淀为保险实务专业课程的开展夯实了基础,为"保险医学""保险法规""消费心理学""车险定损与理赔"的实践教学开展和育人工作提供了保障。

2.不断提升教师课程思政的育人能力

高职教师要不断提高马克思主义理论水平,运用马克思主义的世界观和方法论、特别是习近平新时代中国特色社会主义思想武装自己。教师要基于"四个自信",从弘扬中华优秀传统文化的视角修订人才培养方案和课程标准,有效融入课程思政的育人资源,丰富课程思政的教学方法和手段,增强课程思政的思想性、针对性和实效性。鼓励专业老师,每学年参与行业或思政类培训1~2次。

六、课程思政教学评价

财经商贸类高职专业课程思政教学效果的评价原则、标准和应用,可以正向激发任课教师课程思政教学改革的积极性,帮助教师反思思政教学效果,进一步优化课程思政教学内容和方式,有效促进思政教学的可持续发展。

(一)评价对象

在专业课程教学中,课程思政作为隐性教学蕴含于教学各个环节,由于教学风格、人生经历、生活感悟等不同,不同任课教师对于同一知识点的讲解方式和思政设计也大相径庭。所以,课程思政教学效果的评价,首先应鼓励教师多采用灵活、巧妙的教学方式,实现润物细无声的教学效果。其次,课程思政的目的是引发学生情感触动和思想共鸣,实现思政教育元素的入脑入心,因此,课程思政教学评价应将感悟质量与程度作为评价的重要内容。最后,思政教学评价需要考察学生学习、科研态度和成绩的变化,考察学生对教师人格和教学认可度,考察学生对国家发展、民族复兴的关注度和认同感。

(二)评价内容

教学评价是反馈—检验—反馈的迭代过程,在实际应用中需不断积累和完善。课程评价将直接帮助筛选优秀示范课程、建立有效教学反馈渠道、推动教学过程闭环、提升思政教学质量成效。此外,还应将思政教学评价作为教师职称评聘、业绩考核、评优评先的重要依据,以此调动教师从事课程思政的积极性、主动性。

1.评目标

(1)顶层设计目标

顶层设计目标是教学首要目标的体现,专业作为"课程思政"的主要推动力,在重视"课程思政"建设的基础上,应坚持马克思主义理论指导,确保学生树立正确世界观、人生观、价值观,从领导机制、管理机制、践行路径、激励制度等各方面协同体现,成立专业思政推动小组,研究顶层设计目标,由各课程负责人、平行专业单位进行打分。

(2)专业课教学目标

专业课教学目标应当根据课程的不同来分别设置,不同的专业课应体现不同的育人方向,因此,每位课程负责人作为牵头人,应当与课程小组共同讨论设立专业课教学目标,并由专业教师与其他课程负责人完成评价修正。

(3)课堂教学目标

课堂教学目标作为教学中的底层目标,是每节课上课的总领和依据,授课目标分为三层,包含知识与技能,过程与方法,情感、态度与价值观。因此,课程学习应当根据每节课的具体教学内容订立目标,与课堂教学环节的层层递进相辅相成,倡导以生动形象的案例、图片增强学生学习的主动性与理解力,深化职业道德培育。

2.评内容

(1)教材

教材是教师与学校教与学的依据,专业教材应当体现不同学科的特色和价值领域,首先,成立选用教材小组,利用专业知识与素养筛选教学用书,把握教材对学生职业道德与价值观教育是否有促进作用。此外,成立考核教材小组,在教材使用结束后,按学生使用情况反馈评价,包括学生使用感受、专业知识与技能水平等。

(2)教学设计内容

教师对在教学内容和教学过程中融入的人生经历、价值观、思维方式,反映了教师的观点与认知,因此,应当评价关注教学设计内容的情感态度价值观融合程度与展示方法,制定分层标准,考评教学设计的级别,并据此进行改进。

3.评主体

(1)教师

教师是课堂活动的主要引导者,决定着课程思政的作用程度,评价内容应当包括3个方面:一是考评教学备课过程中是否体现出道德教育元素,是否能将职业道德、正向价值传导融入教学;二是考评教学实施过程中是否能展现出职业道德教育,即是否达到上述课程内容的三层目标;三是教学活动结束后教学反思是否针对思政教育进行专门考量。

(2)学生

学生是学习的主体,是课堂教学活动中的主要接受者,教学效果的取得则依赖于学生的接收情况,针对学生的评价内容应当包括:一是学生的自我评价,如是否达到学生对专业学习的展望,包括学习过程的情况记录;二是学生的外部评价,即教师对学生的动态思想和专业学习的评价。

4.评过程

(1)生成性评价

生成性评价是评价的起始环节,主要包括学生专业知识与技能的掌握情况、学生的职业生涯规划、该专业应具备的职业道德等。

(2)过程性评价

过程性评价是教学活动中对学生的学习过程及结果的评价,其主要设置评价内容应当包括目标、主体、内容、方法、效果等定量、定性考核评价指标。

(3)终结性评价

终结性评价也是总结性评价,是在结束一个阶段、一门课程时对学生当前水平的评价,课程思政则应当完成对学生职业道德等要素的基本考核。

5.评成效

评价本身为了反馈和提高教学效果,在课程思政改革推进的过程中,应当不断查验效果并将反馈结果作为对后期评价工作进行改进,其具体评价内容包括:一是顶层设计目标的完成程度,即对于学校相关职能部门在该过程中的关于制定、实施、考核、监督环节的动作是否全部落实;二是教师备课、上课和作业布置是否能体现专业知识、技能实践与道德教育三位一体,在环节上是否趋于完善;三是学生的知识掌握、理解、消化、融合是否均已存在思政教育元素,是否能促进学生的专业成长。

(三)评价方法

"大思政"协同育人理念对于保险实务专业课堂教学改革来说是新机遇,专业应紧握"课程思政"抓手,全力谋划好课程思政建设,发挥好课堂教学"主渠道"作用,培育能担当民族复兴大任的专业人才。

1.发挥多元主体评价,推动课程思政教学评价"落准"

学者郑金洲提出评价一门好课的标准之一就是"教学评价的多元化"。专业课课程思政教学评价的多元化主要表现在评价主体的多元化上。首先,合理使用学生评教。不能简单地将学生评价等同于学评教,学评教中学生的不认真、敷衍塞责,影响了学生评价的科学性,需要通过多主体评价保证评价的科学性。其次,确保同行、专家、教学督导评价结果的指导性,教学活动的"旁观者"能更加理性地发现课程思政课堂教学中存在的问题。最后,发挥教师在教学评价中的主体地位,建立教师自评机制。对于教师而言,积极主动参与教学评教指标体系的构建工作,有助于将课堂教学的实践经验,总结提升为具有指导意义的理论,进一步发挥保险专业课程思政教学向纵深方向发展。

2.强化价值评价,确保课程思政教学评价"落实"

专业课教学要落实以"养成人格"为目标,将知识教育与价值观塑造统一。知识是价值观培育的基石,学生只有掌握、理解基本的历史知识,才能体悟"站起来、富起来、强起来"的艰辛探索与伟大飞跃,才能有效激励大学生不忘历史,坚定理想,不辜负好时代。课堂教学评价要坚持知识评价与价值评价相统一。首先,在教师评价方面,在对教师教学方法、基于教学目标的知识讲授等情况进行评价时,要重视教师价值引领评价,引导专业课教师形成在教案、讲义、作业、考试等中融入思政教育内容的自觉,重视对学生的价值观塑造。其次,在对学生进行评价时,既要重视对学生专业知识掌握的情况进行考核,也要对学生的价值践行进行综合考核,如通过建立"诚信档案"等形式加强对学生日常行为评价,引导学生学思用行相统一。

3.完善过程考核,推进课程思政教学评价"落细"

课堂教学过程复杂,必然会受到学校、社会、家庭等诸多因素的影响。学生正确价值观塑造也应循序渐进,只有通过建立完善的过程考核,加强在教学的各环节教育引导,才能不断发现问题、分析问题、解决问题,实现专业课课程思政教学效果的提升。首先,科学把握课程思政教学的变化发展性,更新完善课程评价指标内容,对课程思政教学的全过程进行有效督导。其次,专业课教师要聚焦教学的发展阶段特点,精准施策,在教学初始阶段重视对知识认知的考核,教学中间阶段加强对知识与价值融合教育的考核,教学后期注重对理论转化为实践的能力及效果的考核。最后,完善学生学习效果的考评,应以提升保险实务专业学生理实结合能力、提升课堂学习过程中自我约束能力为目的,加强组织纪律性,可以通过考试和阶段性的测验相结合的方式,将思政教育融入学习效果的考评中。

4.科学运用"大数据",确保课程思政教学评价"落小"

教学评价对教学行为具有重要的导向作用。课程思政的教学评价必须具有针对性。课程思政教学评价要从微小环节入手,获得大量、多样、真实有效的教学评价"大数据"。首先,规范教学评价"微"制度。严格明确教师、学生、同行专家、督导等教学评价主体的听评课的最低次数,如在课程教学开始的前期、中期和后期进行有效听评课,每学期有效听评课不少于5次。将教学评价常态化,确保大量多元的教学评价信息。其次,研制设计有特色的教学评价"微"量表。打破"一表通吃"的教学评价形式,根据课程思政教学改革目标,结合保险课程特点,研制和设计不同课型、不同学段的课堂教学评价量表。最后,建立基于移动终端的"微"评课。基于移动终端的课堂教学越来越受到教师和学生的喜爱,学生即时发表观点有助于教师迅速积累教学评价的数据。移动终端具有数据信息收集整理快、评价信息反馈及时等特点,可帮助专业教师迅速调整改善课堂教学,不断增强思政教学的能力和本领。

(四)评价标准

客观方面,虽然思政教学与传统的课程教学在教学形式和内容上均存在一定差异,但是其包含的基本要素与传统课程教学较类似,可以将其概括为:明确清晰的教学目标、准确合理的教学内容、灵活多变的教学方法、情真意切的教学情境。这些基本要素是否充分,是否齐全,是否执行得当,可以作为考察课程思政教学的客观评价标准。

主观方面,则可以重点考察课程思政是否具有丰富的层次感和维度,主要包括思政元素的时代性、师生间的亲和性、教学方式的多样性及教师素质的专业性等,这些都可成为思政教学效果的评价标准。

七、管理制度与保障机制

(一)管理制度

1.坚持正确的政治方向

始终坚持马克思主义指导地位,用习近平新时代中国特色社会主义思想统领课程思政工作,推动习近平新时代中国特色社会主义思想进教材、进课堂、进师生头脑,明确育人目标、优化教学设计、完善评价体系,实现固本铸魂、培德育人。坚守"课堂讲授有纪律"的原则,严禁在课堂上传播违反宪法,违背党的路线、方针、政策的言论,使课堂成为弘扬主旋律、传播正能量的主阵地。

2.实施分类指导

根据专业不同课程的性质特点,确立课程思政建设的重点,突出"一课程一特色"。保险类课程重在培育学生经世济民、诚信服务、德法兼修的职业素养。数理类课程要注重科学思维方法的训练和科技伦理的教育,培养学生探索未知、追求真理、勇攀科学高峰的责任感和使命感,培养学生精益求精的大国工匠精神。

3.深入挖掘专业课程的育人功能

挖掘每门专业课程所蕴含的思想政治教育元素,实现价值导向与知识传授相融合,弘扬社会主义核心价值观,传播爱党爱国、积极向上的正能量,培养科学精神、工匠精神等。将思想价值引领贯穿课程方案、课程标准、教学计划、备课授课、教学评价等教育教学全过程。在加强课堂教学的同时,根据课程特点和专业培养要求,加大实践育人力度,积极拓展第二课堂,引导学生运用所学理论知识去解决实际问题,让学生在实践活动中深化认识、提升感悟、锻炼成长。

4.完善课程思政教学质量监控体系建设

从目标和过程上强化所有课程融入德育教育理念,增强和发挥价值引领功能,将其引入课程建设、课程教学组织实施、课程质量评价体系之中。在课程教学大纲、教学设计、教学案例的审定工作中,重点考量其对"价值塑造、知识传授、能力培养"协同的实现度。将德育功能纳入对重点课程、精品课程、示范课程等教学建设项目的遴选立项与验收评价指标中。在原有课程评价体系基础上,根据课程思政特点构建一套具有系统性、针对性、可操作性的课程质量评价标准。

5.提升教师育德能力和育德意识

加强教师思想政治教育,增强"四个自信",切实担负起传播知识、传播思想、传播真理,塑造灵魂、塑造生命、塑造新人的时代重任,提升教师育德意识。强化对教师尤其是青年教师的培养,将课程思政要求纳入教师教学培训、教学竞赛、专业研讨和集体备课等活动之中。发挥教学名师、学科带头人、专业负责人的示范带头作用,帮助教师形成价值塑造与知识传授、能力培养并重的人才培养新理念,利用课堂教学、实践教学、答疑辅导、第二课堂等渠道,有效实现思想引领融入课程教学全过程,增强教师育德能力。

(二)保障机制

1.加强组织领导

学院成立课程思政建设领导小组,院党总支书记、院长担任组长,教学副院长和党总支副书记为副组长,小组成员由各专业负责人、党支部书记,以及教务处负责人、宣传员组成。领导小组统筹推进学院课程思政教育教学改革工作,强化课程思政顶层设计与制度建设。

2.强化工作考核

建立科学的评价体系,将教师思想政治表现、育德意识、育德能力、教学质量作为教师考核评价、职务评聘、评先评优的重要指标。课程思政成为教研活动的重要内容,将课程思政成效纳入对二级学院教学和教师党支部党建考核的指标体系之中。

3.加大经费投入

在年度预算中设立专项经费,为课程思政建设工作提供充分的资源保障。通过教改立项的形式对课程思政工作提供资助,支持教师开展课程思政专业建设、示范课程建设、教材开发、成果发表、进修培训等工作。

(执笔人:朱佳　李兵　高雪岩　沈洁颖)

6 财富管理专业课程思政教学实践

一、专业课程思政教学的时代背景

(一)专业课程思政教学的时代要求

2016年12月召开的全国高校思想政治工作会议明确提出了新时代中国特色社会主义事业对高校人才培养和思想政治教育工作的"时代之问":高校究竟要"培养什么样的人、如何培养人以及为谁培养人""其他各门课都要守好一段渠、种好责任田,使各类课程与思想政治理论课同向同行,形成协同效应"。[①] 这开创了高校思想政治教育工作新局面,成为新时代中国特色社会主义教育事业的重要构成和奋斗目标。

高校持续贯彻落实课程思政,主要包含:高校整体思政教育体系构建;课程思政模式、路径、对策等方面的深化研究,课程教学层面的探索实践;高职专业或专业大类层面的课程思政研究。三方面形成合力,以学校整体思政教育体系为指导,以课程思政各方面的深化研究与教学实践为微观抓手,确保专业课程思政建设能落地、有成效、成体系。

由此,财富管理专业深入学习习近平总书记关于职业教育的重要论述和全国、浙江省教育大会精神,贯彻落实中共中央办公厅和国务院办公厅《关于深化新时代学校思想政治理论课改革创新的若干意见》、教育部《高等学校课程思政建设指导纲要》及《浙江省高校课程思政建设实施方案》等文件精神,全面落实"把立德树人作为教育的根本任务",全面推进专业课程思政教学系列工作,发挥好每门课程的育人作用,提高专业人才培养质量,

---

① 习近平. 把思想政治工作贯穿教育教学全过程 开创我国高等教育事业发展新局面[N]. 人民日报,2016-12-09(01).

将专业与思政紧密融合,加强课程内涵建设,在课程中注入精神文化与思想动能。

(二)专业课程思政教学的专业背景

1.专业发展概述

根据 2021 年 3 月教育部印发的《职业教育专业目录(2021 年)》,财经商贸大类专业中的投资与理财(630206)专业正式更名为财富管理(530205)专业。专业名称的变更符合当今社会居民财富增长的实际需求,符合行业企业新技术、新业务、新规范的变化趋势,符合新时代区域经济发展对高素质技术技能型专门人才的需求。

教育部高等职业教育专业设置备案和审批结果统计显示,2021 年全国共有 161 所院校开设财富管理专业,其中有 9 所同时开设了 3 年制和 2 年制、1 所同时开设 3 年制和 5 年制的专业。因此,2021 年实际开设财富管理专业的院校共有 151 所,但在区域数量分布上存在着较大的差异(见图 6-1)。

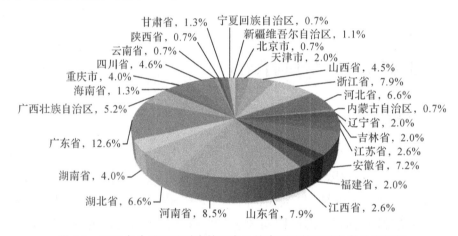

图 6-1　2021 年全国开设财富管理专业的高职院校区域数量分布结构

本专业所在的浙江省,2021 年共有 12 所高职院校开设财富管理专业,温州职业技术学院、浙江商业职业技术学院和浙江东方职业技术学院同时开设了 3 年制和 2 年制专业(见表 6-1)。

表 6-1　2021 年浙江省开设财富管理专业的高职院校情况一览表

学校标识码	学校名称	年限
4133010864	温州职业技术学院	2
4133010864	温州职业技术学院	3
4133012645	宁波城市职业技术学院	3
4133012789	浙江工商职业技术学院	3
4133012864	浙江经贸职业技术学院	3
4133012865	浙江商业职业技术学院	2

续　表

学校标识码	学校名称	年限
4133012865	浙江商业职业技术学院	3
4133012866	浙江经济职业技术学院	2
4133012870	浙江金融职业学院	3
4133013002	浙江东方职业技术学院	2
4133013002	浙江东方职业技术学院	3
4133013025	浙江纺织服装职业技术学院	3
4133013027	浙江长征职业技术学院	3
4133013746	台州科技职业学院	3
4133014269	浙江农业商贸职业学院	3

就专业设置数量而言,在全国形成了一定规模。因此,该教学实践可对全国150余所院校财富管理专业及相关专业提供一定的借鉴与指导。

2.财富管理专业发展情况

财富管理(原投资与理财)专业是我校最早培养高职高专学生的专业之一,2000年迄今已累计向全国输送毕业生逾3400人,近5年就业率均在98%。本专业2009年入选浙江省高职(高专)特色专业计划,2016年入选浙江省普通高校"十三五"优势专业建设项目,2019年被认定为国家骨干专业并负责制定全国投资与理财专业教学标准。专业面向金融投资类机构与企业培养具备金融投资、理财规划、财富管理、科技金融、创新创业等能力的高素质技术技能型专门人才。

专业主承办2019—2021年"黄炎培杯"全国大学生财富管理(投资理财)知识技能大赛,赛事圆满举办并惠及数万学子;主承建的投资者教育基地于2020年1月被中国证监会命名为"全国证券期货投资者教育基地",为广大学子提供了优越的成长成才平台,是全国3013所高校中第一家独立申报并入选的基地。2020年12月专业承建浙江省中小学投资理财劳动实践基地,继续秉承"教育一老一少,助力共同富裕"的理念,持续发挥专业的社会服务力和影响力。2021年4月29日,"金平果"首次发布高职专业群综合竞争力评价数据,专业在分专业类竞争力排行榜中位列全国第一。

"十四五"期间,专业将抓住浙江省数字经济、科技金融发展的契机,在原有建设基础上,以提升人才培养质量为首任,推动课程思政系列建设,为区域金融行业输送优质从业者,同时保障专业学生以扎实的专业能力、过硬的政治素养开启财智人生。

二、专业课程思政教学的基本理念

专业致力于建设课程思政体系,将其与专业人才培养体系全面融合。从诚信品质、职业道德、责任意识、敬业精神、社会责任和三观教育等方面挖掘课程思政元素，带入专业课程教育教学中，提升育人成效，培养有信念、有情怀、有智慧的新一代财富管理专业高素质技术技能型人才。

(一)提纲挈领——党的教育方针是引航

专业要求课程教学应全面贯彻党的教育方针，坚持社会主义办学方向，坚持把立德树人作为学校教书育人的中心环节，坚持把思想政治教育贯穿教育教学全过程，形成"以全课程育人为内核，以全员育人为主体，以全程育人为基础，以全方位育人为方略"的人才培养机制，使思政课程与各层次的专业课程同向同行，构建全面覆盖、特色鲜明、层次递进、相互支撑的专业课程思政体系，帮助学生建立符合社会主义核心价值观的财富观、投资观、健康资本市场的生态观等。

(二)顶层设计——专业课程思政体系是引导

专业将课程思政全面纳入人才培养方案，提升教师课程思政意识和教学能力。结合个人理财业务、证券投资实务、期货与金融衍生品、投资基金、理财综合技能、智能投资等专业核心课程，理财规划方案设计、信托、租赁等专业拓展课程，融合每门课程特点，设计各自的思政育人目标、具体内容和方法；通过专业课程体系内在逻辑、思政融入点的梳理，实现专业课程思政体系设计的完整性。

(三)贯彻落实——"三教"改革是关键

1. 教师

全面推进课程思政建设，教师是关键。教师教学承担着立德树人的使命，每个教师都必须以德立身、以德立学、以德施教，做"四有"好老师。专业在推进课程思政教学过程中，关注专业教师课程思政教学方法的积累。

2. 教材

推进新形态教材建设，尝试开发活页式、工作手册式教材，建设与教材配套的线上课程平台，及时将最新课程思政元素融入教材开发、学习平台中，实现线上线下混合教学推动课程思政建设。

3. 教法

结合教育信息化发展趋势，每门课程的思政元素均融入创新教学方法，并与课程各模块中的知识点、能力点相结合，设计融入具体教学方法及教学实施步骤。

(四)示范争优——教学评价体系是重点

专业跟进行业企业的新技术、新业务、新规范，确定专业各课程的思政目标，通过过程化评价与终结性评价相结合的方式,对学生的认知水平、价值判断能力、逻辑思维能力、社会实践与服务能力等进行评价,综合反馈学生专业课程思政核心素养的发展情况。

三、专业课程思政教学的培养目标

(一)总体目标

专业的思政总目标为:立足于党的教育方针与新时代国家发展要求,以国家发展战略需求为指导,适应我国资本市场与科技金融的发展需求,以培养学生价值选择能力和专业综合竞争力为双重目标,帮助学生树立马克思主义世界观、人生观、价值观,既重视学生"精于服务、长于营销、善于理财"等金融职业技能的培养,又关注学生"职业道德和敬业精神"等思想道德素质的提升,满足学生成长发展的需求和期待,能在未来的职业发展中表现出过硬的思想觉悟、职业道德、专业素养与综合能力,成为符合新时代发展需求的高素质技术技能型人才。扎实推进习近平新时代中国特色社会主义思想和党的二十大的重要思想、重要观点、重大战略、重大举措有机地融入专业教学。

(二)具体目标

专业思政总目标可分解为 4 个分目标,包括以下方面。

1. 加强国情教育,激发爱国情怀

加强国情教育是专业教育和思政教育的共同要求。这就要求专业要教育引导学生关注金融行业、资本市场发展现状,深入了解区域社会金融发展变化,理解中国金融发展历程,讲好中国红色金融故事,注重引导学生善于发现居民家庭财富管理的现实问题,研究财富管理行业发展的社会问题。使得学生面对金融行业发展、资本市场变化能立足过去、展望未来,厘清发展脉络,懂得其中的历史变化规律,做到有格局、有素养、有长远规划。还要求抓好专业核心理论和实践课程教学,通过每一门理论课的传授和浸润思政元素,通过每一门实践课的训练和熏陶,着力培养学生诚实守信的品质,形成争做理性投资人的价值理念,塑造知行合一的踏实作风,从而实现优质从业者的培养目标。

2. 强化法治意识,注重风险防范

资本领域的风险问题尤为关键,应以遵纪守法为前提,结合风险案例,培养学生严格执行《中华人民共和国证券法》等相关法律法规的态度。在专业课程中加强法治教育,培育法治意识,主要通过 3 个层次的课程教学来实现:第一层次是培养学法守法好公民的法治教育,这是通过"思想道德与法治"和"形势与政策"等公共必修课教学及学生自学实现的;第二层次是培养财富管理优秀人才的法治教育,这要通过系列专业相关课程来实现;第三层次是培养专业从业人员的法治教育,可通过与国家级投资者教育基地活动相结合,

确保金融风险防范意识的提升。

3.融入合作竞赛,增强责任意识

财富管理岗位工作中注重团队合作和责任意识。因此,专业将加强学生的责任意识,通过情境教学与实训、学科竞赛、各项实践项目等环节培养学生爱岗敬业、认真负责的态度,具备能胜任财富管理初级岗位的能力,具有不断学习和追求卓越的精神。此外,还将培养学生的合作精神,通过小组作业及课程团队实训项目等环节,将教学过程和工作过程融为一体,学会协调团队关系,积极沟通,相互尊重,求同存异。

4.注重产学合作,提升职业素养

专业持续开拓产学合作平台,借由二级产业学院、居民财富管理协同创新中心等平台,通过定期邀请行企专家、开设"财富大讲堂"、走进企业等活动,让学生感悟职场,树立正确价值观、工作观,坚持职业理想,锤炼品格,积极做好人生规划,以此作为专业理论与实践问题的价值导向,提升自身职业素养。

四、面向课程思政的专业课程体系

(一)设计依据

1.国家教育政策引领,全面贯彻落实

专业要求课程组教师立足于《关于深化新时代学校思想政治理论课改革创新的若干意见》《高等学校课程思政建设指导纲要》《浙江省高校课程思政建设实施方案》,以及学校《加强课程思政建设 推进全课程育人的意见》等文件,依据《国家教育发展"十四五"规划纲要》《浙江省中长期教育改革和发展规划纲要(2010—2020)》《浙江省高等教育"十四五"发展规划》,以及学校《"十四五"教育事业发展规划纲要》,结合行业人才需求报告,明确课程思政建设的各级目标,进行全面系统设计,积极响应国家发展对本专业人才培养提出的具备中国特色的金融市场发展、科学财富观念、风险防范意识的要求,展现专业与市场发展的关联,使得专业师生达成共同发展的共识。

2.专业建设理念引导,顶层设计融合

专业建设核心理念是为新时代培养德技双修的职业化财富管理专业人才,为此,专业以人才培养和师资提升为重点,以投资者教育为亮点,深化专业内涵建设,优化人才培养体系,推进"1+X"证书试点工作,牢抓课程思政,力推校政行企四方联动的产教深度融合,打造新金融创新平台,进行改革创新、文化引领,为党育人、为国育才,培养有信念、有情怀、有智慧的接班人。

3."三维"育人目标定位,"信""知""行"合一

专业培养拥护党的基本路线,适应区域经济建设和社会发展需要,面向商业银行、投

资服务类公司等基层业务和管理岗位,具有诚信、合作、敬业、创新创业基本素养,掌握金融学、证券投资、个人理财等知识,具备相关岗位适应能力和相关领域的活动能力,能从事金融业工作,同时具有德、智、体、美、劳全面发展,具有较强可持续发展能力的高素质技术技能型专门人才。专业对接国家职业标准,从知识、能力、素养三维目标,基于新时代职业教育的使命,结合学生与课程情况,形成"信""知""行"三层次的育人目标体系。由此,将价值塑造、知识传授和能力培养三者融为一体,实现"立德树人"的根本任务。

(二)课程结构

要科学设计课程思政教学体系,根据不同课程的特点和育人要求,分别明确公共素质类、专业类、社会实践类课程中不同的课程思政建设重点。主要建设目标为公共素质类课程普适化思政建设、专业课程特色化思政建设、社会实践类课程成果化思政建设。在遵循教学规律且完成教学任务前提下,完善专业内各门课程思政元素融入教学全过程的方法和步骤,将课程思政融入各专业人才培养方案,提升教师课程思政意识和教学能力,结合专业课程特点设计专业内各门课程的课程思政目标,明确各门课程思政元素融入教学大纲的具体内容和方法(见图 6-2)。

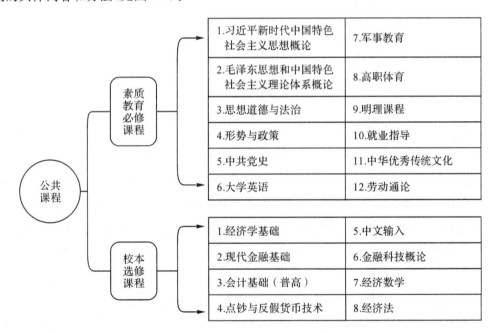

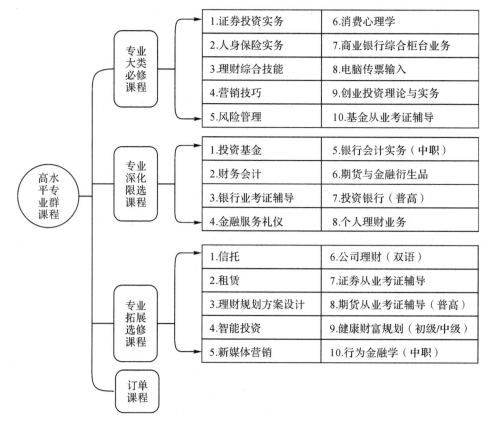

图 6-2　财富管理专业课程结构

1. 公共素质类课程思政教育普适化

公共素质类课程教育以课程思政普适化为建设重点。以爱党、爱国、爱社会主义、爱人民、爱集体为主线，围绕政治认同、家国情怀、文化素养、宪法法治意识、道德修养等重点优化课程思政内容供给，系统进行中国特色社会主义和中国梦教育、社会主义核心价值观教育、法治教育、劳动教育、心理健康教育、中华优秀传统文化教育，为专业类课程教学奠定坚实的思想基础。

（1）以"习近平新时代中国特色社会主义思想概论""毛泽东思想和中国特色社会主义理论体系概论""思想道德与法治""形势与政策""中华优秀传统文化"等大思政课程为主体，提高学生思想道德修养、文化素质、科学精神、法治意识、国家安全意识等，注重培养学生坚定的理想信念、厚植爱国主义情怀、加强品德修养、培养奋斗精神，提升学生的综合素养，为后期的专业学习奠定"正念底色"。

（2）通过"高职体育""劳动通论"等课程，帮助学生在体育锻炼中强健体魄、健全人格、锤炼意志，结合提升学生的劳动素养、劳动技能，帮助学生综合成长。

（3）通过"经济学基础""现代金融基础""会计基础"等通识课程，夯实专业基础，掌握基本经济规律、金融发展趋势，以"四史"视野、辩证思维学习通识课程，形成正确的发展观。

2.专业课程思政教育特色化

专业课程教育以课程思政特色化为核心来打造。专业课程包含专业大类必修课程、专业深化限选课程、专业拓展选修课程等3个层次。

(1)专业大类必修课程包括"证券投资实务""商业银行综合柜台业务""营销技巧""风险管理""理财综合技能""创业投资理论与实务""基金从业考证辅导"等课程,围绕专业人才培养目标,深度挖掘提炼专业知识体系中的思想价值和精神内涵,设计各门课程的课程思政目标,在每个教学单元中融入思政元素,促进学生品格、素质的养成与发展,培养德智健全的接班人,确立了价值塑造、知识传授、能力培养"三位一体"的课程思政设计理念。

(2)专业深化限选课程包括"投资基金""期货与金融衍生品""个人理财业务"等,要求课程组教师充分融入国家战略、家国情怀、民族自信等思政抓手,帮助学生塑造正确的世界观、人生观、价值观;结合未来专业发展,融入劳动教育、职业素质培养、共同富裕、健康财富观念、理性投资、金融风险防范、红色金融史等特色化思政元素。

(3)专业拓展选修课程包括"信托""租赁""智能投资""理财规划方案设计""公司理财"等,这是行业的细分与深化学习课程,要求专业教师深入分析行业发展、岗位工作任务等,破解专业发展、岗位任务与行业发展乃至国家发展之间的紧密关系。

整体上,专业课程思政教育要在内容育人方面,结合行业发展的合法性、合规性,培养学生的诚信品质、谨慎态度和职业精神,积极践行行业职业价值观;在方法育人方面,通过案例法、讨论法、讲授法等,帮助学生独立思考,正确看待国家政策、行业政策、公司变化;在实践育人方面,借助开展理性投资分析、投资者教育等实践教学环节,帮助学生养成客观科学、严谨细致的专业态度,培养学生风险防范意识,使学生成为理性投资者、优质从业者。

3.社会实践课程思政成果化

社会实践活动是大学生认识社会、提升能力的重要载体,是生动的第二课堂,对大学生健康成长有着非常重要的作用。专业遵循"社会实践是检验真理的唯一标准"这一原则,在专业社会实践课程教育中,以课程思政成果化为教育重点。在社会实践类课程中强调国情教育、人格教育、劳动教育、感恩教育等,要求做到知行合一,力求让学生在提升科学素质的同时增强服务社会的能力,尤其在投资者教育和金融风险警示等方面。在社会实践课程中以学做并用的形式,进一步塑造兼具理想信念、家国情怀、文化素养、科学素养、人文关怀、职业素养、宪法法治、心理品质等方面素质的专业合格接班人,使学生的国情认识得到升华(见表6-2)。

(四)专业课程的相关信息及课程思政育人目标

财富管理专业课程的相关信息及课程思政育人目标示例如表 6-2 所示。

表 6-2　财富管理专业课程的相关信息及课程思政育人目标示例

序号	课程名称	课程目标	主要教学内容	主要教学要求	课程思政育人目标
1	个人理财业务	1.知识目标 能列举个人理财业务,概括投资理财市场的特征、熟悉货币时间价值的基本计算方法;能描述理财规划流程、区分投资理财工具的应用策略;能熟知教育、养老、消费、保障规划等的基本方法与工具,并熟练描述综合理财规划方案的制订、实施、反馈与调整的策略 2.能力目标 能分析投资理财市场现状与趋势;能准确测算货币时间价值;能熟练运用投资理财工具,并撰写完整的家庭综合规划方案;有效推进方案的实施,及时进行准确评估与调整等 3.素质目标 培养学生自主探究、团队合作精神,坚持诚信、自律的职业道德,坚持正确、健康的财富观念及理性的价值投资理念,形成严谨规范的工作作风	1.理财规划师基本素质培养,进行财务计算、客户交流、收集客户资料 2.客户分析,包括客户财务、风险和理财需求分析 3.人生规划,包括为客户制定合理的教育和养老规划 4.现金和消费规划,为客户现金管理、购房和购车做好相应的规划 5.保险规划,结合客户自身的风险情况,为客户设计保险产品组合 6.投资规划,结合客户的风险承受能力和偏好等情况,设计风险和收益合适的投资工具组合 7.为客户制订综合理财规划方案	1.掌握货币时间价值的相关计算;能较充分地准备理财服务的资料,并能够熟练进行服务沟通 2.熟悉编制家庭资产负债表、收入支出表、风险承受能力表、风险偏好表,能对客户的财务比率进行计算和判断,能从不同角度分析客户的理财需求和目标 3.根据客户的实际情况测算教育、养老所需的费用,并为客户选择合适的教育、养老规划的工具 4.针对客户情况,为客户预留备用金;为客户筹集首付金,设计按揭方案 5.为客户选择合适的保险产品 6.结合客户情况组建投资组合 7.按照理财规划流程,为客户进行综合规划	1.在育人内容方面,结合投资品种、家庭理财流程,培养学生理性投资、注重风险的投资观,融入投资者教育,将个人职业理想与社会担当有机结合 2.在育人方法方面,通过案例法、讨论法、讲授法等,将家庭理财案例融入教学等环节,帮助学生客观认知、正确看待宏观变化、行业发展 3.在育人实践方面,借助投资者活动等实践教学环节,帮助学生养成独立思考、严谨细致的投资态度,培养学生正确的投资价值观

序号	课程名称	课程目标	主要教学内容	主要教学要求	课程思政育人目标
2	证券投资实务	1.知识目标 掌握证券投资基础知识、分析方法和操作程序;掌握证券市场基本理论,熟悉证券投资的规则,了解各类投资工具及其运作方式;掌握证券投资分析的基本知识与基本操作 2.能力目标 能够熟练运用证券软件,搜集投资信息并进行分类归纳、综合判断;能够进行初步的证券投资分析,具有提供投资理财服务的能力;能具备一线证券业务操作管理及市场开拓的能力 3.素质目标 掌握基本知识和业务规范,提高投资意识和风险意识;具有良好的职业态度、职业修养,具有敬业的态度、团队合作的精神和求索等职业素质,具有勤奋、严谨的职业习惯和工作热情	1.证券投资的主要品种,包括基本概念和特征等,证券市场运行体系,我国多层次的证券市场分析 2.下载股票行情分析和交易软件 3.搜集资料分析证券市场的运行体系,能够掌握证券交易各个具体环节 4.能判断投资品种的基本投资价值并进行实际操作 5.运用相关技术分析方法进行投资品种的选择 6.结合证券市场风险及金融风险防范,进行投资者风险教育	1.掌握我国证券市场的构成、运行与监管等 2.能掌握软件基本功能,熟悉分时图和K线图;能够查看个股资料,并进行模拟交易 3.掌握证券投资基本分析方法,基本面分析工具与途径等 4.掌握技术分析的基本工具,能学会证券行情软件的应用,熟知证券投资交易策略及技巧 5.能对证券投资者进行风险防范与警示教育	1.在育人内容方面,培养学生理性投资、注重风险的投资观,融入投资者教育,将个人职业理想与社会担当有机结合 2.在育人方法方面,将最新的证券投资案例融入教学等环节,帮助学生独立思考、正确看待国家、行业政策、公司变化 3.在育人实践方面,借助参加国家级投资者教育基地相关活动等实践教学环节,帮助学生养成独立思考、严谨细致的投资态度,培养学生成为理性投资者、优质从业者
3	商业银行综合柜台业务	1.知识目标 掌握银行柜员基本职业能力的内容和要求;掌握银行各类业务凭证和业务印章的管理规范要求;掌握银行柜面个人存款、贷款、结算、代理、外汇、电子银行业务等核算要求与操作流程;掌握个人存款、贷款等业务的利息计算规定和方法;掌握应对银行柜面突发事件的内容、方法和要求 2.能力目标 能严格遵循银行柜员岗位设置的各项要求;能准确规范进行柜面特殊业务操作处理、各项银行临柜业务的操作处理;能高效、规范应对银行柜面各类突发事件的应急处理;能熟练进行各项业务操作 3.素质目标 坚持诚信、自律的职业道德;提升风险防范意识,强化风险防范能力;培养学生良好的服务意识和职业习惯	1.银行柜员基本职业能力素质培养 2.个人存款业务、个人贷款业务、个人结算业务相关知识与操作规程 3.个人代理业务相关知识与操作规程,个人外汇业务相关知识与操作规程 4.柜面突发事件处理,电子银行业务规范,金融综合业务技能操作 5.金融互联网背景下的新业务	1.达到银行柜员基本职业能力规范的要求,达到数字书写规范的要求 2.达到钱箱使用保管、银行重要空白凭证及印章管理规范的要求,达到对日初日终操作处理的要求 3.假币识别要求达到标准,达到对各项业务等进行正确核算处理的要求 4.能够对银行柜面突发事件进行应急处理 5.能够熟练进行金融综合业务技能操作	1.在育人内容方面,结合银行业务合规性,培养学生仔细谨慎的态度,注重金融机构系统性、规范性等职业特点,积极践行金融行业职业价值观 2.在育人方法方面,通过案例法、讨论法、讲授法等,将银行柜台业务融入教学等环节,帮助学生掌握柜面业务操作 3.在育人实践方面,借助反假币社会服务、投资者教育等实践教学环节,帮助学生养成独立思考、严谨细致的投资态度,培养学生风险防范意识,做好银行服务业务

续　表

序号	课程名称	课程目标	主要教学内容	主要教学要求	课程思政育人目标
4	投资基金	1. 知识目标 掌握基金的基本概念、发展历程;掌握基金在我国发展的不同阶段特点、各方当事人的权利与义务;掌握基金的募集程序、营销方式、开放式基金和封闭式基金基本的交易行为、投资理念与目标、投资风格;掌握基金基本绩效评价指标 2. 能力目标 能指出封闭式基金和开放式基金、合同型基金和公司型基金的区别与投资操作;能根据不同投资者的风险偏好给出合适的基金产品建议;能分析出基金直销和基金代销的优缺点;能进行基金定投操作,能根据投资组合理论构造简单的证券组合;能计算基金运作过程中的各项费用,进行绩效衡量 3. 素质目标 培养学生运用基金专业知识进行分析投资的能力,提升学生毕业后从事专业工作应具备的综合素质能力	1. 基金软件基本的使用功能及网上交易操作 2. 利用封闭式基金进行套利交易,开放式基金定投,熟悉各种交易方法适用的情形 3. 通过基金公司、投资结构等,判断某基金的投资价值;运用相关技术分析方法进行基金的选择和比较;能较合适地选择交易策略及投资技巧 4. 新出现的互联网平台基金相关操作	1. 会下载软件,模拟基金交易 2. 会进行封闭式基金套利交易,开放式基金定投的分析与运算 3. 会利用基金基本信息选择基金,并使用投资组合理论构造最优投资组合 4. 会利用第三方基金销售平台实现基金投资操作	1. 在育人内容方面,结合基金投资策略、投资风险内容培养学生理性投资、防范风险的投资观,融入投资者教育,将个人职业理想与社会担当有机结合 2. 在育人方法方面,通过案例法、讨论法、讲授法等,将最新的基金投资案例融入教学等环节,帮助学生独立思考,进行基金投资操作 3. 在育人实践方面,借助国家级投资者教育基地平台开展各项实践教学环节,帮助学生在基金投资领域形成理性投资观念
5	期货与金融衍生品	1. 知识目标 掌握期货的基本概念、期货市场的组织结构;掌握期货交易的基本流程、价格分析方法、交易的基本策略,套期保值、投机与套利交易方法;掌握期权的基本概念、影响期权的因素分析、基本交易策略、期货风险管理方法 2. 能力目标 能进行期货开仓、平仓的基本操作;能判断不同的市场主体参与套期保值的类型;能对外汇期货的套期保值、投资与套利的方法进行应用;能区分期权的类型,能进行期权的盈亏计算和交易,能进行风险管理 3. 素质目标 培养学生应用期货专业知识解决经济中现实问题的能力,提升学生从事期货相关职业所应具备的综合素质	1. 期货软件基本的使用功能及网上交易操作,熟悉主要期货交易的品种 2. 期货的套期保值交易、投机与套利交易方法,熟悉各种交易方法适用情形 3. 进行期货与衍生品基本面分析,能判断某期货价格的未来走势,进行具体品种的选择和模拟投资,能运用期货交易策略及投资技巧 4. 运用期权损益状态图分析标的资产价格变化对期权损益的影响	1. 能下载软件,考核期货模拟交易盈亏状况 2. 会进行期货交易的三大交易方法分析与运算 3. 会撰写与讲解期货评论 4. 掌握期权的基本知识,进行期权的盈亏计算,绘制各类期权图形	1. 在育人内容方面,结合期货及金融衍生品等证券投资策略、投资风险内容,培养学生理性投资、注重风险的投资观,积极践行健康投资价值观 2. 在育人方法方面,将最新的期货投资与风险案例融入教学等环节,帮助学生独立思考,正确看待国家政策、行业政策及行情变动 3. 在育人实践方面,通过国家级投资者教育基地开展的实践教学环节,帮助学生掌握期货知识,防范期货投资风险,成为优质的从业者

序号	课程名称	课程目标	主要教学内容	主要教学要求	课程思政育人目标
6	理财综合技能	1.知识目标 了解4种投资工具的基本知识,并能进入行情分析系统,掌握投资分析技巧,并进行实际操作;掌握技术分析中的趋势分析及形态分析,并能据此判断交易机会;掌握主要指标分析方法,并能据此判断交易机会;了解证券交易策略及其重要性,并能进行简单的交易策略制定和分析 2.能力目标 培养学生理财综合交易的能力,培养学生的投资分析、趋势预测、买卖点把握能力 3.素质目标 提高学生投资意识和风险意识,为以后从事证券投资实践及相关工作打下坚实的基础;达到培养专业化、高素质的投资实用型人才的目标	1.通过各类金融经济网站获取信息的方法 2.相应行情分析软件的操作方法 3.对具体的品种进行投资基本分析和技术分析的方法 4.进行股票、基金、期货、外汇及黄金等的模拟投资	1.能够通过多渠道了解股票、基金、期货、外汇及黄金等投资基础知识和相关信息 2.能下载交易分析软件,并进行具体的应用 3.能熟悉了解基本知识及基本投资分析方法,了解投资操作策略和一般技巧 4.能够利用相应行情分析软件和模拟交易系统进行投资分析和模拟操作	1.育人内容方面,结合投资品种、策略等培养学生理性投资意识,注重风险投资意识,积极践行健康投资价值观 2.育人方法方面,将投资技能融入教学等环节,帮助学生客观认识、正确看待宏观政策变化、行业发展 3.在育人实践方面,通过投资者教育实践教学环节,培养学生正确的投资态度和价值观念

五、课程思政教学实施

(一)顶层教学设计,引导课程思政

专业围绕建设高水平人才培养体系,结合学校发展定位和人才培养目标,有针对性地修订人才培养方案,从而确定了专业课程体系。作为专业人才培养的重要载体,课程与课堂是专业教师与学生最普遍、最长时间接触的载体。有鉴于此,专业在构建合理专业课程体系的基础上,将课程思政建设覆盖到专业所有课程与所有教师,实现专业教育和思政教育有机融合,寓价值塑造于知识传授、能力培养、素养提升之中,兼顾学生财富管理职业技能培养和思想道德素质提升。

为此,专业根据《高等学校课程思政建设指导纲要》中"要根据不同学科专业的特色和优势,深入研究不同专业的育人目标"及教学上要"落实到课程目标设计"的精神,明确专业课程教师开展团队合作,以课程为依据交叉组建课程组团队,要求从学生的知识、能力、素养、思政等维度,对专业各门课程的教学目标进一步细化;要求根据专业课程自身特色,进一步梳理各课程的价值引领元素,深度挖掘各类课程的育人元素,研究制定各课程的课程思政教学规范及评价标准,做到"一课程一方案",科学设计课程思政的具体实施路径,

实现价值塑造、知识传授和能力培养的有机融合。

(二)完善教学内容,推进思政建设

专业课程的教学内容本身与国家经济金融发展、多层次资本市场建设等密切相关。由此,专业全面推进特色鲜明的课程思政建设,打造传授职业知识、培养技术技能与塑造正确的世界观、人生观、价值观兼顾的专业课程,帮助学生了解财富管理专业和行业领域的国家战略、法律法规和相关政策,引导学生深入社会实践、关注现实问题,培育学生经世济民、诚信服务、德法兼修的职业素养。将推进专业内各类精品在线开放课程与思政示范课程相融合,培育若干门在浙江省乃至全国有显著影响力的高水平课程或课程群。

(三)深化"三教"改革,贯彻课程思政

1. 教法改革,因材施教

将课程思政作为课程设置、教学大纲核准和教案评价的重要内容,专业任课教师将课程思政建设融入课堂教学,落实到教学标准完善、课程目标设计、教学大纲修订、教材编审选用、教案课件编写、微课视频拍摄各方面,贯穿于课堂授课、教学研讨、实验实训、课程考核各环节。专业将在每学期期初教学检查中予以确认、评估与反馈,持续提升课程思政质量。

(1)翻转课堂,提升课堂效率

分析新一代大学生的认知与行为特征,寻找教学方法,有针对性地解决学生的学习需求,以学生发展为中心,引导学生深入思考,鼓励采用案例式、互动式、探究式教学,激发学生学习兴趣。在翻转课堂中,通过案例分析、互动讨论、自主探究,抓取并生成信息,通过总结与引导,在资本市场分析、投资工具使用、未来财富规划等方面形成学生正确的财富观、价值观和人生观。

(2)线上线下相结合,创设教学新模式

推进现代信息技术在课程思政教学中的应用,通过财富管理专业软件的采购,将行业新技术、新业务、新规范引入课程;信息化教学手段(如教学 APP)的普遍使用及时将思政元素、思政资源有机融入课堂教学,推动了线上线下相结合的教学模式的普遍推广,逐步实现课程的全过程考核。

(3)课赛证岗融通,教学做一体

以全国证券期货投资者教育基地为载体,将《中国特色社会主义在浙江的实践》《浙江精神与浙江发展》《红船精神与浙江发展》《红船精神与时代价值》等作为投资者教育基地公益读物,与寒假回馈家乡活动、暑期社会实践、学生党建相融合,夯实大学生的正念底色,培育一批批具有正确价值观的投教新苗。同时,以全国大学生投资理财技能大赛为平台,"课赛融合"共同推进课程思政育人,加强学生投资风险教育、强化责任意识,培养诚信、谨慎的职业精神。通过投教基地和学科竞赛,不断拓展课程思政教学新途径、新载体。

2.新型载体,创新教材

要求课程组教师在选用教材时应充分考虑高职教育的特殊性,选择高职规划教材、校企合作教材。在审定教材过程中,要求每一本教材均由二级学院组建的专家团队进行审核,确保教材在思政导向方面的正能量。

在专业新形态教材建设中,新增理想信念、家国情怀、文化素养、科学素养、职业素养、宪法法治、心理品质等方面的资料,具体包括社会案例、名言警句等,赋予教材正能量。同时,在专业教材选取方面,建设教材评审专家组,对专业使用教材均采取多层次审查制度,对于有问题教材予以"一票否决",保障专业教材符合人才培养要求。

3.教师"赋能",提高素质

坚持把师德师风作为第一标准,将师德师风纳入课程思政考核评估首要要求,推动专业教师进一步强化育人意识,找准育人角度,提升育人能力,确保课程思政建设落地见效。

(1)通过定期、定课时、定内容对专业课教师进行思政理论教育,对其进行思政建设知识与技能师资培训,加强教师课程思政能力建设,提升专业教师的专业能力、课程开发能力、课程思政设计和实施能力。

(2)鼓励在专业、二级学院乃至学校内外,建立健全优质资源共享机制与交流机制,各个课程之间实现协同思政建设,取长补短,形成大量教学资源,丰富课堂素材,提高教学质量,凝练专业思政教学典型案例。

(3)在各类考核中强化教师思想政治素质考察,落实新时代高校教师职业行为准则,健全教师荣誉制度,引导教师以德立身、以德立学、以德施教,更好担当起学生健康成长指导者和引路人的责任。

六、课程思政教学评价

专业人才培养效果是课程思政建设评价的首要标准,因此将建立健全多维度的课程思政建设成效考核评价体系和监督检查机制,在各类考核、教改项目中予以体现。将课程思政改革推进情况作为"双高"建设任务、教学工作业绩考核等的重要内容。

(一)系统性评价

1.评价对象
专业课程体系设置及各层次课程之间的思政整体设计。

2.评价内容
专业将组织评价团队对专业整体的课程体系进行评估,且形成课程体系思政设计的清晰逻辑、目标与效果评价。

3. 评价方法

由学院组织召开专业指导委员会,由专业指导委员会组长为评价负责人,定期组织评估、总结与反馈,及时发现问题、解决问题,同时吸收行业专家、教学督导、毕业生和在校生多维度意见,形成评价结果与改进方案,在下一轮建设周期中予以改进,形成良性的、可持续发展闭环。

4. 评价标准

评价标准按照专家团队设计的评价表来进行,具体标准如表 6-3 所示。

表 6-3　财富管理专业课程思政教学系统评价标准

评价内容	评分标准				
	90～100 分	80～89 分	70～79 分	60～69 分	0～59 分
整体课程体系设置	完全符合国家对金融市场发展战略及行业新技术、新业务、新规范发展的需求	较为符合国家对金融市场发展战略及行业新技术、新业务、新规范发展的需求	基本符合国家对金融市场发展战略及行业新技术、新业务、新规范发展的需求	部分符合国家对金融市场发展战略及行业新技术、新业务、新规范发展的需求	不符合国家对金融市场发展战略及行业新技术、新业务、新规范发展的需求
课程思政教学设计	完全符合国家对专业人才的职业素养要求、价值观要求及课程对应岗位知识、能力与素养需求	较为符合国家对专业人才的职业素养要求、价值观要求及课程对应岗位知识、能力与素养需求	基本符合国家对专业人才的职业素养要求、价值观要求及课程对应岗位知识、能力与素养需求	部分符合国家对专业人才的职业素养要求、价值观要求及课程对应岗位知识、能力与素养需求	不符合国家对专业人才的职业素养要求、价值观要求及课程对应岗位知识、能力与素养需求
课程思政实施方案	完全与专业和课程思政目标一致,实施过程突出以学生为主体,全过程育人特征明显	比较与专业和课程思政目标一致,实施过程较突出以学生为主体,全过程育人特征较明显	基本与专业和课程思政目标一致,实施过程基本突出以学生为主体,全过程育人特征基本能辨识	部分与专业和课程思政目标一致,实施过程部分突出以学生为主体,全过程育人特征有迹可循	与专业和课程思政目标不一致,实施过程以学生为主体不够突出,全过程育人特征不明显
课程思政评价效果	完全达成既定目标,符合新时代对专业人才的需求	绝大部分达成既定目标,较符合新时代对专业人才的需求	基本达成既定目标,基本符合新时代对专业人才的需求	部分达成既定目标,部分符合新时代对专业人才的需求	未达成既定目标,不符合新时代对专业人才的需求

5. 评价周期

1 学年 1 次。

(二)个体性评价

1. 评价对象

专业将每学期所开设的每门课程均纳入评价体系之中,以确保专业课程育人全面开展,参与评价的主要包括教学督导、专业学生、行业专家等。

2.评价内容

专业在教学评价中采用"多维度测评"及"形成＋终结评价"两种评价模式。在评价过程中不仅要考虑学生的知识成果,而且从综合素质方面展开多维度评价。在形成性评价中,以完成单个项目为考核点,注重调动学生学习的主动性和积极性;终结性考核以最终成果为考核点,在考核小组最终成果的同时,重视在学习具体的评价内容上包含每门课程的整体思政实施方案、教学目标(包括知识、能力、思政三维目标)的达成度、思政目标在本章中具体体现点和结合点、思政教育呈现内容、呈现形式、学习评价等。

3.评价方法

在课程教学质量评价体系中突出价值引领,引导专业教师将其融入每门课程目标和教学过程中,将学生的认知、情感、价值观等内容作为课程教学效果的重要考量因素。通过生评教、教评教、督导评课、同行和党政领导听课等方式,将客观量化评价与主观效度检验结合起来,综合考量课程教学的融入度和对学生的影响度,以科学评价提升课程思政育人效果。建立课程思政示范课建设激励机制,把教师参与课程思政建设情况和教学效果作为教师考核评价、评优评先的重要内容,加大对课程思政建设优秀成果的支持力度。

4.评价标准

明确课程本身的评价体系,在此体系中明确思政的相关融入点及所占的评价比重,要求从课程思政目标的达成度、课程实践类任务完成中的思政元素等方面来评价。最终考核任务落实到授课教师,从教学水平(包含行业新技术、新规范、新业务的融入,教学态度等)、教学过程(包含教学目标、教学内容、教学方法、教学资源等)、学生成长(包括学习效果、生评教等)多个维度进行综合评价。

对每一门课程在学期初便设定了不同章节/项目对应的知识目标、能力目标、思政目标,要求说明思政目标在本章中具体体现点和结合点、思政教育呈现内容、呈现形式,在每一章节/项目学习结束后,进行详细的学习评价,具体包括评价方式和评价标准内容,详见表6-4。

表 6-4 思政评分标准案例:"理财规划方案设计"课程思政教学设计与评价标准(选取两个模块)

章 (模块)	知识目标	能力目标	思政目标	思政目标在本章中具体体现点和结合点	思政教育呈现内容	呈现形式	学习评价
家庭理财规划概述	1.掌握理财规划的基本内涵 2.归纳理财规划师岗位的基本工作内容	1.能分析当前理财规划的经济社会背景 2.综合掌握理财规划师的基本职业要求	1.能通过对经济社会背景的学习,强化"富强"价值观,对共同富裕、勤劳致富、综合国力、基本国情有更深入的了解	1.通过学习理财规划业务开展的社会背景,强化学生对科技发展、国情的了解	1.理财规划与理财规划师、理财规划基本流程与内容等微课视频	多媒体教学,理实结合	1.方式:课前预习、课堂互动提问和课后作业

续　表

章（模块）	知识目标	能力目标	思政目标	思政目标在本章中具体体现点和结合点	思政教育呈现内容	呈现形式	学习评价
	3.描述理财规划方案与家庭全生命周期的关联		2.能通过职业岗位强化"敬业"价值观,热爱工作、热爱岗位、精益求精	2.通过理财规划工作岗位的相关内容学习,强化对职业道德的理解,培养精益求精的职业精神	2.《中国家庭财富调查报告》等社会调研报告		2.评价标准:熟悉工作岗位任务与职业素养要求,熟悉该领域的社会发展现状与趋势,能对"共同富裕""家庭财富规划"形成基本理念
家庭理财规划方案基本要素	1.掌握理财规划方案设计的基本流程 2.理解理财规划方案设计的客户分析工作任务 3.归纳不同生命周期阶段客户理财目标的差异 4.掌握基本的家庭理财规划工具 5.评价特定客户的家庭理财规划方案 6.掌握理财规划设计效果分析的方法与工具	1.能获取较为全面的客户资料,并准确判断资料的完整性 2.能结合岗位要求,完成客户分析的工作任务 3.能结合理财市场的实时情况,为具体客户制定合理的现金、消费、投资、保障、养老、教育等规划 4.能及时掌握国家相关的投资、消费等方面的政策,并加以准确应用 5.会撰写客户理财规划方案,并根据客户理财效果反馈与调整	1.培养学生保守客户秘密的职业道德素养 2.培养学生服务客户的意识,体现社会文明和自身素养 3.培养学生对家庭理财规划的整体规划意识、风险意识 4.培养学生成为理性投资人	1.通过对客户资料的收集、汇总和处理,能坚持保密性原则 2.通过客户家庭的财务信息分析、投资理财建议等,树立长远、整体的规划意识,并在投资中注重结合客户的风险承受能力和偏好的情况,充分树立风险意识、理性投资理念	1.单个客户的单项规划方案呈现作为理财规划师的职业素养 2.通过投资规划来呈现理性投资、风险意识等	多媒体教学,理实结合	1.方式:课堂互动提问、课后规划方案评价 2.评价标准:对家庭理财规划的熟悉程度,对业务的熟练程度;对待客户的职业素养,对风险与收益的正确衡量,对规划的整体观、大局观等

5.评价周期

按照开课学期,每学期1次。

七、管理制度与保障机制

课程思政建设是一项需要长期坚持的系统工程,专业需围绕二级学院与学校的指导思想,全面规划,循序渐进,以点带面,不断提高教学效果。

(一)加强党的领导,发挥专业特色

在学校课程思政领导小组的领导下,结合实际情况,持续完善本方案,并在方案的实施过程中,将专业部分精力、财力、资源投入课程思政中,形成有专业特色的课程思政建设工作思路。

(二)强化监督机制,确保工作成效

在学校与二级学院的统筹领导下,做好课程思政实施办法的组织、协调、管理和服务,根据专业不同课程的实际情况,个性化提供条件支持,确保每一位教师参与课程思政建设的积极性和主动性;在课程思政实施效果反馈与评估方面建立多维度的工作机制,加强督导问责,确保课程思政工作成效,对取得良好育人成效的团队和个人给予奖励。

(三)加强示范引领,营造良好氛围

面向不同课程类型,持续深入抓典型、树标杆、推经验,定期召开课程思政建设研讨会,通过二级学院网站、微信等平台,对典型经验和优秀做法进行宣传交流,并积极推荐至学校、教育厅等,推出若干个思政示范课程。以课程为单位建设课程思政小组,鼓励各小组申报、开展课程思政建设研究项目,营造专业广泛开展课程思政建设的良好氛围,持续推进该项工作,持续取得标志性成果。

(执笔人:陆妙燕　黄海沧　胡丽娟)

7 大数据与会计专业课程思政教学实践

一、专业课程思政教学的时代背景

近年来,会计行业财务造假、失德事件频发,不仅引发股票市场的非正常波动,给投资者造成无法弥补的损失,而且对整个社会的资源配置、规范交易都产生了极大的负面影响。这些事件和案例都表明许多会计从业者面临着职业信任危机。高校作为培养会计人才的主要阵地,在注重专业技能培养的同时,必须加强对大数据与会计专业学生职业道德的培养。目前,大数据与会计专业课程体系已经比较成熟,但仍然缺乏系统性的思政教育内容,专业知识与职业道德融合性不高,存在困境。因此,专业必须加强思政教育,突出职业道德教育,通过专业教育与思政教育的积极融合,实现协同育人。

全面推进课程思政建设,要寓价值观塑造于知识传授和能力培养之中,帮助学生树立正确的世界观、人生观、价值观,这是人才培养的应有之义,更是必备内容。这一战略举措,影响甚至决定着接班人问题,影响甚至决定着国家长治久安,影响甚至决定着民族复兴和国家崛起。要紧紧抓住教师队伍"主力军"、课程建设"主战场"、课堂教学"主渠道"这3个重要方面,让所有高校、所有教师、所有课程都承担好育人责任,守好一段渠、种好责任田,使各类课程与思政课程同向同行,将显性教育和隐性教育相统一,形成协同效应,构建全员全程全方位育人大格局。

二、专业课程思政教学的基本理念

(一)以立德树人为根本任务

大数据与会计专业课程思政建设工作要围绕全面提高人才培养质量这个核心点,在本专业所有课程中全面推进,促使课程思政的理念形成广泛共识,专业教师开展课程思政建设的意识和能力全面提升,协同推进课程思政建设的体制机制基本健全,高校立德树人成效进一步提高。

(二)思政元素与专业知识深度整合

大数据与会计专业课程应深入挖掘课程中的思政教育资源,实现思政元素与专业知识的融合,以达到润物无声的育人效果。让学生了解我国会计文化的历史与精髓,将优秀会计文化发扬光大,结合信息化时代的背景和特征,向学生传递会计行业精神和会计诚信理念,引领学生自觉树立和践行社会主义核心价值观,遵纪守法,求真务实,忠于职守,勇于担当,树立对会计专业及行业的正确认知。培养出具有深厚理论功底、扎实专业技能和良好职业道德的财会人才。

三、专业课程思政教学的培养目标

(一)总体目标

坚持以马克思主义为指导,加快构建中国特色哲学社会科学学科体系、学术体系、话语体系。帮助学生了解相关专业和行业领域的国家战略、法律法规和相关政策,引导学生深入社会实践、关注现实问题,培育学生经世济民、诚信服务、德法兼修的职业素养。扎实推进习近平新时代中国特色社会主义思想和党的二十大的重要思想、重要观点、重大战略、重大举措有机地融入专业教学。

(二)具体目标分解

1.价值引领

改革开放 40 多年的实践,向世人证明了中国人民坚韧不拔的优秀品质和聪明才智,因此从职业角度来说,要将这种价值渗透到专业建设中,具体到操作层面,可以深入挖掘专业思政元素,将大数据与会计专业所处的环境和业务特点进行深度剖析,引入社会主义核心价值观,培养学生的爱国情怀和道德修养。

2. 知识引导

以《企业会计准则》和《会计基础工作规范》为准绳,结合会计岗位需要的专业知识,根据会计工作流程,按照循序渐进的认知规律来安排结构,使学生深入了解会计信息生成的全过程。

3. 能力提升

大数据与会计专业作为实践性很强的学科,具体工作中涉及多个岗位,对应的职责也不同,会计核算按照会计要素的分类来设定会计账户,结合企业主要经济业务核算内容进行模拟训练,形成会计最终产成品——会计报表,提供内外部利益关系者决策需要的信息。

4. 深化职业理想和职业道德教育

教育引导学生深刻理解并自觉实践各行业的职业精神和职业规范,增强职业责任感,培养遵纪守法、爱岗敬业、无私奉献、诚实守信、公道办事、开拓创新的职业品格和行为习惯。

四、面向课程思政的专业课程体系

(一)设计依据

专业课程是课程思政建设的基本载体。大数据与会计专业深入梳理专业课教学内容,结合不同课程特点、思维方法和价值理念,深入挖掘课程思政元素,有机融入课程教学,达到润物无声的育人效果。

(二)课程结构

1. 课程结构图

大数据与会计专业普高生源课程结构如图 7-1 所示。

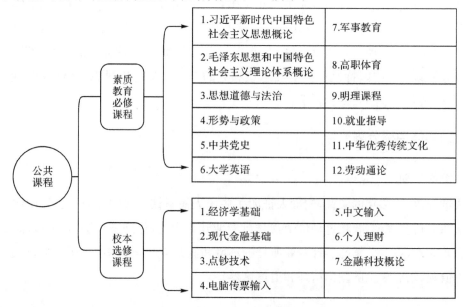

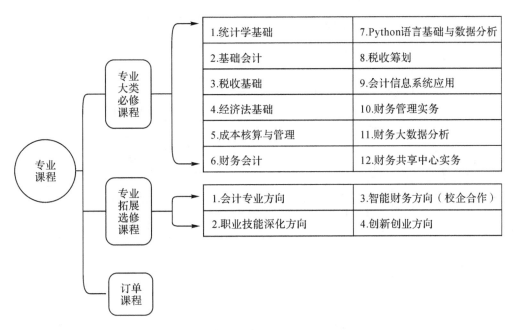

图 7-1 大数据与会计专业普高生源课程结构

大数据与会计专业职高生源课程结构如图 7-2 所示。

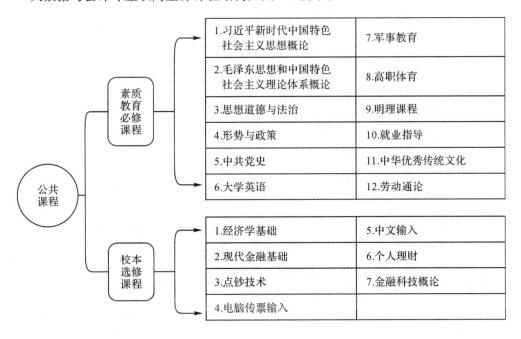

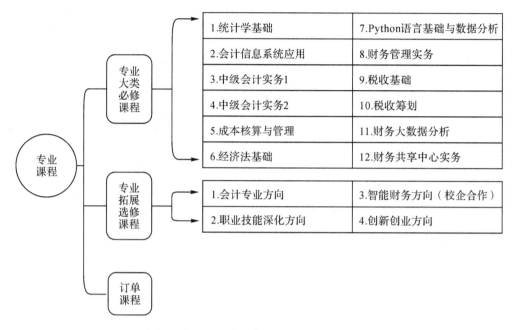

图 7-2　大数据与会计专业职高生源课程结构

(三)专业课程的相关信息及课程思政育人目标

大数据与会计专业课程的相关信息及课程思政育人目标示例如表 7-1 所示。

表 7-1　大数据与会计专业课程的相关信息及课程思政育人目标示例

序号	课程名称	课程目标	主要教学内容	主要教学要求	课程思政育人目标
1	基础会计	通过对会计职业最基本的职业活动和工作过程的介绍和技能训练,学生可以初步了解会计工作的环境和职业道德,认识会计工作的一般流程,理解会计要素、会计等式和复式记账法的基本原理,熟练掌握填制和审核凭证、登记账簿和编制会计报表的方法,为后续进一步学习打下良好的基础	1.会计的基础概念 2.原始凭证的填制与审核 3.记账凭证的填制 4.科目与账户的设置 5.复式记账法 6.筹资、供应、生产、销售 7.财务成果方面,形成与分配等业务的账务处理程序 8.会计账簿的登记 9.财产清查 10.财务报表编制	1.理解会计基本假设、基本职能、核算基础、会计要素、会计等式等基本概念 2.理解复式记账原理 3.掌握原始凭证审核与会计凭证的填制方法 4.掌握会计账簿的登记方法 5.掌握财务报表的编制方法 6.掌握财产清查的主要方法 7.能科学合理设置会计科目与账户 8.能运用借贷记账法开展经济业务核算 9.能正确审核与填制会计凭证、登记会计账簿、编制会计报表	1.在育人内容方面,结合诚信为本、操守为重、坚持准则、不做假账的会计工作原则,引导学生树立正确的世界观、人生观、价值观,积极践行社会主义核心价值观,将个人职业理想与社会担当有机结合 2.在育人方法方面,通过项目教学法、讨论法、讲授法等,将典型工作任务、实务经典案例融入课堂教学,帮助学生正确处理会计账务 3.在育人实践方面,通过模拟课程实训、虚拟仿真实训等实践教学环节,帮助学生认知职业工作环境,熟悉岗位工作任务,建立会计职业认同,培养学生诚信、严谨、公正的职业精神

序号	课程名称	课程目标	主要教学内容	主要教学要求	课程思政育人目标
2	财务会计	通过对企业日常业务职业活动和工作过程的介绍和技能训练，学生能够掌握企业财务会计的基本理论、基本方法及基本账务处理的操作技能；同时，通过配备职业技能实训，培养学生正确分析和解决企业会计核算的一般问题的能力，以便较好地适应从事企业会计核算的需要；培养具有一定理论素质和较强实际操作能力的应用型人才	1. 会计岗位的设置及主要职责，达到完成合理设置会计岗位的基本要求 2. 货币资金、应收款项、存货、金融资产、长期股权投资、固定资产、无形资产等资产类要素的核算方法，达到准确完成资产类会计要素核算的要求 3. 应付款项、金融负债、应付债券、应交税费等负债类要素的核算方法，达到准确完成负债类会计要素核算的要求 4. 实收资本、股本、资本公积、留存收益等权益类要素的核算方法，达到准确完成权益类会计要素核算的要求 5. 主营业务收入、主营业务成本、其他业务收入、其他业务成本、投资收益、公允价值变动损益、资产减值损失、营业外收入和支出、主营业务利润、其他业务利润、营业利润、利润总额、所得税、净利润等损益类要素的核算方法，达到准确完成损益类会计要素核算的要求 6. 互联网环境下，网络会计在核算手段、核算方法上的变化	1. 介绍资产类会计要素核算方法和账务处理程序，使学生达到对资产类会计要素进行熟练账务处理的要求 2. 介绍负债类会计要素核算方法和账务处理程序，使学生达到对负债类会计要素进行熟练账务处理的要求 3. 介绍权益类会计要素核算方法和账务处理程序，使学生达到对权益类会计要素进行熟练账务处理的要求 4. 介绍收入、费用、利润会计要素核算方法和账务处理程序，使学生达到对损益类会计要素进行熟练账务处理的要求 5. 介绍会计报表编制，使学生能够正确编制资产负债表、利润表和现金流量表	1. 在育人内容方面，结合诚信为本、操守为重、坚持准则、不做假账的会计工作原则，引导学生树立正确的世界观、人生观、价值观，积极践行社会主义核心价值观，将个人职业理想与社会担当有机结合 2. 在育人方法方面，通过项目教学法、案例研讨法、情境教学法、角色扮演法等，将典型工作任务、实务经典案例融入课堂教学，帮助学生正确运用会计职业判断、解决会计信息的确认、计量和披露 3. 在育人实践方面，通过虚拟仿真实训、企业实地调研等实践教学环节，帮助学生认知职业工作环境，熟悉岗位工作任务，建立会计职业认同，培养学生客观公正、严谨细致的会计工匠精神

续　表

序号	课程名称	课程目标	主要教学内容	主要教学要求	课程思政育人目标
3	成本核算与管理	通过对企业产品成本核算工作过程的学习和职业技能训练，学生能够掌握成本费用的归集、分配方法，产品成本的计算方法，成本分析及绩效评价的方法，培养具有成本会计岗位工作能力的应用型人才	1.材料费用、人工费用、辅助生产费用和制造费用归集、分配和管理的方法，达到准确分配料工费的要求 2.生产费用在完工产品和在产品之间分配的方法，达到准确分配生产费用的要求 3.分批法、品种法和分步法的核算方法，达到准确采用产品成本核算方法进行账务处理的要求 4.成本分析及绩效评价的方法，达到准确计算成本差异并进行绩效评价的要求	1.直接材料分配表的编制、直接人工分配表的编制、制造费用分配表的编制，达到准确编制要素分配表的要求 2.产品成本计算单的编制，达到准确计算产品成本的要求 3.记账凭证编制、成本账簿登记，业务凭证的装订与保管，达到熟练对企业产品成本进行账务处理的要求	1.在育人内容方面，结合料工费的归集和分配、产品成本计算方法和分析等内容，培养学生认真细致的工作作风，能够将会计职业精神与社会主义核心价值观有效结合 2.在育人方法方面，通过情境教学法、项目教学法、讨论法等，将典型工作任务、实务经典案例融入课堂教学，帮助学生正确运用成本计算和评价方法提升企业价值 3.在育人实践方面，通过虚拟仿真实训、企业实地调研等实践教学环节，帮助学生认知成本会计岗位工作任务，培养学生严谨细致、认真负责的会计"工匠"精神
4	会计信息系统应用	通过会计信息系统的操作训练，学生能够熟悉会计信息系统物流（采购、销售、库存）、生产、财务、计划等主要功能模块的业务要求，掌握各业务模块的业务流程，并在具体会计信息系统上分业务、分岗位、分角色应用会计信息系统，培养具有会计信息系统岗位工作能力的应用型人才	1.会计信息化的初始化，总账、固定资产、工资、应收和应付账款、报表等模块的基本操作，达到能利用会计信息化软件建立账务应用环境，选择与运用财务专用模块完成业务账务处理工作的要求 2.会计信息系统物流（采购、销售、库存）、生产、财务、计划等主要功能模块的操作，分模块实施的方法，能够依据企业信息化实施方法解决企业实际问题	1.熟练进行财务软件业务操作 2.熟练操作会计信息系统物流（采购、销售、库存）、生产、财务、计划等主要功能模块，达到准确操作并解决企业实际问题的要求	1.在育人内容方面，结合总账、固定资产、工资、应收和应付账款、报表、供应链等模块的基本操作要求，培养学生严谨务实的工作作风，能够将会计职业判断与社会主义核心价值观有效结合 2.在育人方法方面，通过项目教学法、案例研讨法、情境教学法、角色扮演法等，将典型工作任务、实务经典案例融入课堂教学，帮助学生正确运用会计信息系统提升企业价值 3.在育人实践方面，通过虚拟仿真实训、企业实地调研等实践教学环节，帮助学生认知职业工作环境，熟悉岗位工作任务，培养学生求真务实、严谨谨慎的职业精神

序号	课程名称	课程目标	主要教学内容	主要教学要求	课程思政育人目标
5	税收基础	通过对我国基本税种的介绍和计算训练，学生能够较全面地了解税收的基本理论和基本知识，掌握主要税种的征税规定、计税方法，培养具备税法观念、具有企业纳税岗位工作能力的应用型人才	1.企业增值税、消费税、关税等流转税的计算。达到准确计算各类流转税额的要求 2.企业所得税、个人所得税等所得税的计算。达到准确计算各类所得税额的要求 3.企业其他税费的计算。达到准确计算各类税费的要求	1.能够依法进行各类涉税事务登记，掌握增值税发票领购的方法与流程，会进行纳税申报和缴纳税款；掌握增值税应纳税额的计算，包括一般计税方法销项税额的计算和进项税额的抵扣，以及简易计税方法 2.能够判断消费税的征税范围，并计算应纳税额 3.会根据业务资料计算关税的完税价格和关税税额；能够根据企业涉税资料，确认企业应纳税所得额，并计算企业所得税税额 4.能够根据个人业务资料，计算纳税人应纳税所得额和应纳个人所得税税额；能够根据企业业务案例，确认涉税业务类型并判断具体的税种，能够达到熟练进行税费计算的要求	1.在育人内容方面，结合税费的计算和缴纳等内容，培养学生诚信务实的工作作风，能够将会计职业精神与社会主义核心价值观有效结合 2.在育人方法方面，通过项目教学法、情境教学法、角色扮演法等，将典型工作任务、实务经典案例融入课堂教学，帮助学生正确理解税法规定、准确申报纳税 3.在育人实践方面，通过虚拟仿真实训、企业实地调研等实践教学环节，帮助学生认知税务岗位工作任务，培养学生服务企业管理、遵纪守法的职业精神
6	财务管理实务	通过对财务管理工作内容和职业技能的学习，学生能够牢固树立企业理财观念，掌握财务管理基本理论与方法，在熟练掌握公司筹资、投资、资金营运和收益分配等财务基本技能的基础上，能灵活地根据企业特点在企业生产经营过程中对资金运动进行分析、评价及决策，培养具有财务管理岗位工作能力的应用型人才	1.企业项目投资决策，达到运用货币时间价值、净现值、内含报酬率等评价指标准确进行项目投资决策的要求 2.证券投资决策，达到运用货币时间价值、风险价值、资金成本等评价指标准确进行证券投资决策的要求 3.资产管理，达到运用存货最佳经济批量、应收账款机会成本、现金最佳持有量等评价指标准确进行资产管理决策的要求 4.资金的筹集决策，达到运用货币时间价值、风险价值、资金成本等评价指标准确进行资金的筹集决策的要求，包括众筹模式	1.项目投资评价，能够对单一投资项目和互斥投资项目进行评价 2.证券投资评价，能够对股票、债券、基金等证券产品做出投资决策，以及能够对互联网金融理财产品做出正确的投资决策 3.资产管理评价，能够做出存货经济批量决策，能够制定信用标准 4.资金的筹集决策，熟悉企业的筹资渠道，包括通过互联网渠道进行筹资（如众筹） 5.资金成本与资本结构，能够正确计算各项资金成本的计算方法，包括众筹资金成本的计算分析，能进行正确的资本结构决策 6.利润分配政策制定，能够合理分析利润构成，并制订利润分配方案	1.在育人内容方面，结合货币时间价值、筹资管理、投资管理、收入与分配管理等内容，培养学生认真细致的工作作风，能够将会计职业精神与社会主义核心价值观有效结合 2.在育人方法方面，通过项目教学法、情境教学法、角色扮演法等，将典型工作任务、实务经典案例融入课堂教学，帮助学生正确运用财务管理评价方法提升企业价值 3.在育人实践方面，通过虚拟仿真实训、企业实地调研等实践教学环节，帮助学生认知财务管理岗位工作任务，培养学生服务企业管理、勇于创新的职业精神

续　表

序号	课程名称	课程目标	主要教学内容	主要教学要求	课程思政育人目标
7	Python语言基础与数据分析	掌握Python编程语言及使用Python进行数据处理、分析的方法	1. Python语言概述 2. Python语言基础 3. Python程序流程控制 4. Python函数 5. Python模块 6. 输入和输出编程 7. Python数据结构 8. 面向对象的程序设计 9. 图形用户的界面设计 10. Python数据库编程 11. WEB框架开发	1. 掌握Python语言常用语句、函数、数据结构等 2. 掌握不同数据类型及相关关系的处理方法和思维 3. 能熟练运用以上知识设计开发Python应用程序	1. 在育人内容方面，结合程序设计的严谨性，培养学生良好的编程素养，以及追究本原、做事规范的风格，紧跟现代科技前沿成果，用科学知识武装自己和服务社会 2. 在育人方法方面，通过案例法、讨论法、讲授法等，结合程序基本结构和语法，提高学生逻辑思维能力，培养解决问题的思路和方法 3. 在育人实践方面，借助应用案例等实践教学环节，培养学生使用程序解决实际问题的能力，增强用知识服务社会的成就感和自豪感
8	财务大数据分析	通过对财务大数据分析的基本理论、程序和方法的学习，学生能够掌握资产负债表、利润表、现金流量表、股东权益变动表的分析方法和程序；掌握企业盈利能力、营运能力、偿债能力和发展能力的分析方法；会进行企业综合大数据分析	1. 财务大数据分析的基本理论、程序和方法 2. 资产负债表、利润表、现金流量表、股东权益变动表分析的主要内容、方法和程序 3. 企业盈利能力分析的主要指标、计算方法和程序 4. 企业营运能力分析的主要指标、计算方法和程序 5. 企业偿债能力分析的主要指标、计算方法和程序 6. 企业发展能力分析的主要指标、计算方法和程序 7. 企业综合大数据分析的方法和程序	1. 掌握财务大数据分析的基本理论、程序和方法 2. 能进行资产负债表、利润表、现金流量表、股东权益变动表的分析 3. 会进行企业盈利能力、营运能力、偿债能力和发展能力的分析 4. 会进行企业综合大数据分析	1. 在育人内容方面，结合资产负债表、利润表、现金流量表和股东权益变动表分析等内容，培养学生诚信务实的工作作风，能够将会计职业精神与社会主义核心价值观有效结合 2. 在育人方法方面，通过项目教学法、情境教学法、角色扮演法等，将典型工作任务、实务经典案例融入课堂教学，帮助学生正确分析报表，服务企业 3. 在育人实践方面，通过虚拟仿真实训、企业实地调研等实践教学环节，帮助学生认知财务分析岗位工作任务，培养学生严谨细致、认真负责的会计"工匠"精神

五、课程思政教学实施

（一）教学设计

课程思政建设是一项系统工程，大数据与会计专业高度重视，加强顶层设计，全面规划，循序渐进，以点带面，不断提高教学效果。尊重教育教学规律和人才培养规律，适应不同课程的特点,强化分类指导,确定统一性和差异性要求。充分发挥教师的主体作用,切实提高每一位教师参与课程思政建设的积极性和主动性。

课程思政要融入课堂教学建设,作为课程设置、教学大纲核准和教案评价的重要内容,落实到课程目标设计、教学大纲修订、教材编审选用、教案课件编写各方面,贯穿于课堂授课、教学研讨、实验实训、作业论文各环节。创新课堂教学模式,推进现代信息技术在课程思政教学中的应用,激发学生学习兴趣,引导学生深入思考。综合运用第一课堂和第二课堂,组织开展"会计大讲堂"等系列讲座,深入开展各类社会实践、志愿服务、实习实训活动,不断拓展课程思政建设的方法和途径。

(二)教学内容

1.公共素质类课程

要提高大学生思想道德修养、人文素质、科学精神、宪法法治意识、国家安全意识和认知能力,注重在潜移默化中坚定学生理想信念、厚植爱国主义情怀、加强品德修养、增长知识见识、培养奋斗精神,提升学生综合素质。帮助学生在体育锻炼中享受乐趣、增强体质、健全人格、锤炼意志,在美育教学中提升审美素养、陶冶情操、温润心灵、激发创造创新活力。

2.专业类课程

要根据专业的特色和优势,深入研究专业的育人目标,深度挖掘提炼专业知识体系中所蕴含的思想价值和精神内涵,科学合理拓展专业课程的广度、深度和温度,从课程所涉专业、行业、国家、文化、历史及国际趋势等角度,增加课程的知识性、人文性,提升引领性、时代性和开放性。比如,在讲授会计准则的应用时,可以结合我国会计准则的发展史,使学生体会到我国会计现在与国际会计准则趋同的发展过程,融入人类命运共同体的理念;在"财务管理实务"课程授课过程中,可以把法治意识、金钱观、消费观等思政元素融入课程教学,使学生在面对各类思潮冲击时,能够树立正确的三观,自觉抵制享乐主义等思想;在"税收筹划"课程授课过程中,可以结合我国税收制度的变迁,体会我国改革开放带来的变化,从而融入爱国主义教育等。

3.社会实践类课程

大数据与会计专业实践类课程,要注重学思结合、知行统一,增强学生勇于探索的创新精神、善于解决问题的实践能力。比如,在基础会计实训课程中,注重培养学生的职业素质,在实训中引入社会主义核心价值观,使学生真切地体会到爱岗敬业、诚信友善等社会主义核心价值观与职业素质的要求是完全一致的,从而自觉地将价值观内化为个人的品格,并且通过职业习惯和职业行为体现出来。在实训中培养学生团队合作精神、规范操作意识和精益求精的工匠精神,在点评中教师要融入理想信念、社会主义核心价值观、正确的消费观、创新意识、节约意识、规范意识、环境保护意识、团队合作精神等思政元素。

此外，实训中还可以通过虚拟仿真平台进行角色扮演和情境模拟，让学生扮演真实工作岗位中的角色，培养学生的沟通能力和团队协作精神。

（三）教学方法

推行项目化教学、案例教学、情境教学、研讨式教学等多种教学方法在课程思政教学过程中的应用，重点在于各种教学方法的综合运用与发展，结合各门课程的自身特色及教师的教学风格，使每门课程的项目化教学、案例教学、情境教学等教学方法在课程的运用中更加成熟，更加有效。

（四）教材选用

课程组负责人负责教材的选用工作，二级学院由专家负责审核教材的思政内容。各任课教师要讲好用好课程教材，推进教材内容进人才培养方案、进教案课件、进考试。积极推进课程思政教材建设，新开发一系列活页式、工作手册式、立体化新形态教材，融入课程思政内容，建立丰富的立体化教学资源，有效适应新背景下学生和教师的需求。

（五）师资队伍

全面推进课程思政建设，教师是关键。要推动专业教师进一步强化育人意识，找准育人角度，提升育人能力，确保课程思政建设落地落实、见功见效。要加强教师课程思政能力建设，建立健全优质资源共享机制，支持搭建课程思政建设交流平台，开展经常性的典型经验交流、现场教学观摩、教师教学培训等活动，充分利用现代信息技术手段，促进优质资源共享共用。依托高校教师网络培训中心、教师教学发展中心等，深入开展马克思主义政治经济学、马克思主义新闻观、中国特色社会主义法治理论、法律职业伦理、工程伦理、人文教育等专题培训。将课程思政纳入教师岗前培训、在岗培训，以及师德师风、教学能力专题培训等。充分发挥教研室、教学团队、课程组等基层教学组织作用，建立课程思政集体教研制度。

六、课程思政教学评价

（一）评价对象

课程思政教学的评价对象包括学生和教师两个方面。

（二）评价内容

1. 针对学生的评价

包括日常课堂考核、社会实践考核等方面。以课堂表现、参与度为基本指标，每科专业课程增加思政表现考核分,并纳入每学期期末成绩。社会实践考核针对假期实习,引导学生在实践中体会和感知如何遵守会计职业道德,并形成实践报告和实习心得。

2.针对教师的评价

包括在课程设计、课程实施、课程效果等3个环节中都应体现思政元素,实现知识传授和价值引领的有机统一。把师德规范要求融入评优评奖、课题申报、职称评审、导师遴选等各环节,并依法依规加大对各类违反师德和学术不端行为的查处力度,及时纠正不良倾向和问题。

(三)评价方法

课程思政评价的方法体系主要包括学生思想政治素养发展评价方法、课程思政教学评价方法和以课程为单元的课程思政评价方法。

1.学生思想政治素养发展评价方法

注重"诊断"、"过程"、"增值"和"综合"。就范式而言,诊断性评价可以明状态(不足),过程性评价能够看发展(轨迹),增值性评价利于知进步(程度),综合性评价便于显成效(结果)。其中,诊断性评价有助于教师明确当下学生思想政治素养具体情况,方法主要有纸笔测试、问卷调查和访谈法等。过程性评价有助于看清发展轨迹,代表性方法为学生思想政治素养发展档案袋评价法,与课程思政有关的轶事记录、小论文、调查或研究报告、课堂(观察)记录、个别交流记录、教学日志等,都可纳入档案袋。

2.课程思政教学评价方法

课程思政教学评价方法分为自评和他评两种模式。自评既可基于单次课堂教学,也可基于课程教学全过程;他评则可分为组织层面(或委托第三方)评价、同行评价、学生评价,具体方法有课程思政教学档案查阅法、问卷调查法、(教师、学生)座谈会、教学观察法等。

3.以课程为单元的课程思政评价方法

该方法与课程思政教学评价类似,基于课程的评价可以采用课程档案查阅法、问卷调查法、(教师、学生)座谈会、专家座谈会等方法。

(四)评价标准

大数据与会计专业的课程教学评价要摒弃以往专业培养方案中"重才轻德"的陈旧意识,要把"立德"作为专业人才培养目标的首要要求,关注课程思政各要素的系统性,凸显课程的建设性、教学的形成性、学生的发展性等特征,建立科学合理、可操作性强的评价标准。课程平台在数据统计过程中,重在体现过程性考核,极大提高师生互动比重,评价考核主要集中在量的考核,也要关注质的提升,凡是有利于德智体美劳全面发展的育人模式,都可以作为考核评价的参考依据,极大地拓展了课程思政"春风化雨""润物无声"的育人效果。

七、管理制度与保障机制

(一)建立健全课程思政管理制度

二级学院成立课程思政建设小组,统筹研究管理制度,指导专业开展工作。会计教研室负责对各门专业课程的课程思政建设的领导,结合实际研究制订各门课程的课程思政实施方案,健全管理机制,强化督查检查。建立党委统一领导、党政齐抓共管、相关课程联动、专业落实推进、自身特色鲜明的课程思政建设工作格局。

(二)保障建设资金到位

二级学院统筹双高建设资金和地方财政高等教育资金,结合专业实际,支持推进课程思政建设。大数据与会计专业根据自身建设计划,统筹校内校外各类资源,加大对课程思政建设的投入力度。

(三)建立示范引领项目

针对专业不同类型的课程,持续深入抓典型、树标杆、推经验,形成规模、形成范式、形成体系。选树一批课程思政教学名师和团队,推出一批课程思政示范课程,立项一批课程思政建设研究项目,推动建设省级、校级多层次示范体系,大力推广课程思政建设先进经验和做法,全面形成广泛开展课程思政建设的良好氛围,全面提高人才培养质量。

(执笔人:王忠孝　安娜)

8 大数据与财务管理专业课程思政教学实践

一、专业课程思政教学的时代背景

为深入贯彻落实习近平总书记在全国高校思想政治工作会议上关于"使各类课程与思想政治理论课同向同行,形成协同效应"①的要求,全国各类高校纷纷开始探索课程思政建设。如何在非思政类型的专业课程中融入思政教育内容,充分发挥高校育人功能,帮助大学生树立正确的世界观、人生观、价值观,是摆在我们职业院校教育工作者面前的新课题。思政教育融入高校专业课程教学将有助于拓展思政教师视野,提高学生综合素养,提高思政课程效能等。新时期思政教育要深入解读习近平总书记的指导思想,并切合高校实际,提高思政教育思想认识,积极探寻思政教育融入高校专业课程教学的路径,从而发挥思政教育在提高大学生综合素质方面的作用,培养出专业素养精湛、思想政治素养过硬的高素质人才。

近些年,以人工智能、区块链、云计算、大数据为代表的核心技术的广泛使用,使会计核算对象、成本核算方法、会计管理方式、会计报告要求、会计考核评价等发生了很大变化,同时也影响着大数据与财务管理专业的发展方向。大数据与财务管理专业把思政工作融入专业建设,不断完善专业人才培养方案、教学大纲、课程建设等,探索专业高职教育教学改革创新的工作思路,提升教育教学质量与水平,提升内涵,打造特色优势,促进专业领域创新发展。

---

① 习近平.把思想政治工作贯穿教育教学全过程 开创我国高等教育事业发展新局面[N].人民日报,2016-12-09(01).

二、专业课程思政教学的基本理念

(一)课程思政的主要教学目标

思政教育是高校教育的重要内容,将思想政治内容融入大学专业课程的关键是让大学生在学习专业知识的同时接受专业的思想教育,帮助学生树立正确的世界观、人生观和价值观。大数据与财务管理专业将思想政治理论课与各类课程整合,遵循教育育人的教育理念,形成思想政治理论课与各类课程的协同效应,在思想政治工作课程中,所有专业课程的教学要明确目标,在制订教学计划时,要把政治观念、思想意识和道德规范教育纳入专业课程教学,有效地提高专业课的教学内涵,做好专业思想政治教育与课堂教学的充分融合。

(二)专业人才培养的思政途径

高校课程思政建设是培养符合国家需要的应用型人才的必要环节。高校思想政治理论课的主要内容是马克思主义基本原理、习近平总书记系列重要讲话专题辅导等,将专业课程有效融入思想政治教育理念,可以打破传统教育知识体系单一的弊端,提高学生的专业课程获取意识,让大学生在学习专业技能,建立专业理念的同时树立家国意识和民族自豪感,树立社会责任意识和投身祖国现代化建设的奉献精神,培养理想信念坚定,德、智、体、美、劳全面发展,具有一定的科学文化水平、有良好的人文素养、职业道德、创新意识和精益求精的工匠精神,较强的就业能力和可持续发展的能力;适应大数据、人工智能、云计算、区块链等现代信息技术快速发展需要,掌握会计、财务、审计、税务等知识和技术技能;面向制造业、租赁和商务服务业、金融业、居民服务、修理和其他服务业等领域,能够从事出纳、会计核算、融资、投资、风险控制、税务、管理、智能财务、共享财务、数据运营等岗位工作的复合型、创新型技术技能人才。

(三)专业课程思政的制度设计

1. 构建符合专业发展方向的个性化理论教学体系

基于思政教育和专业课程教学融合的视角,构建起与之相匹配的个性化理论教学体系,如开发 Python 数据分析、人工智能等大数据环境下的新增专业课程。具体可以通过案例教学资源选择的专业化、理想信念教育融入职业理想教育等途径实施。

2. 构建实践教学一体化体系

实践教学是促进学生知识向技能发展的重要路径,我们可以通过实践基地与机制建设一体化、实践教学与专业实习一体化的模式,如学院现有的新道产业学院的实践教学模式,实现在服务社会、勤工俭学、就业创业等方面形成一体化的课程思政社会实践机制,同时积极推动实践教学和专业实际的无缝对接:大一学段对接认知实习,大二学段对接专业实习,大三学段对接岗位实习,强化学生思政课和专业课程教学融合的意识,提高一体化教学的有效性。

3.教师和学生关系本位化

构建新型的师生关系,实现师生关系的本位化,基于师生平等的关系,切实提高学生思想认识水平,教师从学生专业发展和个人成长的视角,帮助学生解决日常生活和专业成长中的复杂问题,特别是在面对网络化、数字化的社会发展趋势时,学生表现出对虚拟网络和真实生活关系不适应等情况,应引导学生树立起正确的成才观、择业观和交友观。

4.思政课教育体系的网络化

基于融合教育的视角,积极构建立体化、网络化的思政课教育体系,形成以思政课教师为主体,以辅导员和班主任、专业主任和专业教师为辅助的学校思想政治教育网络体系。

(四)专业课程思政的学习方式

1.职业教育专题学习

思政教育的一个重要内容是理想信念教育,这是培育学生世界观、人生观、价值观的重要路径,思政教育融入高校专业课程教学可以将理想信念教育与职业理想教育有机融合起来,使大学生正确认识社会发展规律,正确认识国家的前途命运,正确认识自己的社会责任。

2.互动与辩论协同学习

以激发学生的课程思政学习兴趣、开发学生的创新思维为目标,着重培养学生的辩证思维、专业分析能力和研究能力。通过互动和辩论协同教学法促使学生多提问、多讨论以活跃课堂氛围,启发学生的思政辩证思维,培养学生的问题意识,引导学生积极思考。

3.案例学习法

通过贴近现实的、真实生动的若干专业思政案例分析,特别是使用贴近学生生活的案例来讲解思政及专业问题,使学生身临其境,设身处地地思考,对于提高学生的感性及理性认识,加深学生对专业和思政问题的理解具有良好的现实意义。

4.实践学习与专业实习一体化学习

将思政课实践学习和专业实习融为一体,推动思政教育和专业课程教学的融合,思政教育课程要基于不同的学段,积极推动实践教学和专业实习的无缝对接。

(五)专业课程思政的目标达成

大数据与财务管理专业课程思政建设工作树立以育人为本的教育理念,设立新的专业人才培养教学体系。所有课程的知识体系都能够体现思想政治德育教育要素,所有教学活动都能承担立德树人的功能,在专业课程教学设计当中充分融入思想政治德育教育的元素,突出以专业技能和理论知识为主、思想道德教育为辅的教学特点,发挥出思政教育在专业课程教学中的作用。

三、专业课程思政教学的培养目标

(一)总体目标

通过课程思政教育教学改革,深化教书育人内涵;引导专业教师自觉将思想政治教育元素融入各类专业课程教学,将思想政治教育贯穿专业教育教学全过程,促进思想政治教育与专业知识体系教育的有机统一;强化思政理论教育和价值引领,充分发掘和运用各专业各学科蕴含的思想政治教育资源,将专业知识与思政元素深度融合,建设一批充满德育元素、发挥德育功能的"专业课课程思政"示范课程,构建"专业课课程思政"育人体系。扎实推进习近平新时代中国特色社会主义思想和党的二十大的重要思想、重要观点、重大战略、重大举措有机地融入专业教学。

(二)具体目标

1. 专业课的课程思政教学培养目标

建立体系化的专业课程思政教育教学目标,克服专业课程在教学目标设置上重复性的问题。立足专业课程的课程布局和课程特征,梳理形成专业课程的思政教育教学目标框架,专业负责人、专业课程负责人依据《高等学校课程思政建设指导纲要》关于课程领域的思想政治教育主题建议,深入梳理和挖掘具体课程的思政教育元素,通过专业组织教师研讨,形成专业课程的思政教育教学目标框架。

2. 专业课程的课程思政教学大纲

由课程负责人、思想政治理论课教师、专业课程教师开展合作,从学生的知识、能力、情感、态度、价值观等维度,对专业课程的教学目标进一步细化,结合对思政教育元素的具体开发,立足与思政课程协同的理念,梳理各章节的思政教育教学目标的内在逻辑和顺序,设定具体章节的思想政治教育教学目标,将具体的教学目标写入教学大纲,确定具体课程的思想政治教育教学目标体系,进而形成"专业课课程思政"教学大纲。

四、面向课程思政的专业课程体系

(一)设计依据

1.遵循教育规律

遵循思政工作规律、学生身心发展规律和教育教学基本规律,精心设计公共素质类课程、专业类课程和社会实践类课程的思政元素,认真组织教学,促进课程思政建设的科学性、系统性、高效性。

2.发挥专业课教师主体作用

加强专业课教师课程思政意识培养,提高专业教师将思想政治教育融入专业课程的教学能力,充分发挥专业课教师课程育人的主体作用,保障专业有效开展课程思政建设工作。

3.注重改革创新

引导教师充分利用现代教育技术在课程教学过程及教学资源建设中的应用,改革教学方法,创新教学手段,拓展思政教育与专业教育的融入渠道。

(二)课程结构

大数据与财务管理专业课程结构如图 8-1 所示。

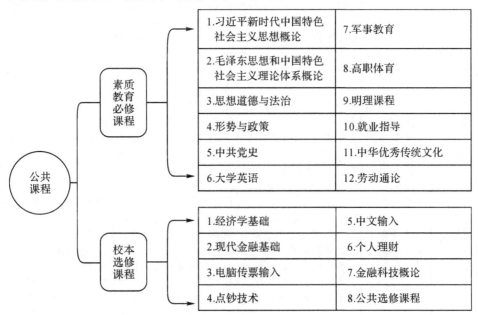

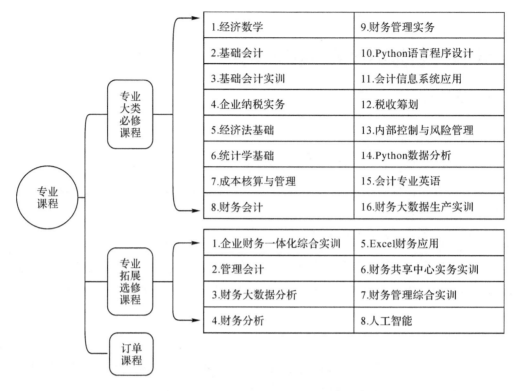

图 8-1　大数据与财务管理专业课程结构

(三)专业课程的相关课程信息及课程思政育人目标

大数据与财务管理专业课程的相关课程信息及课程思政育人目标示例如表 8-1 所示。

表 8-1　大数据与财务管理专业课程的相关课程信息及课程思政育人目标示例

序号	课程名称	课程目标	主要教学内容	主要教学要求	课程思政育人目标
1	财务会计	1.学会合理设置会计岗位 2.达到准确完成负债类会计要素核算的要求 3.达到准确完成损益类会计要素核算的要求	1.会计岗位的设置及主要职责 2.货币资金、应收款项、存货、金融资产、长期股权投资、固定资产、无形资产等资产类要素的核算方法 3.应付款项、金融负债、应付债券、应交税费等负债类要素的核算方法 4.实收资本、股本、资本公积、留存收益等权益类要素的核算方法	1.介绍资产类会计要素核算方法和账务处理程序,使学生达到对资产类会计要素进行熟练账务处理的要求 2.介绍负债类会计要素核算方法和账务处理程序,使学生达到对负债类会计要素进行熟练账务处理的要求 3.介绍权益类会计要素核算方法和账务处理程序,使学生达到对权益类会计要素进行熟练账务处理的要求	1.在育人内容方面,结合诚信为本、操守为重、坚持准则、不做假账的会计工作原则,引导学生树立正确的世界观、人生观、价值观,积极践行社会主义核心价值观,将个人职业理想与社会担当有机结合 2.在育人方法方面,通过项目教学法、案例研讨法、情境教学法、角色扮演法等,将典型工作任务、实务经典案例融入课堂教学,帮助学生正确运用专业会计知识来对会计信息加以确认、计量和披露

序号	课程名称	课程目标	主要教学内容	主要教学要求	课程思政育人目标
			5.主营业务收入、主营业务成本、其他业务收入、其他业务成本、投资收益、公允价值变动损益、资产减值损失、营业外收入和支出、主营业务利润、其他业务利润、营业利润、利润总额、所得税、净利润等损益类要素的核算方法 6.互联网环境下,网络会计在核算手段、核算方法上的变化	4.介绍收入、费用、利润会计要素核算方法和账务处理程序,使学生达到对损益类会计要素进行熟练账务处理的要求	3.在育人实践方面,通过虚拟仿真实训、企业实地调研等实践教学环节,帮助学生认知职业工作环境,熟悉岗位工作任务、建立会计职业认同,培养学生客观公正、严谨细致的会计工匠精神
2	财务管理实务	通过对财务管理工作内容和职业技能的学习,学生能够牢固树立企业理财观念,掌握财务管理基本理论与方法,在熟练掌握公司筹资、投资、资金营运和收益分配等财务基本技能的基础上,能灵活地根据企业特点对企业生产经营过程中的资金运动进行分析、评价及决策,培养具有财务管理岗位工作能力的应用型人才	1.企业项目投资决策,达到运用货币时间价值、净现值、内含报酬率等评价指标准确进行项目投资决策的要求 2.证券投资决策,达到运用货币时间价值、风险价值、资金成本等评价指标准确进行证券投资决策的要求 3.资产管理,达到运用存货最佳经济批量、应收账款机会成本、现金最佳持有量等评价指标准确进行资产管理决策的要求 4.资金的筹集决策,达到运用货币时间价值、风险价值、资金成本等评价指标准确进行资金的筹集决策的要求,包括众筹模式	1.项目投资评价,能够对单一投资项目和互斥投资项目进行评价 2.证券投资评价,能够对股票、债券、基金等证券产品做出投资决策,能够对互联网金融理财产品做出正确的投资决策 3.资产管理评价,能够做出存货经济批量决策,能够制定信用标准 4.资金的筹集决策,熟悉企业的筹资渠道,包括通过互联网渠道进行筹资(如众筹) 5.资金成本与资本结构;能够掌握各项资金成本的计算方法,包括众筹资金成本的计算分析;能进行正确的资本结构决策 6.能够制定利润分配政策,合理分析利润构成,并制订正确的利润分配方案	1.在育人内容方面,结合货币时间价值、筹资管理、投资管理、收入与分配管理等内容,培养学生认真细致的工作作风,能够将会计职业精神与社会主义核心价值观有效结合 2.在育人方法方面,通过项目教学法、案例研讨法、情境教学法、角色扮演法等,将典型工作任务、经典案例融入课堂教学,帮助学生正确运用财务管理评价方法提升企业价值 3.在育人实践方面,通过虚拟仿真实训、企业实地调研等实践教学环节,帮助学生认知财务管理岗位工作任务,培养学生服务企业管理、勇于创新的职业精神

续 表

序号	课程名称	课程目标	主要教学内容	主要教学要求	课程思政育人目标
3	管理会计	1.达到能够采用回归直线法、高低点法对混合成本进行分解 2.达到能根据分析结果进行新产品开发决策、产品定价决策 3.达到能利用各种业绩评价指标对利润中心、成本中心、投资中心业绩进行评价	1.成本性态、混合成本的分解方法 2.量本利模型下目标利润设定、价格决策、产量决策、产品开发决策的方法 3.业务预算、专门预算、财务预算的编制方法 4.净现值、现值指数、内含报酬率等项目投资评价指标及计算 5.利润中心、成本中心、投资中心各业务评价指标的计算	1.能够采用回归直线法、高低点法对混合成本进行分解 2.能根据量本利模型进行盈亏分界点计算，做出新产品开发决策、产品定价决策 3.能够正确计算各种项目投资评价指标并对项目进行选择 4.能利用各种业绩评价指标对利润中心、成本中心、投资中心业绩进行评价	1.在育人内容方面，结合管理会计工作指引相关要求，引导学生树立正确的世界观、人生观、价值观，能够将管理会计职业判断与社会主义核心价值观有效结合 2.在育人方法方面，通过项目教学法、案例研讨法、情境教学法、角色扮演法等，将典型工作任务、经典案例融入课堂教学，帮助学生正确运用管理会计理论知识提升企业核心价值 3.在育人实践方面，通过虚拟仿真实训、企业实地调研等实践教学环节，帮助学生认知职业工作环境，熟悉岗位工作任务，培养学生求真务实、严谨谨慎的财务工匠精神
4	会计信息系统应用	达到能操作ERP（企业资源计划）系统物流（采购、销售、库存）、生产、财务、计划等主要功能模块，能准确操作并解决企业实际问题的要求	1.会计电算化的初始化及总账、固定资产、工资、应收和应付账款、报表等模块的基本操作，达到能利用会计电算化软件建立账务应用环境，选择与运用财务专用模块完成业务账务处理工作的要求 2.ERP系统物流（采购、销售、库存）、生产、财务、计划等主要功能模块的操作，分模块实施的方法，依据企业信息化实施方法解决企业实际问题	1.熟练进行财务软件业务操作 2.熟练操作ERP系统物流（采购、销售、库存）、生产、财务、计划等主要功能模块，能准确操作并解决企业实际问题	1.在育人内容方面，结合总账、固定资产、工资、应收和应付账款、报表、供应链等模块的基本操作要求，培养学生严谨务实的工作作风，能够将会计职业认知与社会主义核心价值观有效结合 2.在育人方法方面，通过项目教学法、案例研讨法、情境教学法、角色扮演法等，将典型工作任务、经典案例融入课堂教学，帮助学生正确运用会计信息系统提升企业价值 3.在育人实践方面，通过虚拟仿真实训、企业实地调研等实践教学环节，帮助学生认知职业工作环境，熟悉岗位工作任务，培养学生求真务实、严谨谨慎的财务工匠精神

序号	课程名称	课程目标	主要教学内容	主要教学要求	课程思政育人目标
5	内部控制与风险管理	1. 具备企业内部控制制度设计、内部控制评价和内部控制审计所需的知识与能力 2. 完成相应的知识储备、技能与能力训练,形成正确的态度和价值观	1. 我国内部控制制度建设与内部控制基础理论、组织架构与风险控制、发展战略与风险控制、人力资源与风险控制、社会责任与风险控制、企业文化与风险控制、目标设定方法、风险识别、风险分析和风险应对方法 2. 不相容职务分离控制、授权审批控制、会计系统控制、财产保护控制、预算控制、运营分析控制、绩效考评控制、信息与沟通控制、内部监督体系、内部监督的程序和方法等相关知识 3. 资金活动内部控制、采购业务内部控制、资产管理内部控制、销售业务内部控制、工程项目业务控制、担保业务内部控制、财务报告内部控制、业务外包内部控制 4. 组织内部控制评价、内部控制缺陷的认定、内部控制评价方法,内部控制审计实务流程和内部控制审计报告撰写等相关内容	1. 了解内部控制建设的现实意义、组织架构、发展战略、人力资源、社会责任、企业文化及风险控制的基础知识,掌握内部控制基础理论 2. 了解设定目标的要求、风险识别与风险分析的要求与内容,不相容职务分离控制、授权审批控制、会计系统控制、财产保护控制、预算控制、运营分析控制、绩效考评控制的基本原理,信息与沟通的基本原理,内部监督体系的定义、内部监督的程序,掌握设定目标、风险识别、风险分析的方法和风险应对的策略,以及我国内部监督机构的设置及其各机构职责和内部监督的方法 3. 掌握筹资、投资、营运活动、采购业务、存货、固定资产、销售业务内部控制流程,熟悉工程项目、担保业务、财务报告和业务外包内部控制流程 4. 了解组织内部控制评价的程序与方法、组织内部控制审计的流程与方法,掌握内部控制缺陷的认定的基本原理,熟悉内部控制评价报告	1. 在育人内容方面,结合诚信为本、操守为重、坚持准则、不做假账的会计原则,引导学生树立正确的世界观、人生观、价值观,积极践行社会主义核心价值观 2. 在育人方法方面,通过项目教学、案例研讨法、情境教学法、角色扮演法,将真实案例融入课堂教学,帮助学生合理分析企业内部控制流程 3. 在育人实践方面,通过企业实地调研等教学环节,帮助学生认知企业工作环境,熟悉企业内部风险流程并建立相应的内部控制措施,培养学生客观公正、严谨细致的工匠精神
6	Python数据分析	基于财经相关职业场景,能够使用Python进行数据采集、处理分析	1. Python基本语法和基本应用 2. Python数据采集、数据处理方法、大数据分析方法	1. 掌握Python脚本语言程序设计的基本知识,掌握程序设计的基本方法,掌握程序设计的基本理论、方法和应用 2. 能够使用Python解决实际应用问题,培养学生计算思维能力、创新能力,以及发现问题、分析问题和解决问题的能力	1. 通过掌握程序设计国家标准的有关基本规定,会查阅有关国家标准和手册,养成严格遵守和执行有关国家标准各项规定的良好习惯 2. 通过对大数据与财务管理行业发展前景的了解,帮助学生规划未来的职业愿景,激发学生对社会主义核心价值观的认同感

续 表

序号	课程名称	课程目标	主要教学内容	主要教学要求	课程思政育人目标
7	企业纳税实务	通过对我国基本税种的介绍和计算训练,学生能够较全面地了解税收的基本理论和基本知识,掌握主要税种的征税规定、计税方法;培养具备税法观念,具有企业纳税岗位工作能力的应用型人才	1.企业增值税、消费税、关税等流转税的计算方法,达到准确计算各类流转税额的要求 2.企业所得税、个人所得税等所得税的计算方法,达到准确计算各类所得税额的要求 3.企业其他税费的计算方法,达到准确计算各类税费的要求	1.理解和掌握增值税、消费税、关税、企业所得税、个人所得税、房产税等税种的相关法律法规,能够根据企业经济业务确定其纳税义务及所涉及的税种、税目、税率和计税依据,能够准确计算企业当期应纳税额 2.能够依据企业经济业务的具体情况,运用税法规定的减免税优惠政策,并确定纳税义务的发生时间 3.能够根据业务资料进行企业涉税业务的账务处理,填写相关税种的纳税申报表及附列资料,并根据税法规定选择纳税地点及时办理纳税申报和税款缴纳手续	1.在育人内容方面,结合税费的计算和缴纳等内容,培养学生诚信务实的工作作风,能够将会计职业精神与社会主义核心价值观有效结合 2.在育人方法方面,通过项目教学法、案例研讨法、情境教学法、角色扮演法等,将典型工作任务、经典案例融入课堂教学,帮助学生正确理解税法规定、准确申报纳税 3.在育人实践方面,通过虚拟仿真实训、企业实地调研等实践教学环节,帮助学生认知税务岗位工作任务,培养学生服务企业管理、遵纪守法的职业精神

(四)课程思政体系

1.公共素质类课程思政

大数据与财务管理专业公共素质类课程思政体系如表 8-2 所示。

表 8-2 大数据与财务管理专业公共素质类课程思政体系

公共素质类课程名称	计划学时	学分	备注
习近平新时代中国特色社会主义思想概论	72	4	
毛泽东思想和中国特色社会主义理论体系概论	72	4	
思想道德修养与法治	48	3	
形势与政策	36	2	
中共党史	36	2	
大学英语	102	6	素质教育必修课程
军事教育	36	4	
高职体育	108	6	
明理课程	50	3	
就业指导	18	1	
中华优秀传统文化	36	2	
劳动通论	(16)	1	

公共素质类课程名称	计划学时	学分	备注
经济学基础	32	2	
现代金融基础	32	2	
电脑传票输入	16	1	
点钞技术	16	1	校本选修课程
中文输入	18	1	
个人理财	36	2	
金融科技概论	36	2	

2. 专业类课程思政

大数据与财务管理专业类课程思政体系如表 8-3 所示。

表 8-3　大数据与财务管理专业类课程思政体系

专业类课程名称	计划学时	学分	备注
会计职业素养	(85)	(2)	
经济数学	64	4	
基础会计	96	6	
基础会计实训	32	1	
企业纳税实务	54	3	
经济法基础	36	2	
统计学基础	36	2	
成本核算与管理	54	3	
财务会计	108	6	专业大类必修课程
财务管理实务	72	4	
Python 语言程序设计	72	4	
会计信息系统应用	54	3	
税收筹划	54	3	
内部控制与风险管理	36	2	
Python 数据分析	72	4	
会计专业英语	36	2	
财务大数据生产实训	27	(1)	

续　表

专业类课程名称	计划学时	学分	备注
企业财务一体化综合实训	45	3	
管理会计	45	3	
财务大数据分析	30	2	
财务分析	30	2	专业拓展选修课程
Excel 财务应用	30	2	
财务共享中心实务实训	27	(1)	
财务管理综合实训	27	(1)	

3. 社会实践类课程思政

大数据与财务管理专业社会实践类课程思政体系如表 8-4 所示。

表 8-4　大数据与财务管理专业社会实践类课程思政体系

社会实践类名称	计划学时	学分	备注
明理实践	(40)	1	
认知实习(创新创业实习)	(40)	1	社会实践必修课程
校内企业实践	(85)	(2)	
跟岗实习	(90)	5	
岗位实习	540	18	社会实践拓展课程
毕业设计	90	5	
创新创业实践	(630)	(23)	

五、课程思政教学实施

大数据与财务管理专业课程思政建设,需要落实到具体的专业课程,关键的起点就是编制融入课程思政元素,符合课程体系对课程思政环节目标达成度要求的教学设计。

(一)教学设计

按照培养方案制定的思政培养目标和课程体系预设的课程思政目标达成度,根据课程的特点,将一级和二级课程思政目标分解、细化,形成与专业课程定位相对应的更为具体的课程思政目标,对于大数据与财务管理专业课程,家国情怀与职业素养这两个一级目标必须融入教学大纲中。

整体课程思政目标确立后,需要一一梳理每一门专业课程思政具体目标,以家国情怀与职业素养为导向,深入挖掘和梳理各类专业课程中的思想政治元素,提炼出每门专业课程的二级目标,通过教学起点、教学内容、教学时间和教学方法等方面的设计,将思政元素通过课程教学设计融入专业课程教学的各环节中,以专业知识为载体进行德育工作,达到价值观念教育与知识教授同频共振。以认真分析大数据与财务管理专业学生的当前思想状态和特征为教学起点,在教学目标设计上强调情感态度和价值观念维度的目标,并结合德育目标加强教学设计的评价、反思和调整。

(二)教学内容

大数据与财务管理专业以家国情怀与职业素养为导向,提炼出"责任担当""科学精神""实践创新"等具体的二级思政目标,为"课程思政"聚焦育人方向,合理设计相应教学环节,将课程思政元素融入学生的学习内容中。例如,"企业纳税实务"结合税费的计算和缴纳等内容,培养学生诚信务实的工作作风,积极践行责任担当;"内部控制与风险管理"结合诚信为本、操守为重、坚持准则、不做假账的会计原则,引导学生树立正确的世界观、人生观、价值观,积极践行科学精神;"财务管理实务"结合货币时间价值、筹资管理、投资管理、收入与分配管理等内容,培养学生认真细致的工作作风,能够将会计职业精神与实践创新有效结合。

同时结合大数据与财务管理专业的特性,我们在人才培养过程中重视学生的实务操作能力,为未来的职业发展打下坚实的基础。鼓励学生参加会计技能大赛、智能财税、财会信息化竞赛等专业技能竞赛,在提升学生专业技能的同时,增强学生的荣誉感、使命感和自信心。另外大数据与财务管理专业在坚持互惠和双赢基础上建立校企合作实践教学基地,与恒生聚源、恒信代理记账公司进行真账实操,并且鼓励学生利用假期进行认识实习、跟岗实习、毕业实习等系列实习环节,培养学生爱岗敬业、吃苦耐劳的职业精神,从而实现"家国情怀与职业素养"的总体目标。

(三)教学方法

专业教师应当注重教学方法和手段的创新,充分利用互联网和新型媒体技术与平台,促进网络信息技术、专业教学、思政元素的深度融合,构建和完善线上平台课程思政资源,实现线上网络互动和线下课程教学育人相结合;创新与课程思政理念相融合的教学方法,综合运用混合式、情境模拟教学和案例教学等多种教学方法。以"财务管理实务"课程为例,专业教师讲授现金管理知识点时,选用"西贝"疫情防控期间现金管理问题、万科地产疫情防疫期间现金管理措施等相关案例,让学生结合疫情背景,加深知识点理解;讲授如何处理企业的社会责任与股东利益之间的冲突时,适时引入"针对疫情,企业该如何处理社会责任和股东利益之间的矛盾?"积极引导学生深入思考,通过学生在讨论区的回答,反映出学生们以社会利益为己任的良好思想风貌等多种方式,巧妙地将情感和价值观念教育融入多样化的课程教学之中,让学生在专业知识的学习过程中深入思考作为一个财务人的使命和责任,潜移默化地实现价值塑造、知识传授与能力培养相统一的教育目标。

(四)教材选用

规范大数据与财务管理专业教材的选用,将国家级、省级规划教材、优秀教材、特色教材等作为教材选用主体,采用辩证的态度,系统梳理相关教材知识体系的脉络、内涵价值观、世界观体系,重点关注教材中的思政元素,服务学生专业知识体系的构建,确保教材质量。

(五)师资队伍

大数据与财务管理专业应当从财会类专业课程教师的选聘入手,构建科学合理的教师选聘方案,选聘教师过程中不仅要考核其扎实的专业知识,还应当考察教师的综合素养,即思想道德方面的情况,并且在思想道德方面具有"一票否决制",这样才可以保证进入教学队伍中的教师可以承担起开展课程思政工作的责任。此外,当教师进入教学队伍中之后要与在岗教师合作,积极吸取他人的成功经验,形成明确的财会类专业课程建设目标。

同时,大数据与财务管理专业应当组织开展加强师德师风建设相关的活动,增强其育人意思,提高教师的思想政治教育素养,引导所有教师树立课程思政理念,积极主动把思想引领和价值观塑造融入课程教学,精研甚至开发有思政内涵的教材,挖掘专业知识背后蕴含的社会价值,有效地将其融入专业教学的施行过程中,推动专业课教师的"善任"。

六、课程思政教学评价

(一)评价对象

评价对象分为教师与学生。其一,在开展教学时,教师是各项活动的策划者与指导者,要想不断提高课程思政教学效果,就应高度重视教师的重要作用。其二,学生是教学活动的主要参与者,要想提高课程思政教学效果,不仅需要注重教师的传授方法,还需分析学生的学习过程。其根本原因在于,开展课程思政教学,是为了进一步提高学生的综合素养,并促进学生全面发展。对此,学生是评价体系中的重要内容。

(二)评价内容

在评价教师时,首先需评价教师的备课过程,分析其中是否传达了正确的道德元素,并考虑其是否与专业知识充分融合;其次需要评价教师的教学过程,分析其是否符合职业道德教育目标;最后应评价教师的教学反思过程,需考量教师对教学道德教育模块的设计结果,并考察教师是否调整了后续教学方案。

在评价学生时,首先应考查学生的自我评价过程,如学生对本专业的未来展望、想要达到的学习目标、自我学习过程等,需结合此类问题设计专门的学业档案,要求学生在完成学习后对自我做出评价;其次需针对学生开展外部评价,如教师对学生的评价、家长对学生的评价等。应细致分析学生的整体情况,并找出其中存在的问题加以整改。

(三)评价方法

在开展课程思政教学时,教师需要运用不同的学习与评价方法,应注重启发学生思维,在教学活动中灵活运用各种教学方法,并结合相应的评价标准,细致衡量教学过程与最终结果。

(四)评价标准

在原来的课程教学质量评价的基础上,还需要增加一些课程思政所特有的元素。在此,提出"五个是否",即:课程思政的教学目标是否明确,课程思政元素挖掘是否到位,思政与专业是否有效融合,课程思政的时效性是否较强,课程思政达成度是否较高。

七、管理制度与保障机制

(一)组织领导

加强组织领导、强化顶层设计,完善相关制度措施、健全工作机构,形成党政齐抓共管、相关部门各负其责的领导体制和工作机制,统筹推进"课程思政"工作。

(二)协同联动

加强教务处、二级学院、教研室等相关教学单位工作联动,明确职责,协同合作,互相联动,确保课程思政工作落到实处。

(三)评价机制

建立科学评价体系,定期对课程思政工作实施情况进行评价,使各门课程思想政治教育功能融入全流程、全要素可查可督,及时宣传表彰、督促整改。

(四)经费支持

学校、二级学院设立专项经费保障课程思政教育教学改革稳步推进,通过项目形式对课程思政工作提供资助,并根据考核结果实施动态管理,确保专项建设项目顺利实施。

（执笔人：张薇　张亮　费含笑）

信用管理专业课程思政教学实践

一、专业课程思政教学的时代背景

2019年2月13日,《国家职业教育改革实施方案》第19条提出:"推进职业教育领域"三全育人"综合改革试点工作,使各类课程与思想政治理论课同向同行,努力实现职业技能和职业精神培养高度融合。"为实现中华民族伟大复兴中国梦,培育践行社会主义核心价值观,围绕立德树人这一根本任务,回答了新时代的大学究竟应该培养什么样的人的问题。大学阶段的专业课程是高职院校的主要课程,把思想政治理论贯穿到专业课程教学当中,共同协作,相互作用,才能真正实现"立德树人"的目标。

近年来,随着经济下行压力增大,经济发展向高质量发展转型升级。思政课程可以从整体上提升大学生思想政治道德素质,因而对大学生的德育培养就显得极为重要。强化职业院校专业课程思政与专业课教学相融合,有助于提升学生教学质量,树立社会主义核心价值观;有助于不断完善和践行课程思政教学改革,构建全方位、多层次、立体化的思想政治教育体系,实现立德树人的根本任务。

信用管理是授信者对信用风险进行科学管理、量化控制的专门技术。信用是金融交易的基础,信贷是经济发展的动力。信用管理是一门多学科交叉的综合性新兴、重点、特色学科,隶属于应用经济学、金融学主干学科。现代信用管理体系是建立在大数据分析、建模和应用基础之上的智能决策系统,涉及经济学、金融学、统计学、管理科学、信息科学、计算机科学等交叉学科。会计学院信用管理专业以世界前沿的大数据信用科学研究为基础,着眼于培养行业急需的高层次金融风险管理和金融科技创新人才,为国家社会信用体系建设服务,重点锻炼学生信用分析和实践创新能力,将学生培养成为有突出特长和国际化视野的高端金融技术技能型人才。在信用管理专业人才培养中,将思政融入人才培养全过程,全面形成广泛开展课程思政建设的良好氛围,全面提升人才培养的质量,特编制信用管理专业课程思政教学指南,指导信用管理专业教学,并为相近专业提供参考。

二、专业课程思政教学的基本理念

在专业人才培养方案课程体系中,为了培养德、智、体、美、劳全面发展的人才培养目标,必须融入思政的理念。通过信用管理专业课程思政的建设,以专业的视野,帮助学生了解信用在市场经济中的作用,能比较全面、系统地掌握信用管理和信用分析的基本理论、基础知识及我国在信用建设中的创新实践;培养能具体运用信用管理知识、具备设计信用产品与提供信用服务的技能、懂信用风险识别与度量技术的经营管理人才和职业技能人才;培养学生具有能运用基本理论知识来识别、阐明、分析、研究、探索当前信用主要问题,特别是我国在经济发展过程中出现、存在的实际问题的能力;培养能独立思考、正确地处理这些问题的能力;弘扬主旋律,树立学生珍惜信用、诚实守信的价值观。

三、专业课程思政教学的培养目标

(一)总体目标

立足当前的教育方针与新时代国家发展要求,面向国家战略需求,培养适应我国信用管理创新研究与教学,遵守明礼诚信的公民基本道德规范,具有坚定的家国情怀、强烈的社会责任感与团队精神、热爱所学专业的人才,使其对职业技能精益求精,格局视野开阔,工作态度严谨认真,勤勉好学,德智体美劳全面发展。扎实推进习近平新时代中国特色社会主义思想和党的二十大的重要思想、重要观点、重大战略、重大举措有机地融入专业教学。

(二)具体目标分解

信用管理专业的课程思政的总目标可分解为 4 个维度目标,包括家国情怀、学科素养、团队协作、职业素养等,具体如下。

1.家国情怀

根据学科优势,开展具有信用管理专业特色的育人环节,宣传我国现代信用制度建设、信用分析技术发展、信用从业人员职业道德建设、信用相关法律法规体系建设等方面成果,使广大学生坚定"四个自信",激发爱国主义情怀和民族自豪感。组织开展中华优秀信用文化专题,激发学生传承民族文化、弘扬民族精神的历史责任与担当。

2. 学科素养

(1) 法治意识

融入社会主义核心价值观的法治元素。法治对企业发展起着引领、规范和推动作用，企业在进行筹资、投资、信用管理等过程中必须遵守国家的法律法规，引导学生树立法治意识。同时，讲授信用行业相关的各类法律法规、政策文件、职业道德操守，培养学生的法律意识、规则意识、权利意识、责任意识。

将能够体现国家最新的经济动态、经济政策，属于经济改革中的难点和热点的上市公司财务造假经典案例融入课堂教学，帮助学生正确理解相关财务信息披露规范的要求，引导学生讲真话、做真账，敬畏法律、遵守规则，万万不可抱着侥幸的心理试探法律的底线。

(2) 实践意识

引导学生直接参与老师的社会实践项目，解决征信与评级项目中出现的实际问题与操作方法。

(3) 风险意识

诚信是建立社会主义和谐社会的内在要求，任何人或者机构需在风险管理过程中保持最大限度的诚意，双方都应恪守信用，互不欺骗和隐瞒，引导学生诚信立身、诚信做人、诚信创业，提高学生的思想道德修养。

3. 团队协作

通过真实的上市公司信用分析实训、企业实地调研等实践教学环节，建立分工合作、独立的考核制度，培养学生的团队精神、协作精神与奉献精神；实行德育、技能双考核，全面评价学生，培养学生自信心，挖掘学生潜力。

4. 职业素养

培养学生在信用评分与评级操作中，起点公正、过程公正、结果公正、程序公正的职业规范。

正确解读企业财务报告，深入分析企业所处的宏观经济环境和行业环境，把握企业发展战略对策。帮助学生建立一种普遍联系的思维方式及模式，引导学生对公司面临的政策和市场环境、所在行业的发展现状及前景进行分析，在国家宏观政策、行业分析等基础上对企业的竞争优势与劣势进行分析，培养学生对国家形势与政策等的认知能力，引导学生理解中国在经济、社会等各领域取得的巨大成就，培养学生的爱国情怀。

解读企业的信用政策，透视企业数据的真实性，通过财务比率分析对企业经营管理各方面加以全面了解，从而对企业的信用现状进行评估。

四、面向课程思政的专业课程体系

(一)设计依据

1. 三全育人的要求

在学科内容方面,既要充分体现信用学科的本质和价值,又要展现学科的核心思想和独特视角;在社会需求方面,既要响应国家发展对信用管理专业人才培养提出的要求,呈现信用前沿与思政育人环节的联系,又要体现学科与社会发展的关联;在学生培养方面,既要适应其未来发展需求,实现专业知识与课程思政的有机融合,又要提升学生的政治素养与专业能力。

2. 学科发展的需求

《中华人民共和国国民经济和社会发展第十三个五年规划纲要》(国家"十三五规划" 2016—2020 年)用整整一章的篇幅强调完善社会信用体系的重要性,健全信用信息管理制度,强化信用信息共建共享,健全守信激励和失信惩戒机制,培训规范信用服务市场。随着社会信用体系建设的不断推进,新的信用建设实践和知识领域不断涌现。为了帮助学生了解信用管理学科的前沿动态,依托金融高水平专业群建设,按照"书证融通,构建多层次、互通式的专业群课程体系"的总体原则进行课程设置。在岗位职业能力分析的基础上,按照"专业群共享课程＋专业特色课程＋岗位能力迁移课程＋证书培训课程"的架构,系统设计专业群课程体系,培养学生综合素质,使毕业生在获得学历证书的同时亦获得 2～3 本职业技能等级证书。

(二)课程结构

信用管理专业课程结构如图 9-1 所示。

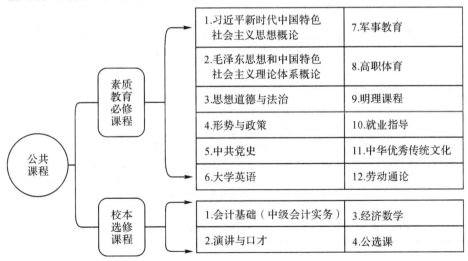

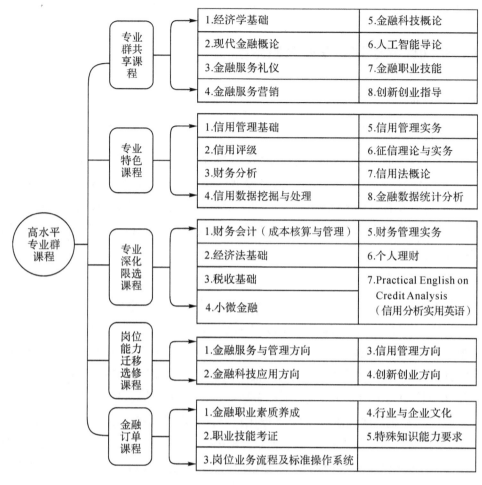

图 9-1　信用管理专业课程结构

(三)专业课程的相关课程信息及课程思政育人目标

信用管理专业课程的相关课程信息及课程思政育人目标示例如表 9-1 所示。

表 9-1　信用管理专业课程的相关课程信息及课程思政育人目标示例

序号	课程名称	课程目标	主要教学内容	主要教学要求	课程思政育人目标
1	信用管理实务	以信用管理岗位群的职业能力培养为目标,以岗位典型工作任务为载体,培养学生信用信息采集、信用分析和信用报告理解等能力	1. 宏观层面,主要学习信用管理基础理论,组织信用管理工作,熟悉社会信用体系的框架、我国社会信用体系的建设与发展	主要考核学生对企业信用管理基础理论、分析方法、解决方案的掌握情况,要求能够运用信用管理理论去分析一些经济问题	1. 在育人内容方面,坚持职业操守为重及独立、客观、公正的信用管理工作原则,引导学生多渠道收集企业的信用信息,并对信息进行分析,熟悉企业的信用管理实践操作,积极践行社会主义核心价值观,将个人职业理想与社会担当有机结合

序号	课程名称	课程目标	主要教学内容	主要教学要求	课程思政育人目标
		要求学生能运用相关专业知识与业务技能进行企业信用信息的采集、企业信用状况的评价,并能够防范信用风险	2.微观层面,主要学习信用管理岗位的业务操作技巧,要求学生通过学习本门课程能够达到企业信用管理岗位的相关要求 3.强化互联网、信息化等知识的应用,能够较好地运用现代信息技术和互联网平台查询企业信用信息		2.在育人方法方面,通过项目教学法、案例研讨法、情境教学法、角色扮演法等,将典型工作任务、经典案例融入课堂教学,帮助学生正确运用信用分析职业判断,解决客户信用风险的识别问题 3.在育人实践方面,通过学生参与实际信用项目、企业实地调研、网络舆情调查等实践教学环节,帮助学生认知职业工作环境,熟悉岗位工作任务、建立信用管理职业认同,培养学生合法合规、勤勉尽责、严谨科学的信用分析工匠精神
2	信用评级	通过本课程的教学,学生能够运用经济学、工商管理、会计学的专业知识分析企业信用风险,具备撰写信用评级报告的文字表述能力,全面达到信用评级机构企业信用评级工作岗位的职业能力要求	1.主要学习信用评级的基本理论和实务操作技能,能够对受评企业开展简单的信用评级 2.能够较好地运用现代信息技术和互联网金融终端平台收集受评企业信息,并撰写信用评级报告	企业信用评级符号识别、企业信用等级划分、企业信用评级评定等,要求学生能够独立编写一份简单的信用评级报告,根据报告提出风控建议	1.在育人内容方面,坚持职业操守为重及独立、客观、公正的评级工作原则,引导学生树立正确的世界观、人生观、价值观,积极践行社会主义核心价值观,将个人职业理想与社会担当有机结合 2.在育人方法方面,通过项目教学法、案例研讨法、情境教学法、角色扮演法等,将典型工作任务、经典案例融入课堂教学,帮助学生正确运用信用评级来进行专业判断,解决企业、金融机构等各类评级主体的关键风险识别问题 3.在育人实践方面,通过学生参与实际评级项目、企业实地调研、网络舆情调查等实践教学环节,帮助学生认知职业工作环境,熟悉岗位工作任务、建立信用评级职业认同,培养学生合法合规、勤勉尽责、严谨科学的信用评级工匠精神

续 表

序号	课程名称	课程目标	主要教学内容	主要教学要求	课程思政育人目标
3	财务分析	培养学生从事会计核算和会计事务管理工作所必需的财务分析知识和基本技能,帮助学生了解财务报告的作用,提高学生综合分析、评价、运用财务数据的能力,为进一步学习专业知识和职业技能,提高综合素质打好基础	1.掌握财务分析的概念、作用,财务分析的目标 2.掌握财务分析的程序与基本方法,熟悉财务分析信息收集的方式方法 3.掌握资产负债表、利润表、现金流量表的内容,掌握三大报表阅读与分析的过程和内容 4.掌握盈利能力比率指标、营运能力比率指标、偿债能力比率指标、发展能力比率指标的计算分析原理,并能加以推广理解 5.掌握杜邦分析法及其实用价值与原理 6.掌握财务比率综合分析法的原理与运用价值	能够运用所学知识,结合相关资料进行资产负债表、利润表、现金流量表的阅读与分析,并结合四大比率指标和杜邦分析法进行综合分析	1.在育人内容方面,增加了行业分析和公司战略分析的内容,让学生建立一种普遍联系的思维方式及模式,引导学生对公司面临的政策和市场环境、所在行业的发展现状及前景进行分析,在国家宏观政策、行业分析等基础上对企业的竞争优势与劣势进行分析,培养学生对国家形势与政策等的认知能力,引导学生理解中国在经济各方面取得的巨大成就,培养学生的爱国情怀 2.在育人方法方面,通过项目教学法、案例研讨法、情境教学法、角色扮演法等,将能够体现国家最新的经济动态、经济政策,属于经济改革中的难点和热点的上市公司财务造假经典案例融入课堂教学,帮助学生正确理解相关财务信息披露规范的要求,引导学生讲真话、做真账,敬畏法律、遵守规则,万万不可抱着侥幸的心理试探法律的底线 3.在育人实践方面,通过真实的上市公司财务分析实训、企业实地调研等实践教学环节,建立分工合作、独立考核制度,培养学生的团队精神、协作精神与奉献精神;实行德育、技能双考核,全面评价学生,培养学生自信心,挖掘学生潜力
4	信用数据挖掘与处理	课程以培养学生信用数据挖掘技能和处理技巧为目标,要求学生能够运用合适的技术抓取信用信息并对信息进行处理和分析	1.能够较好地运用现代信息技术和互联网金融终端平台搜集信用信息,并用相关软件进行数据处理 2.能够对各类型信用报告进行分析,并能完成一份质量较高的信用报告	1.互联网信用数据抓取 2.信用数据处理与分析 3.信用报告的分析 4.信用报告的撰写	1.在育人内容方面,结合诚信为本、操守为重、坚持准则、不做假账的会计工作原则,引导学生树立正确的世界观、人生观、价值观,积极践行社会主义核心价值观,将个人职业理想与社会担当有机结合 2.在育人方法方面,通过项目教学法、案例研讨法、情境教学法、角色扮演法等,将典型工作任务、经典案例融入课堂教学,帮助学生正确运用数据预处理、分类技术、预测、聚类技术、异常数据挖掘等数据处理方法,解决数据清洗、数据预测、数据挖掘问题 3.在育人实践方面,通过虚拟仿真实训、实地调研等实践教学环节,结合具体案例介绍模型与方法的应用,帮助学生认知职业工作环境,熟悉岗位工作任务、建立职业认同,培养学生客观公正、严谨细致的信用数据处理工匠精神

序号	课程名称	课程目标	主要教学内容	主要教学要求	课程思政育人目标
5	征信理论与实务	课程以培养学生的征信能力为目标,要求学生能够采用大数据等新技术对企业信用、个人信用和互联网金融进行征信	1. 掌握征信的定义、种类 2. 掌握个人征信产品的种类及应用 3. 掌握企业征信产品的种类及应用 4. 熟悉权益主体保护的法律规定	1. 个人信用评分 2. 个人信用报告解读 3. 企业征信报告解读 4. 跨境数据征信	1. 在育人内容方面,坚持职业操守为重及准确、及时、保密的征信工作原则,引导学生树立正确的世界观、人生观、价值观,积极践行社会主义核心价值观,将个人职业理想与社会担当有机结合 2. 在育人方法方面,通过项目教学法、案例研讨法、情境教学法、角色扮演法等,将典型工作任务、经典案例融入课堂教学,帮助学生正确进行征信判断来解决个人、企业、金融机构等各类征信主体信息可靠性、安全性、及时性等问题 3. 在育人实践方面,通过学生参与实际征信项目、企业实地调研、网络舆情调查等实践教学环节,帮助学生认知职业工作环境,熟悉岗位工作任务、建立征信职业认同,培养学生合法合规、勤勉尽责、严谨科学的现代征信岗位的工匠精神
6	金融数据统计分析	通过课程学习,学会利用海量金融数据对金融理论进行实证分析,掌握在处理实际金融数据时所需的计量方法和计算机基础	1. 金融数据概述 2. 平稳时间序列分析 3. 非平稳时间序列分析 4. 波动率分析 5. 股票回报率预测等	1. 能够掌握金融数据的实证特征 2. 能用计量软件检验有效市场假说 3. 能分析金融模型的性质 4. 能分析现实金融数据的波动性	1. 在育人内容方面,坚持职业操守为重及准确、及时、保密的大数据分析工作原则,引导学生树立正确的世界观、人生观、价值观,积极践行社会主义核心价值观,将个人职业理想与社会担当有机结合 2. 在育人方法方面,通过项目教学法、案例研讨法、情境教学法、角色扮演法等,将典型工作任务、实务经典案例融入课堂教学,帮助学生正确运用大数据来进行专业职业判断,解决大数据采集、分析等问题 3. 在育人实践方面,通过学生参与企业实地调研、网络舆情调查等实践教学环节,帮助学生认知职业工作环境,熟悉岗位工作任务、建立金融数据分析职业认同,培养学生合法合规、勤勉尽责、严谨科学的金融数据统计与分析岗位的工匠精神

五、课程思政教学实施

(一)教学设计

将"思政"元素纳入人才培养方案和各类实习实践方案的培养目标,创设双要求"课程思政"培养目标。一方面,在人才培养方案的培养目标和培养规格模块中加入思政和德育要求,将思政和德育贯穿于专业课程体系,充分挖掘通识学习模块、专业学习模块、专业拓展模块、素质教育模块中的"思政"元素。另一方面,在校企合作的办学模式下,充分发挥企业的优势,将思政和德育要求纳入各类实习实践方案的培养目标中。

将课程思政目标中的家国情怀和学科素养融入课程教学大纲中。每一门课程的思政教学目标确立后,要贯穿于整个课程教学大纲的设计中,在教学内容、教学方法、教学评价等方面均对课程思政给予支撑。在设计课程教学大纲时,合理安排思政元素在整个课程教学章节的分布,避免将思政元素简单地堆砌在某一章节。教师需要深度挖掘、梳理现有专业教学案例中的思政元素,发掘富有学科特色的思政元素,并在教学过程中有意识地、自然地运用。

(二)教学内容

教师针对信用管理专业的学术,在传授专业知识的过程中,明确将专业性职业伦理操守和职业道德教育融为一体,给予其正确的价值取向引导,以此提升其思想道德素质及情商能力。

教师在课程教学过程中,结合信用管理专业特点,将社会主义核心价值观的基本内涵、主要内容有机、有意、有效地纳入整体教学布局和课程安排,做到专业教育和核心价值观教育相融共进,引导学生做社会主义核心价值观的坚定信仰者、积极传播者、模范践行者。

信用管理专业课程思政内容如表9-2所示。

表9-2 信用管理专业课程思政内容

课程类型	课程思政内容
公共素质类课程	围绕"习近平新时代中国特色社会主义思想概论""毛泽东思想和中国特色社会主义理论体系概论""思想道德与法治"3门课程深入挖掘思政元素,充分发挥课堂教学的育人功能,引导学生增强四个自信;"明理课程"的讲授能够引导学生树立正确的三观,帮助学生树立良好的职业素养与价值观念;通过"中华优秀传统文化"各个模块知识的讲授,传承中华民族精神,弘扬优秀文化传统,培养学生的爱国主义情操和建设社会主义现代化的历史使命感,提高学生的人文素养、职业素养和专业素养

课程类型	课程思政内容
专业类课程	1. 树立学生对中国特色征信制度探索的勇气、自信与创新精神,运用国际征信体系方法和经验,解决中国征信发展中的问题 2. 树立学生正确的市场服务意识及世界观、人生观、价值观,维护市场诚信,维护客户和雇主的权利,平等对待客户,公平进行业务操作 3. 培养学生在信用评分与评级操作中起点公正、过程公正、结果公正、程序公正的职业规范 4. 讲授信用行业相关的各类法律法规、政策文件、职业道德操守,培养学生的法律意识、规则意识、权利意识、责任意识 5. 宏观环境分析培养学生普遍联系的思维方式和国家经济政治形势认知能力 6. 以小组分工合作实训教学模式培养学生的组织协调能力和团队协作能力 7. 培养学生热爱所学专业、对职业技能精益求精的精神,开阔其格局视野,培育其严谨认真、勤勉好学的工作态度和学习态度
社会实践类课程	通过真实的上市公司信用分析实训、企业实地调研等实践教学环节,建立分工合作、独立考核的制度,培养学生的团队精神、协作精神与奉献精神

(三)教学方法

信用管理专业长期以来通过服务国家和社会经济发展的需求,在创新实践的基础上,学科理论和方法体系不断发展。因此,在课堂教学过程中,引入与授课知识点相关的信用实践案例辅助教学,可大大激发学生的学习热情。案例教学和实践教学是信用管理专业学科的一大特点。

(1)以"传承创新"为核心理念梳理、重构信用管理专业课程教学案例。诚实守信,是为人之本,是中华民族的传统美德。守信是诚实的一种表现。遴选中国守信经典故事,结集成册,引导学生研读。依托社团组成信用进社区团队,向居民宣传诚信知识,让学生了解信用、传播信用、爱护信用,营造诚信友好的社会氛围。

(2)通过项目教学法、案例研讨法、情境教学法、角色扮演法等,将能够体现国家最新的经济动态、经济政策,属于经济改革中的难点和热点的上市公司财务造假经典案例融入课堂教学,帮助学生正确理解相关财务信息披露规范的要求,引导学生敬畏法律、遵守规则,万万不可抱着侥幸的心理试探法律的底线。

(3)引导学生直接参与老师的社会实践项目,体验征信项目及评级项目中出现的实际问题,学习操作方法。

(四)教材选用

以教育部认定的专业教材为基础,以我国优秀经典教材支撑专业教学。使用合理、合法、合规的教材,确保教材政治立场、价值导向、科学性等方面符合要求。结合浙江省情省史,建设一批具有浙江特色的课程教材资源。做好课程思政类特色鲜明的规划教材、新形态教材的编撰、遴选与立项建设工作。以优秀教材推动社会主义核心价值观、诚信精神等落地生根。

(五)师资队伍

(1)组建一支结构合理、人员稳定、教学水平高、教学效果好的教师团队。

(2)教师能坚持正确的政治方向,具有过硬的专业知识素养和政治理论素养,课堂讲授过程条理清晰,语言准确生动,与学生有良好的互动,体现出良好的风貌。

(3)教师有良好的思想品德、职业道德、责任意识和敬业精神,在教学中坚持教育与育人相统一,坚持言传和身教相统一,坚持潜心问道和关注社会相统一,坚持学术自由和学术规范相统一。

六、课程思政教学评价

(一)评价对象

1. 对学生的评价

(1)对学生回答问题、评价问题的情况给予评价。

(2)对学生思政收获的评价(讨论的贡献度,思维、逻辑、观点输出等)。

2. 对教师的评价

(1)教师在教学活动中对学生思想观念和价值观方面所产生的影响。

(2)教师基于学生思想发展这一核心,对教学过程进行反思、改进,更有效地激发学生的学习兴趣,提升学生的获得感。

(二)评价内容

根据教学质量国家标准和专业培养特点,信用管理类专业课的课程思政在师资水平及发展、课程设计、教学内容、教学实施过程、学生认知和成长发展等 5 个维度上构建评价指标体系(见表 9-3)。

表9-3　评价指标体系

一级指标	二级指标	观测点	评价
师资水平	思政意识	1.教师专业课程思政的育人意识 2.教师开展教学改革和创新的能力，研究学生的能力和对课程思政教学活动的驾驭能力	定性
	教育教学水平	1.教师获教学名师等荣誉称号情况 2.教师主持课程思政示范课或优秀教学案例情况 3.教师主持课程思政教改项目和发表教改论文情况 4.教师参加课程思政教学比赛情况	定量
	团队建设	1.教师参加专业课程思政团队及团队获荣誉称号情况 2.团队围绕培育青年教师、提高团队思政育人能力采取措施和建立制度的情况	定量
师资发展	师资培训	1.教师参加分层次（按工作经验、教学能力等）的课程思政专题培训和进修情况 2.教师参加不同层次课程思政教学沙龙和展示活动情况	过程性评价
	团队发展	1.教师参加课程思政集体备课情况 2.教师团队围绕课程思政开展教学技能教研活动和学习情况	过程性评价
课程设计	思政教学目标	1.课程依据自身特点，明确思政培养目标和育人功能的情况 2.课程支撑专业思政育人目标的情况 3.课程的思政育人目标与课程群、课程体系中其他课程相互支撑的情况	定性
教学内容	思政内容与知识点	1.梳理、量化思政元素融入课程知识点的情况 2.社会主义核心价值观、中国传统文化、科学思维方法训练、职业道德等课程思政育人内容在课程中的分布情况	定量
	教学大纲	1.教学重点和难点融合思政内容的情况 2.依据课程特点，体现课程思政的内容重点和特点 3.教学内容、基本要求与学时分配情况	定量
	教材建设资源	1.建设有课程思政内容的专业课程教材和教学案例的情况 2.选用有课程思政内容的教材和教学案例情况 3.具备内容丰富、形式多样的课程思政辅助性教学资源的情况	定量
教学实施	教学模式	1.课程开展线上教学、翻转课堂获线上线下混合式教学的情况 2.教学中采用小组合作学习模式的情况	定性
	教学方法	1.教师对教学方法重要性的认识程度 2.教学方法多样性，注重师生互动，激发学生主动性 3.运用多种教学方法开展课程思政教学的情况	定性
	教学手段	信息技术与课程思政教学内容融合的情况	定性
	课程考核	1.蕴含课程思政元素的作业、考试、实践/实验报告或课程论文等 2.教师的考核、评价或反馈注重育人元素的情况	过程性评价

续 表

一级指标	二级指标	观测点	评价
学生认知	知识获得	1.学生对专业课程教学的知识获得程度 2.思政育人与知识传递的相辅相成,学生对思政内容的知识获得程度 3.学生对专业知识获得和能力提升的自我评价	过程性评价
	情感获得	1.学生对授课教师的情感认同程度 2.学生对课程思政教学中涉及社会主义核心价值观、中华优秀传统文化、科学思维方法的训练等思政元素的情感认同程度 3.学生报效国家的家国情怀和使命担当的情感认同程度	过程性评价
	课堂内外行为表现	1.学生在课堂内外思政实践活动中的行为表现 2.学生参与学科竞赛、创新创业项目等高阶认知学习实践互动,践行知行合一,提升创新和实践能力的情况	过程性评价

(三)评价方法

课程思政的考核应与课程思政的改革精神和育人目标相匹配,以"隐性考核"为主体思路,将对课程思政的育人成效考核以溶盐入汤式的方法,细腻无形地融于专业课程的过程性评价与结果性评价之中。比如,借由精心设计的课堂汇报、课堂讨论或课后作业,考查学生对不同思政维度的理解与接受度;在期中、期末考试中,将思政元素融入开放性考题中等。

(四)评价标准

根据信用管理专业实际情况,对教学目标、教学内容、教学方法、教学情境设置和教学考核的手段进行定性或量化评价,通过检查教学大纲和教案、随堂听课、分析教学反馈等方法,因地制宜,建立覆盖教学全过程的课程思政评价体系。

主观描述性反馈是课程思政评价的一种实际可行的评价方式。可采用不同形式收集学生对本课程或者本次课的描述性评价,并从一定数量样本的描述性反馈中评价教师的课程思政教学的优缺点和效果。从具体操作角度,教师可以在重要教学环节结束后,或者期中或期末布置并收集学生对于课程教学、专业必要性和学习本专业意义等具体问题的实名或匿名评价。

对社会实践活动进行评价,应以学生的自我记录、自我小结、自我反思为主,吸引学生、教师、家长、社区工作人员等共同参与,关键要看核心素养是否得到提升,学习内容是否明确,活动设计是否合理,活动组织是否恰当,活动资源是否充分利用,学生的主体性、创造性是否得到充分发挥,学生的交往能力是否得到增强,学生是否有获得感、成就感等。

七、管理制度与保障机制

(一)管理制度

1.完善理念引导制度,强化教师对课程思政建设重要性的理性认知

形成思想政治教育嵌入教学的理念引导制度。除了理论传播和政策宣传外,尤为重要的是要形成同学科、同教研室内的常态化研讨制度。

2.构建责任落实制度,提升课程思政教学主体的思想政治教育能力

在专业课教师群体中构建一手抓专业课教学、一手抓课堂思想政治教育的"一岗双责"制度,促使其在教学中明确自身的责任与担当,也要基于专业课教师履责的动态过程,形成一套全方位的责任落实制度。

3.完善协同配合制度,促进课程思政相关教学主体深度参与

在专业课教师同思政课教师之间形成定期协同备课制度,在专业课教师和思政课教师之间形成知识互补效应。在专业课教师同思想政治教育工作行政部门之间形成意见反馈制度,为专业课教师提供更加丰富的思想政治教育信息和素材。

4.构建资源整合制度,实现专业课教学体系中思想政治教育内容的显性化

(1)形成激励性的资源挖掘制度

设置针对性的教学研究课题、鼓励通过教学研究形成专业课思想政治教育的文本材料、举办学科内部思想政治教育资源提炼的说课比赛等,以外部激励提升专业课教师参与资源挖掘的主观动力,进而为课程思政的发展提供充分的资源准备。

(2)形成动态的资源整合制度

实践创新无止境,理论创新亦无止境,这决定了专业在挖掘思想政治教育资源的基础上,还要通过制度构建实现资源的动态调整,如定期筛查、根据国家政策及实践需要查漏补缺等,确保专业课教学体系内的思想政治教育资源能紧随时代发展的步伐,在资源体系不断外显和完善的过程中推进课程思政发展的持续化。

5.构建动态评估制度,形成课程思政运行状况的科学评估体系

(1)在课程思政建设的评估标准上,以授课对象的满意度为核心指标,建立教学内容和模式的动态评价制度,提高教学实效性,以此作为创新教学理念的重要依据。

(2)在课程思政建设的评估内容上,要基于管理过程和专业课的具体实际,从课程思政的管理手段、责任主体、资源分类、协作状况及教学效果等方面入手,从整体上对专业课程思政的建设水平进行考量。

(3)在课程思政建设的评估方法上,为确保评估过程的科学性,应以开放的姿态和眼

光,着力形成多元主体参与评估的发展格局,在实践中既可以由高校课程思政管理主体展开"自上而下"的评估,也可以由作为受教育对象的大学生群体进行"自下而上"的评估。此外,还可邀请思政课教师对课程思政的教学过程进行专业性评估,多举措促进高校课程思政建设水平的提升。

(二)保障机制

课程思政是系统工程,需要自上而下的探索与推动。

1. 学校顶层设计

思政元素融入专业教学,涉及一系列教育教学中的实施环节和资源、工作调度,只有在学校管理层的高度重视、积极研究和实践推动过程中,才有可能落实。可以通过建立融入指导小组、推动相关理论研究、开展教师融入培训、组织联合小组攻关、引导撰写课改方案、安排教改观摩、提炼总结融入方法等加强顶层设计。

2. 分院推动专业提高

组织学习相关思政理论、讨论如何挖掘本学院各专业教学中的思政元素、安排观摩思政元素融入专业课程的教学、组织师生撰写和思想素养相关的各类案例(故事)等。要更新理念,领悟"课程思政"的内涵,发挥职能部门的作用,让思政元素贯穿育人链条,落实到具体的人才培养上,落实到学院、专业、人才培养方案、人才培养目标上,抓准体现学校专业特色的课程主线,推进"课程思政"教学方法改革。

3. 教师积极尝试课程思政教学改革和创新

专业教师在课程思政教学改革中,要围绕"课程思政"目标,努力掌握思政元素,抓好教学平台、潜在专业通道和创新教学环节等三大融入载体,引导学生正确做人和做事。

在课程思政教学创新上,每一门课程,每一位老师,都可以在自己的课程中推进"课程思政"的改革,对课程内容进行拔高,提炼课程的思政元素,在授课及第二课堂的过程中,提炼文化基因和价值范式、传递正能量,上出专业课的温度,提升教学的感染力和效果,使得专业课在传播专业知识的同时,成为社会主义核心价值观、科学精神、传统文化、爱国情怀教育的生动教学载体。

（执笔人：于玲燕　张惠君）

工商企业管理专业课程思政教学实践

一、专业课程思政教学的时代背景

教育事业是增强国家综合实力的关键工作,立德树人是中国特色社会主义教育的主线,应融入思想道德教育、文化知识教育、社会实践教育各环节。课程思政是发挥课堂教学育人的主渠道,有助于全面提升大学生的思想道德水平和政治觉悟。随着我国经济的快速发展及社会组织的多元化,企业对工商企业管理人才的综合素质提出了更高的要求,不仅要求管理人员有非常扎实的专业基本功,还对其职业素质提出了更高的要求。

工商企业管理专业自身的课程内容及企业对本专业人才的需求决定了专业课程思政教育是刚需,在人才培养过程中应自觉融入专业课程思政教学。通过潜移默化的形式实现对学生的思想政治教育,提高学生的思想政治素养,为大学生营造良好的学习环境,提高其遇事分析与处理的能力,促进大学生拥有独立的思维、健康的心理,培养知识面宽、实践能力强、思想素质高、具有创新精神和创业意识的新时代高素质技术技能人才。

二、专业课程思政教学的基本理念

(一)以立德树人为中心

要用好课堂教学这个主渠道。所有课堂都有育人功能,不能把思想政治工作只当作思想政治理论课的事,其他各门课要守好一段渠、种好责任田。要把做人做事的基本道理、把社会主义核心价值观的要求、把实现民族复兴的理想和责任融入各类课程教学之中,使各类课程与思想政治理论课同向同行,形成协同效应。坚持把立德树人作为中心环节,把思想政治工作贯穿教育教学全过程。

(二)以培养有用之才为根本任务

专业教育首先必须把培养社会主义建设者和接班人作为根本任务,培养一代又一代拥护中国共产党领导和我国社会主义制度、立志为中国特色社会主义奋斗终身的有用人才。工商企业管理专业立足团队精神和诚信为本的个人品质和职业素质的培养,梳理各门专业课程所蕴含的思想政治教育元素和所承载的思想政治教育功能,融入课堂教学各环节,实现思想政治教育与专业知识教育的有机统一。要把课程思政作为提升教师自身执教能力的重要方面,持之以恒,久久为功。

(三)以红色文化为主要内容

围绕"做人做事的基本道理、社会主义核心价值观的要求、实现民族复兴的理想和责任",挖掘好课程自身所蕴含的思政元素,有机融入课堂教学。在教学中渗透个人和他人相处之道——尊重他人、善待他人,学习换位思考等;分析今天社会的主流价值追求,提倡什么,反对什么,鼓励学生展开热烈的讨论,在讨论中分辨是非。也要引导学生学习正确看待今天的中国、今天的世界及今天中国和世界的关系。引导学生在案例讨论中明辨是非,在历史比较中树立道路自信、理论自信、制度自信、文化自信,在实训练习中学习团队合作和与人相处的方法,在社会实践中学习和积累工作经验。

三、专业课程思政教学的培养目标

(一)总体目标

专业课程思政总体目标是要使学生在学习专业知识的过程中,自觉加强思想道德修养,提高政治觉悟,拥护中国共产党领导和我国社会主义制度,具有深厚的爱国情感和中华民族自豪感;培养符合社会主义核心价值观的职业道德,具有集体主义精神,身心健康的有为青年,能够担当民族复兴的理想和责任,立志为中国特色社会主义事业奋斗终身。扎实推进习近平新时代中国特色社会主义思想和党的二十大的重要思想、重要观点、重大战略、重大举措有机地融入专业教学。

(二)具体目标分解

1. 素质目标

培养学生树立共产主义理想信念,树立为建设高质量发展的社会主义国家而努力奋斗的目标,鼓励他们追求未来的美好生活;培养学生的公民素质,包括正确的是非观念和法律意识,遵纪守法的自觉行为,主动的社会参与意识和强烈的社会责任感;培养学生开朗乐观、善良友爱、积极热情的良好品质,做到困难面前不退缩,在成绩面前不骄傲,不忘初心坚持到底的意志品质;培养学生一定的专业素养,包括集体意识和团队合作精神,良好的行为习惯和自我管理能力,以及诚实守信、爱岗敬业、精益求精的工匠精神;培养学生的人文素养和审美情趣,尊重并自觉遵守社会道德规范,成为推动社会文明发展的积极力量;培养学生健康的体魄、健康的心理和健全的人格,养成良好的健身和卫生习惯;培养学生发展的意识和创新创业的思维。

2. 知识目标

培养学生掌握社会生活所必需的基础知识,包括一定的法律法规知识,培养学生掌握企业管理相关岗位工作所需要的基础知识,包括管理学、经济学的基本理论和基础知识,人力资源管理、企业行政管理和门店管理的基本理论和基础知识,以及市场营销、电子商务的基本理论和基本知识;培养学生掌握从事经济相关工作所需要的基础知识,包括企业经营逻辑、商务礼仪规范和新媒体运行规律等,还包括一定的金融知识、理财知识和财务管理等知识;了解与企业经营活动相关的法律法规和视觉营销的基本要求;了解企业创业的各环节工作和相关知识。

3. 能力目标

培养学生具有较强的商务沟通和人际交流能力;具有一定的项目管理、团队建设、客户服务、资源协调的能力;具有一定的线上线下开展市场营销、宣传推广、视觉营销的能力;具有一定的数字化工具使用能力,商业数据收集和分析能力;具有一定的创新创业方向选择能力,目标、战略制定能力和方案执行能力;具有一定的财务规划和投资能力;培养学生终身学习及适应环境变化的能力。

四、面向课程思政的专业课程体系

(一)设计依据

1. 思政建设

随着网络技术、数字技术和智能技术的不断发展,大量的岗位将被机器所替代,职业人的能力构成会发生很大变化。机器能够替代越来越多的人的智能活动,而那些不能被替代的智能变得日益重要。今天,适应环境飞速发展的学习能力,已经和现代学校教育主要培养的逻辑、推理等能力一起构成人才的底层能力,而如交流、共情、想象、创新等能力则变身为衡量人才竞争力的主要方面。高职教育要适应当前人才类型的多元化变化倾向,人才能力权重的变化趋势表明教育不再只是为经济社会发展培养建设者,也是为了帮助人们实现自我价值。即高职教育兼顾社会经济发展的需要和人自身发展的需求,激发人的创造力,满足人民群众对美好生活的向往和追求。

实施课程思政就是开展协同育人，为了实现立德树人，要"育人"先"育德"，注重传道授业解惑、育人育才的有机统一，教书与育人同行，专业能力培养与社会需求同向同行。在技术高度发达的今天，社会高度分工，社会结构日益复杂，实施课程思政就是培养学生正直、善良的品质和奉献精神，并自觉约束和规范自己的行为，自觉抵制各种诱惑，不逾矩，不越雷，以社会的利益、人民的利益为重；作为普通人，与人友爱相处、互帮互助、为自己创造幸福，也为社会和谐发展做出贡献。如今已经进入自媒体时代，人们获取信息日益方便，渠道也日益多元化，同时也使信息纷繁复杂、真假难辨，这就要求人才培养还要关注如何提高学生辨别是非的能力。

2.专业发展

企业是社会结构的重要组成部分，在社会经济发展中发挥着重要的作用。当前我国全面推进社会主义现代化建设，正从制造业大国向制造业强国迈进。制造业是国家经济命脉所系，要坚定不移地把制造业和实体经济做强做优做大，要加快建设制造强国。制造业和实体经济的发展，离不开管理人才的储备。如果说制造业和实体经济是国民经济的支柱产业，那么管理人才的培养就是社会发展的重要保障。工商企业管理专业课程体系建设要紧紧跟随新技术发展和制造业转型升级的步伐，人才培养知识体系要体现智能化和数字化的制造业技术发展趋势，能力培养要围绕制造业转型升级发展的要求。

3.学生发展

管理人才的成长离不开实际工作的历练，需要在实践中摸爬滚打；在今天这个技术突飞猛进的时代，学习能力的培养是必不可少的。这就提示我们在课程体系设计时要兼顾学生知识的掌握和学习能力的提升，兼顾学生知识量的积累和实践能力的提升，还要兼顾学生毕业能力和发展能力的培养。

（二）课程结构

工商企业管理专业的课程体系由公共素质类课程、专业类课程和社会实践类课程构成，按照教育部《高等学校课程思政建设指导纲要》要求，培养德智体美劳全面发展的社会主义建设者和接班人，所有课程都应该具有一定的思想政治教育功能，传递和塑造价值，强化育人功能，提升育人实效。构建公共素质类课程与专业类课程相统一的课程思政教育体系，充分挖掘专业课程的思政元素，将思想政治工作融入专业课程教育中，将价值塑造、知识传授和能力培养有机融合，达到潜移默化、春风化雨的育人效果。构建包括思想政治理论课、通识课程和专业课程在内的思政课程和课程思政同向同行的三全育人体系（见图10-1）。

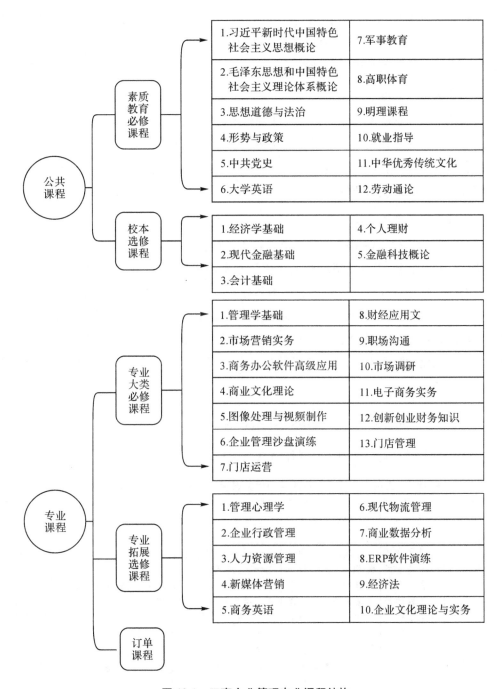

图 10-1 工商企业管理专业课程结构

1.公共素质类课程思政

公共类素质课程中的思政教育课程包括"习近平新时代中国特色社会主义思想概论""毛泽东思想和中国特色社会主义理论体系概论""思想道德与法治""形势与政策""中共党史""中华优秀传统文化"等高校思想政治理论课。思想政治理论课是落实立德树人根本任务的关键课程,思政课教学涉及马克思主义原理、科学社会主义,涉及政治、经济、文化、社会发展,涉及国情、党情、民情,在讲授过程中注重培育学生践行社会主义核心价值观,推进习近平新时代中国特色社会主义思想进教材进课堂进头脑,思政课教学内容更新要快,常讲常新,要求教师能时刻把握时代潮流。

2. 专业类课程思政

认真设计专业核心课程和专业骨干课程思政方案,从教学目标、教学内容和教学要求的角度思考课程思政切入点。每门具体课程的教学内容不同,培养的素质和能力各有差异,思政内容切入的角度不同,适合融入的思政元素也不同,这就要求教师在课程教学设计时深入思考,认真剖析,巧妙融合。

3. 社会实践类课程思政

社会实践为学生创造了一个了解国情和了解社会的机会,引导学生观察社会和大众的生活,感知我国经济发展的成就和人民生活水平的提高,感受我国的制度优势;社会实践过程引导学生理解社会运行的基本规律和社会生存的基本法则,提高学生的社会适应能力;社会实践也为学生创造了一个了解职业和职业发展的机会,引导学生尽早明确自己的职业定位,尽早开始职业生涯规划;引导学生认识中国社会的风土人情和民风民俗,感受中华民族文化的源远流长;通过与优秀企业家、劳动模范、工匠名师等的近距离接触,理解民族气质和中国精神。

(三)专业课程的课程相关信息及课程思政育人目标

工商企业管理专业课程的相关课程信息及课程思政育人目标示例如表 10-1 所示。

表 10-1　工商企业管理专业课程的相关课程信息及课程思政育人目标示例

序号	课程名称	课程目标	主要教学内容	主要教学要求	课程思政育人目标
1	职场沟通	学习和掌握职场沟通的基本知识,掌握良好的职场沟通技能	学习职场沟通基本原则,能够进行沟通筹划;掌握职场交往礼仪,学会观察和倾听,能够保持微笑,学会赞美和道歉的表达方式;分情境掌握求职和初入职沟通、同事沟通、客户沟通、会议沟通、网络沟通、电话沟通的方式方法	通过听说训练、模拟表演、案例分析、讲解示范等,帮助学生树立正确的价值观、择业观和就业观,并掌握职场沟通的基本原则和方法,使学生在不同的职场情境下有初步的应对能力	1. 在育人内容方面,在职场探究、上行沟通、下行沟通、平行沟通等板块融入职业道德教育,提升学生的道德修养;引导学生树立正确的择业观,以积极主动心态正面处理职场困境 2. 在育人方法方面,理论与实践相结合、课内与课外相结合、线上与线下相结合,指导学生完成课堂实训,让学生调研社会职业,多渠道让学生掌握真实社会职场环境 3. 在育人实践方面,鼓励学生在假期参与职场锻炼,通过课堂职场情景模拟提升学生解决真实问题的水平和能力

序号	课程名称	课程目标	主要教学内容	主要教学要求	课程思政育人目标
2	管理学基础	熟悉基本的管理学原理和理论，掌握管理的任务和职能，明白管理实现的过程	管理学的基本概念和性质，管理学的发展历史和主流管理学理论，管理的任务和职能，管理计划的制订、目标管理的相关知识、组织实施的特点，以及领导的管理风格等	通过课程学习，学生能够熟练掌握管理学概念和基本原理；能够理解管理实现的过程，并结合自我成长开展时间管理、学习目标管理、学习计划制订和执行等课程实训，理解管理的实现逻辑	1. 在育人内容方面，通过分析中外先进的管理理念和管理思想，以及优秀企业的管理实践，提高学生对企业管理的认识，提高学生对人性在管理中的地位和作用的认识 2. 在育人方法方面，运用案例分析法，通过丰富的中外案例对比分析，提高学生对当前我国发展环境的认识，提高学生对我国社会主义制度优越性的认识 3. 在育人实践方面，引导学生将管理理论运用于具体的生活，通过寝室管理、自我管理、班级管理、社团和协会管理的实践应用，提升其对管理理论的认识，在一定程度上提升学生的管理能力
3	企业行政管理	熟悉企业行政管理的各项工作，掌握基本的工作要求，具备一定的企业行政管理的工作能力	学习起草公司会议文书、经济合同，撰写市场调查报告、可行性研究报告、广告文案、传播文案，其中会议文书包括会议通知、会议议程、会议讲话、会议发言、提案、会议记录、会议纪要等；学习如何制订企业节假日值班计划、会务方案；掌握运用互联网开展企业行政管理工作的方法	系统掌握企业行政管理的基本理论和知识；掌握企业行政管理信息收集与利用的方法；掌握企业办公环境下安全管理保障方法，了解办公设备的采购流程和管理；掌握商务礼仪相关知识，了解信息收集整理和处理的方法；掌握企业会务管理和商务旅行方案设计的方法	1. 在育人内容方面，在企业行政管理的行政事务中融入道德意识和道德规范的内容；进行职业道德教育，提升学生的道德修养；在后勤管理事务中培养大学生的责任心，引导学生要做一个对社会负责任的人，提高学生的责任意识 2. 在育人方法方面，理论与实践相结合、课内与课外相结合、线上与线下相结合，指导学生完成课堂实训，鼓励学生课外参加竞赛及社会实践活动，培养锲而不舍、敢于面对困难的心理素质，提高学生的抗压能力 3. 在育人实践方面，引导学生从事志愿服务，积极参加企业行政事务岗位的见习和实习，引导学生形成敢于担当的品格，培养学生的敬业精神和规则意识
4	人力资源管理	了解人力资源的基本理论、观念和实务知识，基本掌握各种人力资源管理职能形式，掌握人力资源管理的方法	人力资源管理的理念与趋势、人力资源规划、工作分析与岗位说明书制定、员工招募与选拔、员工培训与开发、OKR（objectives and key results，目标与关键成果）管理、薪酬管理、劳动关系管理、员工职业生涯规划等	通过课程学习，学生能够熟练掌握人力资源计划制订的方法和步骤；能够针对企业的实际情况制订人力资源计划；能够熟练掌握招聘的步骤、方法和技巧；能够针对企业实际情况制订招聘计划、培训方案；能够根据企业实际问题，提出有效的激励计划	1. 在育人内容方面，教学内容围绕选人、育人、用人、留人展开，教授理论知识的同时自然代入育人元素，激发学生的奉献精神、公平意识，培养学生尊重他人的习惯 2. 在育人方法方面，通过项目化教学、任务驱动等方式，激发学生的学习兴趣，培养学生自主学习的能力和探究精神，让学生做到理论与实践相结合，培养学生的团队合作精神 3. 在育人实践方面，引导学生利用假期实习等机会提高企业真实场景认知，通过模拟实训、项目方案策划等形式培养学生的动手能力，帮助学生养成勤奋刻苦的作风

续 表

序号	课程名称	课程目标	主要教学内容	主要教学要求	课程思政育人目标
5	门店管理	使学生熟悉从事终端销售、运营、管理等相关职业岗位所必需的基本理论知识,掌握门店运营管理的方法,具备导购员、店长所需要的素质和能力	卖场布局的内容、原则、作用、方式;商品陈列的原则、方法;商品的进货模式与原则;销售人员的顾客接待技巧;门店促销的作用及方式;顾客投诉的类型及其处理方式;门店经营中损耗产生的原因及门店安全管理的重要性,损耗的防范方法和措施等;互联网背景下线上线下门店的营销策略等	通过课堂理论学习、模拟、仿真及生产性技能训练、社会实习实践活动,学生能够熟练掌握岗位技能和门店运营的流程、方法、工具,树立质量观念、服务意识,养成团队协作精神,培养良好的职业道德和职业理想,具备门店高素质技能型专门人才可持续发展的基本素质	1.在育人内容方面,通过行业兼职老师对企业管理实践的分享,提高学生对企业运营和管理工作的认识,培养其竞争意识 2.在育人方法方面,通过项目教学培养学生的团队意识和集体主义精神;通过讨论式教学,引导学生积极思考,明辨是非,提高学生的分析能力 3.在育人实践方面,通过课程实训提升学生对门店管理工作的认识,培养学生一定的门店管理技能
6	管理心理学	通过学习,学生能够了解个体和群体常见的心理规律,掌握与管理相关的知识,以便更好地提升管理效率	管理心理学的内涵、历史、研究方法;个体影响管理的相关因素;激励理论和团队建设相关理论,以及对员工心理和行为产生较大影响的诸因素等	了解个性、态度、价值观等个体心理规律及其对个体行为的影响,掌握群体行为规律及影响群体绩效的因素等	1.在育人内容方面,融入社会主义核心价值观和中国古代商帮文化传统等相关内容,引导学生树立正确的价值观 2.在育人方法方面,引入欧卡、生涯规划卡等心理技术,帮助学生全面认识自我,明确目标 3.在育人实践方面,通过各种实训作业的设置,引导学生增强认知,提升实践能力

五、课程思政教学实施

(一)教学设计

1.专业培养目标

工商企业管理专业培养拥护党的基本路线,适应区域经济建设和社会发展需要,面向新经济环境下现代企业的项目运营、市场开拓、客户服务等基层业务和管理岗位,具有诚信、合作、敬业、创新创业基本素养,掌握企业管理、市场营销、电子商务、创业创新等知识,具备开展商务交流、项目管理、顾客服务和创新创业等能力,能从事数字经济管理及服务工作(具体包括运用数字化工具进行采购、销售、服务等管理和服务工作),以及依托数字平台进行销售运营、顾客服务、视觉营销等管理和服务工作,在德、智、体、美、劳方面全面发展,具有较强可持续发展能力的高素质技术技能型专门人才。

针对企业对高素质技术人才需求,本专业教师教学时要挖掘思政内容,转变教学思想与理念,全面落实"课程思政"理念,实现专业教学与思想教育合力,促进专业人才培养质量的提升。将课程思政教育融入专业课程教育各环节,从专业知识技能、创新创业能力、社会实践等方面进行全方位育人,建立完善的专业课程思政教育体系。

2.思政目标

工商企业管理专业以育人为目标,以立德为核心,根本点是培养能够肩负民族复兴的理想和责任的社会主义建设者和接班人,在平时的课堂教学中要做好社会主义核心价值观和做人做事基本道理的融入和教育,并使其内化为学生自觉的行为。

(二)教学内容

工商企业管理专业以树人为核心,以立德为根本,坚持把为社会主义培养建设者和接班人作为根本任务,梳理各门专业课程所蕴含的思想政治教育元素和所承载的思想政治教育功能,将其融入课堂教学各环节,实现思想政治教育与知识体系教育的有机统一。将思想政治觉悟的培养、道德情操的养成有机地融入专业人才培养目标、专业核心素养的培养中,通过具体专业课程的教学来完成。

(三)教学方法

工商企业管理专业综合运用启发式、案例讨论式、项目制、讲练结合、讨论—点评式等多种教学方法,将思政内容和专业知识有机结合,在专业培养过程中完成对学生的价值观、职业素养和道德情操的培养。

(四)教材选用

教材是课堂教学组织的纽带,是知识的载体,教材的选用质量直接关系到教学的成效。工商企业管理专业严格把关教材选用,应选择体系完善、形式新颖,并且反映当前学科发展最新成果的教材。一般选择最近 5 年出版的高职高专规划教材,保证教学内容与时代发展同频共振。选用教材如表 10-2 所示。

表 10-2 部分课程教材选用情况汇总

序号	课程名	教材名称	出版时间	是否高职高专规划教材
1	管理学基础	管理学基础	2020.2	是
2	人力资源管理	人力资源管理	2018.5	是
3	门店管理	门店运营与管理实务	2019.5	是
4	企业行政管理	企业行政管理实务	2019.5	是
5	企业文化理论与实务	企业文化理论与实务	2021.1	是
6	门店运营	门店运营与管理实务	2019.6	是

(五)师资队伍

加强对教师课程开发和建设能力的培养,通过组织课程思政专题学习和研讨、课程组集体备课、参加专题讲座,以及外出参观学习等多种方式提高教师对课程思政建设的认识,不断积累课程思政建设的实践经验和设计能力,不断完善课程思政建设内容,不断加强专业课程教学的育人功能。

六、课程思政教学评价

(一)评价对象

1.教师

教师是课程思政教学的主导者和实施者,教师的积极性、主动性和创造性直接关系到课程思政工作的成败。课程思政评价内容包括教师课程思政工作态度、工作结果和工作成效,具体包括以下方面:通过教师课程思政建设主动性和课程思政相关项目申报、研究的参与度评价教师开展课程思政的工作主动性和积极性;从课程思政建设情况,包括课程思政示范课程建设的情况、课程思政相关课题研究的情况等方面,评价教师开展课程思政工作的结果;从课程思政工作对课堂教学和专业建设的贡献评价教师课程思政工作的成效。不仅要进行横向评价,比较不同课程、不同教师的课程思政设计,还要对同一门课程、同一教师进行纵向评价,保证评价的客观性。

2.教学内容

实施课程思政专业教学是媒介,合理地规划和设计教学内容的融入是实施课程思政的抓手所在。要分析不同专业课程的特点,评价课程思政元素的丰富度、融入过程的合理性和科学性,保证专业课程思政教学的生动性和潜移默化性。

3.学生

学生是课程思政实施的对象,课程思政工作的成效要从学生身上得到体现。课程思政的目的是学生思想觉悟的提升、职业道德水平的提升和基本素质的提升,具体表现为学生行为举止的改变。可以从班级学风建设情况、学生的考试成绩、学生的评奖评优情况等多个方面进行评价和纵向比较,保证评价的有效性。

(二)评价内容

要考核教师课程思政工作的投入程度、方案设计的完备度、教学实施的具体情况及课程考核情况;考核课程专业内容与思政元素的融入程度和教学实施的融入程度;要从学生的认知、行为、态度等多个维度考察课程思政教学的效果,并及时进行改进和完善。

(三)评价方法

1.过程评价

十年树木,百年树人,教育是一项长期工程,不可能一蹴而就。课程思政是一项长期的教育工程,对其评价不仅要注重结果,更要注重过程。要注重考察实施前课程思政方案的科学性,实施中课程思政教学过程的有效性,实施后的师生课程思政建设的意见反馈,保证课程思政评价的全面性和科学性。

2.结果评价

在过程评价的基础上,还需要对课程思政教学实施的结果进行一定的评价,从输出端考察课程思政设计的科学性。对结果的考察包括教师和学生两个方面,学生应是课程思政的受益者,要了解课程思政实施的效果首先就要从学生方面入手。具体地应该考查学生的思想觉悟、学习态度、行为表现等各个方面的情况。俗话说教学相长,教学活动的科学性不仅会让学生受益,也会让教学活动的实施者——教师受益;课程思政的成功,不仅体现在学生成长等方面,也同样反映了教师的成长。教师各方面的收获和进步也是考察的不可或缺的部分。

(四)评价标准

工商企业管理专业课程思政教学评价细则如表 10-3 所示。

表 10-3 工商企业管理专业课程思政教学评价细则

项目	具体内容	考核标准
课程思政定位 15%	课程内容	课程内容每年更新 10% 以上
	对专业人才培养的支撑作用	有力地支撑了专业人才培养育人环节的作用
	课程思政教学要点分解	分解合理
课程思政教学内容 25%	思政内容覆盖	覆盖所有章节
	目标设计	各章节目标设计合理
	思政目标的结合	思政目标与专业目标有机融合
	思政目标的呈现	呈现内容丰富、形式多元化
	学习评价	学习评价具体、有效
课程思政设计 10%	考核方式	灵活、具体
	成绩评定	在总成绩中占比为 20% 以上
	评分标准	具体列出,具有较强的可操作性

续　表

项目	具体内容	考核标准
学生收获 40%	认知的收获	50%的学生有认知的提升
	行为的改变	20%的学生有行为上的改变
教师课程思政研究 10%	研究有成果	发表课程思政研究论文,或完成课程思政相关研究课题

七、管理制度与保障机制

　　成立专业课程思政领导小组,由专业主任担任组长,教研室副主任、博士担任副组长,负责组织课程思政相关的学术研讨、课题攻关等课程思政相关工作的组织协调,以及组织专业老师的课程思政和课程建设工作的考核评价。

　　将课程思政建设成绩纳入教师业绩考核和岗聘条件,并且给予一定的奖励。

（执笔人：周宏敏）

市场营销专业课程思政教学实践

一、专业课程思政教学的时代背景

全国高校思想政治工作会议强调,要坚持把立德树人作为中心环节,把思想政治工作贯穿教育教学全过程,实现全程育人、全方位育人。在教育部印发的《高等学校课程思政建设指导纲要》及《浙江省高校课程思政建设实施方案》中,全面要求推进学校课程思政建设。因此,高职院校思想政治教育要求不能只局限于思想政治理论课这个狭义的"思政课程",要从"立德树人"的根本任务出发,发挥市场营销专业课程的德育功能,把帮助学生树立社会主义核心价值观贯穿于专业课程教育体系中,努力实现全面育人、全方位育人。

当前我国正处于向新型市场经济转型的过渡期,互联网信息技术和电子商务呈现爆发式增长,而新的社会体系和法律法规有待完善,导致社会价值取向紊乱,出现了"拜金主义""利益至上"等社会伦理道德失范现象。作为实施"课程思政"的良好载体,市场营销专业需要进一步发掘专业课程中所蕴含的思政元素,在课程思政理念的指引下,以社会主义核心价值观和中华优秀商业伦理文化来指导相应的专业基础知识的传授,融合专业课程和思想政治教育的功能,使专业课程与高职育人功能紧密结合,更好地体现育人价值。

二、专业课程思政教学的基本理念

市场营销专业培养拥护党的基本路线,适应互联网背景下区域经济建设和社会发展需要,面向金融、商贸等各类企事业单位的基层业务和管理岗位,具有诚信、合作、敬业、创新创业基本素养,掌握市场营销、工商管理、经济金融、创业创新等知识,具备市场调研、营销策划、产品销售、商务谈判、网络及新媒体营销、创业等能力，能从事金融企业客户服务与管理、零售业一线管理、工商企业市场开发、电子商务等工作，同时具有德、智、体、美全面发展，具有较强可持续发展能力的高素质技术技能型专门人才。

本专业课程思政将围绕新时代"义商"职业化素养培养的目标，充分挖掘各专业课程蕴含的思想政治教育元素，以全员、全过程和全方位育人为主要原则，推动本专业的"教师、教材、教法"一体化改革，构建第一、第二、第三课堂联动的课程思政育人机制，将社会主义核心价值观与金融、商贸领域的专业知识结合，融入课程教学过程和教学环节，加强学生对中国金融、商贸领域所取得成就的自豪感，培养其立志投身于社会主义市场经济建设的伟大事业、实现国家富强的理想信念，树立诚实守信、崇德向善的道德观念及勇于担当、敢于创业的职业精神，帮助学生树立正确的人生观、道德观和职业观，塑造"有理想有道德有担当"的新时代"义商"人格，有效提升学生的职业素质、职业精神和可持续发展能力。

三、专业课程思政教学的培养目标

(一)总体目标

在市场营销专业人才培养方案中，明确了人才培养的各项素质目标。

(1)坚决拥护中国共产党领导，拥有中国特色社会主义共同理想，自觉践行社会主义核心价值观，具有深厚的爱国情感和中华民族自豪感。扎实推进习近平新时代中国特色社会主义思想和党的二十大的重要思想、重要观点、重大战略、重大举措有机地融入专业教学。

(2)崇尚宪法、遵守法律、遵规守纪。

(3)遵守、履行道德准则和行为规范，具有社会责任感和社会参与意识。

(4)崇德向善、诚实守信、爱岗敬业，具有精益求精的工匠精神。

(5)具有质量意识、安全意识、职业生涯规划意识和创新思维。

(6)具有较强的集体意识和团队合作精神，良好的行为习惯和自我管理能力。

(7)具有健康的体魄、心理和健全的人格，养成良好的健身与卫生习惯。

(8)具有一定的信息、审美和人文素养。

同时，针对市场营销专业特点，课程思政的培养目标是使学生在掌握市场营销、工商管理、经济金融、创业创新等知识的同时，深刻认识在商业道德冲突面前企业应做出理性的道德选择，遵守商业行为原则和规范，从而塑造有责任、有担当的"义商"人格，培养具有法律意识、正确义利观、良好商业文化素养和创新精神的高素质技术技能型人才。

(二)具体目标分解

结合各"课程思政"相关文件精神要求及本专业人才培养方案的具体实际情况，在专业课程思政推进建设过程中力求实现以下具体目标。

(1)发挥专业课程的德育功能,实现全面育人、全方位育人。

(2)充分挖掘各门专业课程蕴含的思想政治教育元素,将社会主义核心价值观与中华商业文化及伦理道德教育渗透在课程教学过程和教学环节当中。

(3)推动各专业课程的"教师、教材、教法"一体化改革。

(4)构建第一、第二、第三课堂联动的课程思政育人机制。

(5)进一步推动商业文化伦理、销售与谈判技巧等课程的思政育人示范作用,修订教学大纲、教学课件,拍摄专业课程思政微课,在目前校级课程思政示范课程基础上进一步申报省级项目。

(6)加强学生对中华优秀传统商业文化的传承和自信,帮助学生树立正确的人生观、道德观和职业观,塑造"有理想有道德有担当"的新时代"义商"人格,提升学生在专业课程学习过程中的获得感。

四、面向课程思政的专业课程体系

(一)设计依据

市场营销是以满足客户需求为出发点,探究商业模式发展与经营规律的专业,培养具备经济、管理、法律等专业知识,熟悉相关政策、法律法规,能够适应现代市场经济需要,具有诚信品质、人文精神、创新思维和团队意识的专业技能人才。课程思政建设是一项系统工程,新时代的课程思政建设是解决高校人才培养问题的根本举措,是党和国家对高等教育提出的新要求,也是实现高等院校高质量发展的必然选择。价值塑造是育人工作的第一要务,要做到价值塑造与知识传授、能力培养的有机融合,在传授专业知识、培养能力的同时引导学生坚持正确的政治方向与价值追求。课程建设是课程思政的主战场,也是专业育人的主渠道。市场营销专业课程思政是指课程思政与市场营销专业相结合,在进行课程教学的同时对授课对象进行思想政治教育,一方面要充分发掘营销专业课中的思政元素,另一方面要将思政内容贯穿到营销专业教学的全过程。市场营销专业各类课程要具备自身的特点,有机地融入思政元素,在分析营销相关理论、传授营销相关技能的同时,将创新、担当、团队合作精神融入其中,弘扬爱国精神,崇尚专业精神,培育创新与实践精神。

(二)课程结构

市场营销专业课程结构如图11-1所示。

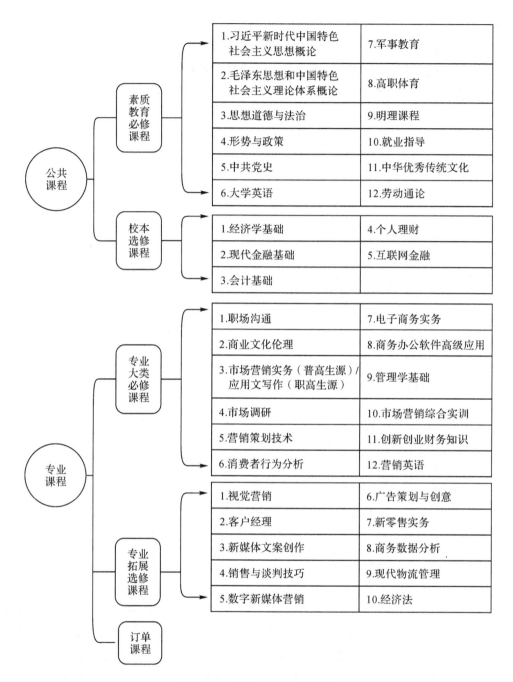

图 11-1　市场营销专业课程结构

(三)专业课程相关信息及课程思政育人目标

1. 公共素质类课程思政

公共素质类课程中的显性教育课程包括"习近平新时代中国特色社会主义思想概论""毛泽东思想和中国特色社会主义理论体系概论""思想道德与法治""形势与政策""中共

党史""中华优秀传统文化"等高校思想政治理论课。思想政治理论课是落实立德树人根本任务的关键课程,思政课教学涉及马克思主义原理、科学社会主义,涉及政治、经济、文化、社会发展,涉及国情、党情、民情,在讲授过程中注重帮助学生树立社会主义核心价值观,推进习近平新时代中国特色社会主义思想进教材进课堂进头脑,思政课教学内容更新较快,常讲常新,亦对教师提出了更高的要求。

2.专业类课程思政

专业类课程通常属于隐性思政教育,包括"商业文化伦理""市场营销实务""市场调研""市场营销综合实训""营销策划技术""消费者行为分析""广告策划与创意""客户经理"等。需要紧紧围绕互联网经济和社会发展对市场营销专业人才的需求,充分认识和发掘专业课程的思政元素,注重了解本专业领域的国家战略、法律法规,引导学生关注现实问题,深化职业理想和职业道德教育。专业类核心课程应从内容育人、方法育人、实践育人等层面对课程思政进行系统化设计。

3.社会实践类课程思政

人才培养过程中的工学交替、认识实习、岗位实习等环节,有助于引导学生关注经济转型升级中市场领域的最新动态,能够与时俱进地以新观点、新视角、新方法去思考、分析和解决问题的能力;借助实习项目,帮助学生养成实事求是、求真务实的态度,培养学生协作、刻苦、勤奋的作风,培养学生做事的能力;将团队合作、协同与分工、高效沟通等全过程融入教学环节,帮助学生在过程中培养职业综合素养。

根据市场营销专业的课程设置(见图11-1),所有课程都应该具有一定的思想政治教育功能,传递和塑造价值。构建显性教育与隐性教育相统一的课程体系,充分肯定显性教育课程的思政教育核心地位,通过对显性课程思政教育的引导与强化,使价值塑造成为不可或缺的组成部分,挖掘隐性课程的思想政治教育资源,保证在专业教学的基础上融入思政元素,在知识传授中强调主流价值引领,与专业知识相得益彰。构建显性教育和隐性教育高度融合的市场营销专业类课程思政的课程体系,要以思想政治理论课为核心,以通识课程为支撑,以专业课程为辐射,不同类别的课程应根据自身的特点确定课程思政的目标和路径,使得思政课程与课程思政同向同行、协同育人,同时着重对专业核心课程的思政育人内容进行系统化设计。市场营销专业课程的相关信息及课程思政育人目标示例如表11-1所示。

表 11-1　市场营销专业课程的相关课程信息及课程思政育人目标示例

序号	课程名称	课程目标	主要教学内容	主要教学要求	课程思政育人目标
1	市场营销实务	以模块化、项目制为特色的理实一体化教学，帮助学生了解市场营销的核心概念和企业经营理念，了解市场营销战略理论和营销组合策略的内容；熟练掌握SWOT①分析方法，能根据实际任务，分析企业宏、微观营销环境，制定市场营销战略，设计企业整体营销组合策略；同时树立正确的市场营销观念，强化市场营销职业道德意识	1. 创设模拟公司 2. 模拟公司营销环境与SWOT分析 3. 模拟制定公司营销战略 4. 模拟制定公司营销组合策略	具有互联网思维，掌握互联网技术支持下的企业宏、微观营销环境分析方法；掌握公司设立的条件，SWOT分析方法，市场细分、目标市场选择及市场定位的方法；掌握营销组合策略的内容与应用方法	1. 在育人内容方面，通过营销变革相关案例的讲解，引导学生关注社会发展及其对消费者消费观念和行为的影响，并通过对各阶段的营销变化及消费特点分析让学生感受国家改革开放以来所取得的巨大成就 2. 在育人方法方面，以营销职业岗位及岗位群要求的职业能力为依据，以营销职业岗位的工作流程为顺序，引导学生关注经济转型升级中市场领域的最新动态，与时俱进，掌握以新观点、新视角、新方法去思考、分析和解决问题的能力 3. 在育人实践方面，将与营销行业有关的法律法规相结合的有关案例引入课堂，引导学生在今后的工作岗位中严格遵守营销相关法律法规和道德伦理规范
2	市场调研	掌握市场调研基本知识和理论，并能运用到实际工作中；具备独立开展市场调研的能力	1. 市场调研的基本知识和理论 2. 市场调研项目的策划、实施方法 3. 调研结果的整理、分析、报告 4. 市场调研主要研究工具的使用	认真学习理论知识，积极参与课堂讨论，积极参加课程实训，在实训中培养调研基本能力和营销专业能力，培养团队协作能力和与人交往的能力	1. 在育人内容方面，结合世界各国社会经济发展的状况，分析社会主义制度的优越性，引导学生树立共产主义信念，激发学生的爱国情怀 2. 在育人实践方面，借助开展项目教学，帮助学生养成实事求是、求真务实的态度，培养学生协作、刻苦、勤奋的作风，培养学生做事的能力

---

　①　SWOT 是一种战略分析方法，即 strengths(优势)、weakness(劣势)、opportunities(机会)、threats(挑战)。

续　表

序号	课程名称	课程目标	主要教学内容	主要教学要求	课程思政育人目标
3	营销策划技术	以团队化、项目制、实战实训为主导进行教学，在培养学生自主学习、团结协作的能力及良好的沟通与表达能力的基础上，重点培养学生的创新思维和解决问题的能力，掌握各类具体的营销策划技能，切实提高学生的职业技能、创业意识、动手能力和处理实际问题的综合能力	1. 市场营销策划的基本知识 2. 具体项目或产品的市场调研策划、CIS① 策划、新产品及品牌策划、营销 4P② 策划等 3. 互联网环境下新媒体、自媒体等新营销手段的整合策划方法，培养营销策划的基本能力	具有营销创新思维和互联网营销思维，掌握传统营销方法并能结合互联网新营销工具进行策划；能系统地根据主题设计调研方案；能制订调研执行计划，并组织实施；能够全面系统地分析调研结果，并在调研的基础上提出创意，制订营销战略策划方案、产品上市及品牌策划案、促销和商演活动的策划方案；熟悉 CIS 策划的内容和流程	1. 在育人内容方面，引导学生建立比较系统的营销策划创意的观念和思维，掌握最新的营销策划发展理论和方法，并与时俱进，紧跟新时代中国特色社会主义步伐，践行社会主义核心价值观 2. 在育人方法方面，将团队合作、协同与分工、高效沟通等融入教学环节，帮助学生在学习和实践过程中培养职业综合素养 3. 在育人实践方面，让学生走入社会，接触社会人和企业，了解行业的情况，在实操中获得真实的职业体验，从而全面提升学生的实际动手能力和社会适应能力
4	销售与谈判技巧	通过项目、实战为特色的理实一体化的教学，学生能够正确认知销售工作，具有从事销售工作应具备的素养、能力，懂得人际交往的礼仪，掌握开发客户、高效预约的方法和思路，了解如何规划和控制拜访，掌握一些成交信号，懂得客户关系维护的重要性，掌握客户维护和管理的方法，掌握移动互联网时代获客、沟通、促成交易、客户服务的方法和技巧，对于大项目销售能够分析商务谈判双方的地位，运用有效商务谈判技巧促成商务合同的签订	1. 成立模拟销售公司的流程 2. 销售前的准备，包括心理准备、产品知识准备、销售能力准备等 3. 客户开发技艺 4. 客户拜访技艺 5. 促成销售技艺 6. 大项目销售及商务谈判技巧 7. 客户维护与管理技艺	掌握传统销售中销售员应具备的客户开发、高效约见、拜访客户、销售谈判、促成交易、客户维护的方法和技巧；同时要具备移动互联网思维，借助新媒体进行立体矩阵式的客户开发、掌握线上高效客户沟通、促成交易、客户维护的方法和策略	1. 在育人内容方面，教育学生要热爱本职工作，有工匠精神，精益求精方得始终，要做一个对社会有价值的人 2. 在育人方法方面，放手让学生参与课堂、组织课堂，把学生对思想政治理论教育的思考与想法展示出来，培育并践行诚信经营、公平交易、顾客至上等积极正确的营销价值观 3. 在育人实践方面，借助团队销售实战培养学生勇于创新、艰苦卓绝的奋斗精神，形成勇于挑战、不怕失败、敢于尝试、积极乐观的人生态度，锻炼学生的综合素质，培养学生的人际沟通和团队协作能力

----

① CIS，即 corporate identity system，企业形象识别系统。

② 4P 指 4P 营销理论，即产品（product）、价格（price）、推广（promotion）、渠道（place）。

续　表

序号	课程名称	课程目标	主要教学内容	主要教学要求	课程思政育人目标
5	客户经理	通过本课程的学习，学生能够掌握金融客户经理相关专业知识，初步具备从事客户经理岗位所需的各项基本素质和业务技能，为走上相关金融营销工作岗位做好准备	1. 金融客户经理制度的基本知识 2. 客户经理必备的各项素质和技能 3. 培养运用所学的金融服务营销知识和技巧，在互联网等不同渠道推销金融产品和服务、开发和维护客户的基本能力	了解金融客户经理制度，初步具备客户经理的基本素质，初步掌握客户开发、服务、维护的基本技能；要求能够运用金融服务营销知识和技能进行客户调研，了解客户需求和满意度；能通过客户细分拓展和发现目标客户；能根据客户需求推荐产品及服务的组合；能制订客户开发计划，运用销售技巧约见、拜访客户、沟通谈判、达成意向；能对客户进行跟踪访问和关系维护，提高客户满意度；能对客户价值进行评价，识别和防范客户风险	1. 在育人内容方面，结合客户经理的职业素养、客户经理职业规划等课程内容培养学生积极向上的心态，践行社会主义核心价值观，将个人职业理想与社会担当有机结合 2. 在育人方法方面，通过案例法、讨论法、讲授法等，将学校优秀校友成长为优秀客户经理的典型案例融入教学环节，帮助学生树立正确的职业目标和价值观，把个人职业发展与为社会主义市场经济建设做贡献统一起来 3. 在育人实践方面，借助客户金融需求调查、客户关系维护等实践教学环节，帮助学生树立诚信经营、公平交易等积极正确的营销价值观，培养学生良好的职业道德，树立正确的人生观、道德观和职业观
6	数字新媒体营销	通过本课程的学习，学生能够获得新媒体营销工作的职业技能，包括能进行"两微"营销，掌握账号矩阵打造、内容生产、营销策划、数据分析的技能；能进行短视频营销，掌握短视频的传播、引流及与意见领袖的合作方法；能进行直播营销，掌握直播相关的工具、技能和直播营销方法论	1. 数字新媒体概论 2. 数字新媒体运营策略 3. 微博营销与运营 4. 微信营销与运营 5. 短视频营销与运营 6. 直播营销与运营 7. 数字新媒体营销策略 8. 数字新媒体营销工具使用	使学生获得新媒体营销工作的职业技能，能胜任主流新媒体平台的营销推广策划，并进行执行和优化，包括能根据需求分析目标用户，完成用户画像、用户分层、用户需求分解等工作；掌握平台的账号开立与设置，能根据用户特点和需求，确定账号定位；能根据主要广告平台的资源、特性和数据概况，搭建不同类型的推广计划；能根据选题定位进行内容策划，寻找合适的版权素材，完成文案、图片或视频的编辑操作	1. 在育人内容方面，课程以介绍新媒体领域的各种营销实践为主，在介绍各种新媒体工具、分析新媒体领域的各种典型案例的同时，分析新媒体领域的成功经验，强调勤奋努力的重要性，同时学会与人合作、学习包容、尊重和协作，学会充分利用、整合各种资源，学会在合作中共赢 2. 在育人方法方面，教学中采用了大量的案例来丰富教学的内容，通过分析新媒体领域的成功者的经验，培养学生以数据说话、实事求是，诚实、守信、不夸大其词、脚踏实地、尊重事实的态度 3. 在育人实践方面，通过对数字新媒体营销技能的学习和实战训练，培养学生良好的学习习惯、思维方式及团队合作的能力；同时培养学生良好的职业道德和职业情感，提高适应职业变化的能力

五、课程思政教学实施

(一)教学设计

坚持立德树人,需要把思想政治工作贯穿于教育教学的全过程。以市场营销专业人才培养目标为依据,聚焦具体章节内容,并与思政元素相结合,将专业资源转化为育人资源,课前布置与课程内容相关的问题,引发学生对课程思政目标的思考,自行收集资料,鼓励小组集体讨论学习,在此过程中培养学生的沟通协调和团队合作能力,实现价值塑造与知识传授、能力培养的有机统一;课堂教学以翻转课堂为主,采取启发式手段,上课过程中教师的讲授旨在为学生提供思路、传授方法、答疑解惑、引发思考,调动学生学习的积极性,引导学生进行批判性思考,以学生研讨为主,教师讲授为辅;课后布置相关讨论问题,并对此节课的思政内容进行总结。

(二)教学内容

市场营销专业开展思政教学融合工作,需根据市场营销课程人才培养方案的目标和要求,依据企业真实的营销活动进行项目的设计,安排思政教学内容。在市场营销观念中融入以顾客为中心的理念,以及公平交易、诚信经营的营销价值观等思政元素;在市场调研中融入社会责任和职业素养,教师引导学生从社会需求出发,进行实地调查研究,设计营销产品的市场调查;在市场营销环境和消费者行为分析学习中,通过人口、经济、自然、技术、文化、政治、法律等环境因素的教学,强化学生社会责任意识,强调人文精神,引导学生探究文化对消费者行为产生的影响,树立学生的自豪感和文化自信;在市场营销组合策略中融入中国优秀传统文化教育、社会主义核心价值观、家国情怀、工匠精神、人文精神和创新精神,选择中华优秀企业营销案例,如华为、海尔、小米,进行产品策略、价格策略、渠道策略和促销策略的教学,并让学生以小组为单位设计市场营销组合策略,使得学生在进行市场营销活动中,提高其职业道德观和价值观;在市场营销教学内容中引入创新训练活动,引导和带领学生参加社会实践和创新创业大赛,引导学生在实践中受教育、长才干、做贡献。

教学内容的设计上要显示出思政教育的内涵,突出立德树人的根本任务,传递营销专业所蕴含的人文精神和科学思想;在讲解品牌建设时,引导学生关注中国品牌的发展,树立品牌强国理念,帮助学生建立正确的竞争观念,引入关于中国优秀传统商业文化的介绍,弘扬诚实守信、以义制利、自强不息、律己修身、天下为公的理念,建立守法经营观念,培养工匠精神,使中华传统文化内化于学生内心,树立其民族自豪感和文化自信。

（三）教学方法

采用真实案例教学法,在市场营销专业课程思政教育过程中,引入行业标杆进行案例教学,挑选出社会影响力大的企业和社会公众评价高的企业家,在课堂上深入讲解企业发展史和企业家的成长史,对企业发展过程中面临的重大战略选择和企业家面临的各种市场考验进行重点讲解和分享。通过真实案例教学,既可以提高学生对市场营销课程的兴趣,又可以帮助学生在学习这些企业的发展史和企业家成长史的过程中深化对其良好道德品质的认识,产生向其学习的驱动力,并以此形成自我学习的内动力。

采用项目驱动法促进专业课程内容的教学,以工作任务与实操技能为出发点,确定课程实操技能培养目标,紧扣职业领域能力需要,以市场销售行为为载体,将课程内容划分为若干学习项目,各教学项目内部构成以具体化的工作任务为载体的学习单元,通过现代信息技术手段实现混合式教学,利用在线开放课程、职教云等平台实现线上线下有机结合,将基本理论放入线上课程资源,学生可以在课后时间利用在线资源借助短视频、弹幕、案例讨论等板块进行互动,并接受其他学生问询,将理想信念、时代精神、前沿动态等价值引领内容在课堂上展开,培养学生终身学习的理念,提升信息获取能力、自主学习能力,提高学生的综合素质;采用情境案例教学、项目教学的方法,将专业课程的基本理论融入一定的情境或者案例当中,案例的选取应侧重于体现社会责任感和民族情怀,专业课程的专业性使其更具有感染力和说服力,通过情境再现模拟讲清楚基本的道理,让学生能够身临其境,感悟道理并启发自身思考,引发情感共鸣,而不是单方向地将知识传授给学生。

（四）教材选用

专业成立教材选用审核工作小组,使用符合《职业院校教材管理办法》等文件规定和要求,配套提供丰富、优质的学习资源,探索使用新型活页式、工作手册式教材并配套信息化资源,引入典型工作案例。市场营销专业部分课程教材选用情况如表 11-2 所示。

表 11-2　市场营销专业部分课程教材选用情况

序号	课程名称	选用教材名称	作者	出版社	出版年月
1	市场营销实务	《市场营销实务》（第 5 版）	章金萍	中国人民大学出版社	2021 年 4 月
2	市场调研	《市场调研实务》	周宏敏,高捷闻	中国人民大学出版社	2020 年 8 月
3	营销策划技术	《营销策划实务与实训》（第 2 版）	方志坚,章金萍	中国人民大学出版社	2015 年 2 月
4	销售与谈判技巧	《销售技巧》	胡娜	中国人民大学出版社	2020 年 7 月
5	客户经理	《金融客户经理》	罗怀中	中国人民大学出版社	2017 年 2 月
6	数字新媒体营销	《数字新媒体营销》	林波	中国人民大学出版社	2020 年 1 月

(五)师资队伍

专业课程教师要重视自身的言行规范,给学生树立好的榜样。专业课程教师不论是在教学过程中,还是在生活中,其言谈举止、思想行为等各方面必须遵守师德规范,用以身作则的方式让学生对自己产生信赖感。专业课教师除了要具备扎实的专业知识外,还必须坚持正确的政治路线,养成良好的道德品行,树立高尚的敬业精神,对学生的成才、对社会的进步等要具有高度的责任感,以饱满的激情投入教学工作中,言语上教育学生,行动上感染学生,成为学生知识上的传播者,思想上的引路人,行为上的榜样。

六、课程思政教学评价

(一)评价对象

评价对象由传统的师评生拓展为多元化评价:师评生、生评教、生生互评。

(二)评价内容

任课教师按照课程考核要求实施考核,注意做好学习过程、到课情况、平时作业、课程思政实践情况、考核情况的相关记录,以此为学生最终评定成绩的依据,并与成绩册一同作为成绩档案进行保存。市场营销课程采用过程性考核与终结性考核相结合、营销内容考核与思政考核相结合的方法,考核学生的出勤、态度,以及技能训练、营销策划方案撰写等方面的表现,设置社会责任感、团队合作精神、工匠精神、人文素养、创新能力等评价标准。同时每门专业课程需制定相应的课程思政评分标准,根据课程内容设置"课程思政项目""评分点"和相应的权重。以商业文化伦理课程为例,其思政评分标准如表 11-3 所示。

表 11-3　商业文化伦理课程思政评分标准

课程思政项目	评分点	权重/%
文化自信	讲述中国商人自己的故事	10
	丝绸之路线路绘制	10
	中华老字号调研报告	10
法律意识	相关法律知识测试	20
工匠精神	老字号商规、商训默诵	10
创新精神	未来手机创意设计	10
国际视野	解读"一带一路"经贸政策	10

续　表

课程思政项目	评分点	权重/%
劳动精神		
诚信意识	德育实践	20
奉献精神		

(三)评价方法

深入贯彻落实《深化新时代教育评价改革总体方案》,改进结果评价,强化过程评价,探索增值评价,健全综合评价;鼓励依托线上平台和软件工具,运用大数据、人工智能等现代信息技术,开展教与学行为分析。

(四)评价标准

专业课程思政评分按照思政项目,如文化自信、法律意识、工匠精神、创新精神、国际视野、劳动精神、诚信意识、奉献精神等,设计若干评分点,如在文化自信思政项目中可设计中国企业相关营销案例收集与述评的评分点,引导学生的民族自豪感,每个项目/评分点确定不同的评分权重,最终形成整门课程的思政评分标准。

七、管理制度与保障机制

明确课程思政建设目标和建设标准,坚持正确的政治方向,积极探索适合市场营销专业的课程思政内容与方法,更具针对性和实效性。成立市场营销专业课程思政工作领导小组,专业主任担任组长,专业副主任和教研室副主任担任副组长,专业定期召开教研活动,对课程思政内容的开发进行集体研讨和分工;同时邀请思政课程教师为本专业教师提供与课程思政内容设计等相关的专业讲座和指导;坚持专业教师听课、召开学生座谈会等常规制度,开展社会需求调研、毕业生质量跟踪调查等专题工作,并结合学生座谈会、社会需求调研及毕业生跟踪调查反馈情况,对专业课程思政内容进一步优化。通过学生座谈会、学生评教、考试试卷分析、督导听课、课程思政教学执行情况和专项检查等方式,多渠道掌握专业课程思政的开展和实施情况。同时进一步制定专业、课程、学生、教师等各个层面的课程思政目标、内容和标准,并以此为依据进行持续性、动态化的改进。

(执笔人:刘详　曹湛)

房地产经营与管理专业课程思政教学实践

一、专业课程思政教学的时代背景

随着我国经济发展进入新时代,作为支柱性产业的房地产行业也正在不断转型,从早期依赖土地资源的粗放型增长方式逐渐转变为依赖产品和服务的精细化增长方式,而房地产企业在经营过程中,对资金的使用效率、员工的工作能力等也有了更高的要求。在现金流高速周转的行业常态下,从业人员呈现出"压力大、收入高、流动性强"的特点,而新进员工所面临的工作压力更为巨大。当然高压力、高挑战也意味着高收入、快成长,所以,对于房地产经营与管理专业的同学,应在他们正式进入社会、踏上岗位之前,通过一系列培养活动,使其具备更强的素质、更全面的知识、更熟练的技能,以便在未来更快、更好地适应职场生活。

受全球化进程的影响,世界范围内正在形成新的政治、经济、社会、文化生态。在新时代背景下,为了培养合格的国家建设、社会主义建设的接班人,专业在开展人才培养工作时,除了传授知识和技能,还要重视培养学生正确的世界观、人生观和价值观。因为,意识决定行为,行为则决定结果。要培养优秀的学生,首先要培养学生正确的思想意识。

党的十八大以来,习近平总书记也非常重视高校的思想政治教育工作,提出立德树人是教育的根本任务。2019 年 8 月,中共中央办公厅、国务院办公厅印发《关于深化新时代学校思想政治理论课改革创新的若干意见》,提出要整体推进高校课程思政,深度挖掘高校各学科门类专业课程蕴含的思想政治教育资源,解决好各类课程与思政课相互配合的问题,发挥所有课程的育人功能,构建全面覆盖、类型丰富、层次递进、相互支撑的课程体系,使各类课程与思政课同向同行,形成协同效应。

鉴于房地产行业对从业人员的新要求,并响应 2020 年 5 月 28 日教育部印发的《高等学校课程思政建设指导纲要》及 2020 年 12 月 10 日浙江省教育厅印发的《浙江省高校课程思政建设实施方案》文件要求,房地产经营与管理专业结合自身人才培养目标及课程体系特点,为指导专业及教师开展课程思政工作,特制定专业课程思政教学实践指南。

二、专业课程思政教学的基本理念

(一)通过专业课程思政教学实现立德树人之教育目标

培养什么人、怎样培养人、为谁培养人是教育的根本问题,全面推进课程思政建设,就是要寓价值观塑造于知识传授和能力培养之中,帮助学生塑造正确的世界观、人生观、价值观,这是人才培养的应有之义,更是必备内容。专业设置的每一门课程都具有育人的功能,专业课程应与思政课程同向同行,将显性教育和隐性教育相统一,形成协同效应,构建全员、全程、全方位育人大格局。

(二)通过专业课程思政建设全面提高人才培养质量

房地产经营与管理专业应紧紧围绕国家、区域及行业发展需求,结合专业人才培养目标,构建全面覆盖、类型丰富、层次递进、相互支撑的课程思政体系。切实把教育教学作为最基础最根本的工作,深入挖掘专业课程中蕴含的思想政治教育资源,让学生通过学习,不仅能掌握专业知识及技能,还能通时事、懂政治、熟法律、知政策、善交际、勤思考,养成坦诚待人、积极上进、吃苦耐劳的作风和习惯,努力成为一名合格的大学生、房地产行业发展的助力者及国家的建设者。

(三)建立健全系统的保障及评价制度,确保专业课程思政教学效果

教师在开展专业课程教学的过程中,或多或少都会涉及一些思政教学元素,但如若要形成系统化的课程思政教学内容或者可推广的思政教学成果,则需建立健全的考评、激励和保障制度,要让教师有制度可依,在课程思政教学的道路上更有动力。教师在课程思政教学方面的付出要能够在最终的课程教学评价结果中予以体现,专业要重视对教师课程思政教学能力的培养,加大对课程思政建设优秀成果的支持力度。

(四)结合专业课程的特征,可灵活使用教学方式,润物于无形

专业课程思政教学内容应与专业课程的教学内容相结合,可运用案例教学法、项目教学法等教学方法在课程教学过程中实现思政育人之目标,润物于无形。

在课堂教学中潜移默化弘扬爱国主义、工匠精神;通过项目任务,让学生了解中国的经济发展情况、房地产行业的发展等,不仅能掌握专业发展的最新前沿信息,还能了解国情,增强作为一个中国人的自豪感,提升参与创新实践的热情和自主学习的能力。

此外,可采取启发式教学、线上线下讨论教学的方式,让学生尽可能地加入学习讨论,带动学生主动思考,这样学生对特殊案例的印象将更为深刻。

(五)专业各类课程特色相长、交叉互补,多维度共促思政育人目标之达成

各类课程结合课程特点,围绕坚定学生理想信念,以爱党、爱国、爱社会主义、爱人民、爱集体为主线,围绕政治认同、家国情怀、文化素养、宪法法治意识、道德修养、职业素养、工匠精神等重点优化课程思政内容,培育和践行社会主义核心价值观,教育引导学生把国家、社会、个人的价值要求融为一体,在爱国、敬业、诚信、友善等方面提高自身的修养。

加强中华优秀传统文化教育,大力弘扬以爱国主义为核心的民族精神和以改革创新为核心的时代精神,教育引导学生深刻理解中华优秀传统文化中讲仁爱、重民本、守诚信、崇正义、尚和合、求大同的思想精华和时代价值,教育引导学生传承中华文脉,富有中国心、饱含中国情、充满中国味。

深入开展宪法法治教育,教育引导学生牢固树立法治观念,坚定走中国特色社会主义法治道路的理想和信念,深化对法治理念、法治原则、重要法律概念的认知,提高运用法治思维和法治方式维护自身权利、参与社会公共事务、化解矛盾纠纷的意识和能力。

深化职业理想和职业道德教育,教育引导学生深刻理解并自觉遵守各行业的职业规范,增强职业责任感,培养遵纪守法、爱岗敬业、无私奉献、诚实守信、公道办事、开拓创新的职业品格和行为习惯。

三、专业课程思政教学的培养目标

(一)总体目标

通过专业课程思政教学,提升房地产经营与管理专业学生的社会主义核心价值观,教育引导学生把国家、社会、个人的价值要求融为一体,在爱国、敬业、诚信、友善等方面提高自身的修养,增强学生的法治意识、责任意识、担当意识,激发学生的学习热情,将学生培养成为一名对企业有归属感,对家庭有责任心,对国家建设、社会及行业发展能做出贡献的社会主义事业建设者,提升专业学生的就业率、工作稳定性及晋升比例。扎实推进习近平新时代中国特色社会主义思想和党的二十大的重要思想、重要观点、重大战略、重大举措有机地融入专业教学。

(二)具体目标

(1)培养学生正确的世界观、人生观、价值观,树立崇高的理想信念。

(2)深化教育引导学生,让学生从精神、行为层面真正做到热爱祖国、热爱中国共产党、热爱我们的民族,强化国家安全意识。

（3）培养学生的道德法治意识，能够崇尚宪法、遵守法律、遵规守纪；遵守、履行道德准则和行为规范，具有社会责任感和社会参与意识；不做危害企业及客户利益的事情。

（4）引导学生早就业，树立职业意识，提升学生诚实守信、爱岗敬业的职业素养，塑造精益求精的工匠精神。

（5）使学生具有职业生涯规划意识和创新思维，通过介绍成功的校友发展案例，让学生根据自身特点，从房地产业务线或职能线进行职业生涯规划，并分析校友成功的原因，从而更好地规划自己的人生。

（6）使学生具有较强的集体意识和团队合作精神、良好的行为习惯和自我管理能力。

（7）使学生具有健康的体魄、心理和健全的人格，养成良好的健身与卫生习惯，具备较强的抗压能力。

（8）提升学生的信息、审美和人文素养。

（9）提升学生全方位思考分析问题、解决问题的能力。

四、面向课程思政的专业课程体系

（一）设计依据

房地产经营与管理专业依据思政教学的目的，梳理思政教学众多元素，结合本专业的发展方向、已有的课程体系、学生就业岗位特点及专业学生的特点等，构建科学、合理的面向课程思政的专业课程体系，坚持以学生为中心、以成效为导向，将思政要素与课程内容有效融合，分类型、分层次推进课程思政建设，提升学生的课程学习体验，坚决防止"贴标签""两张皮"。

（二）课程结构

利用公共素质类课程、专业类课程及社会实践类课程协同开展思政教学工作，根据各类课程的特性，有针对性地开展思政教学工作。房地产经营与管理专业课程结构如图12-1所示。

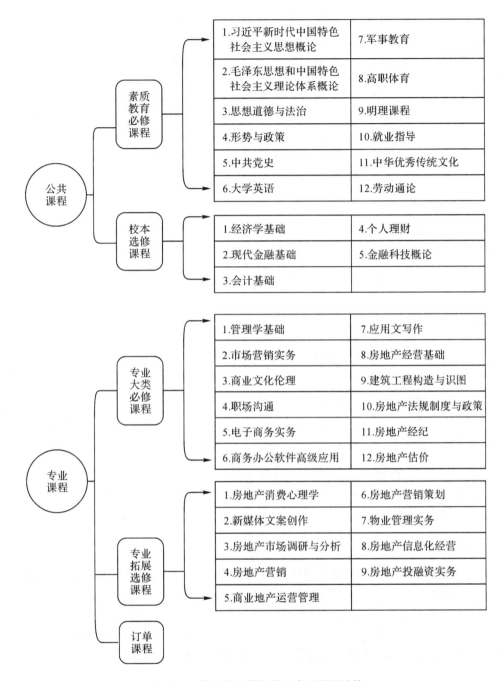

图 12-1　房地产经营与管理专业课程结构

1.公共素质类课程思政

公共素质类课程思政育人内容主要涉及思想道德修养、法治意识、职业意识、爱国情怀、中华传统文化的继承与弘扬、良好习惯及思维方式的养成等。

具体育人情况说明如下。

通过"习近平新时代中国特色社会主义思想概论""毛泽东思想和中国特色社会主义

理论体系概论""思想道德与法治""形势与政策""明理课程"等素质教育必修课程提高学生的思想道德修养，让学生了解国家政策及国际形势，树立正确的世界观、人生观及价值观，坚定理想信念、厚植爱国主义情怀。

通过"中华优秀传统文化"课程让学生在了解中国传统文化的同时，学会文化传承，不崇洋媚外；通过"军事教育"及"高职体育"课程帮助学生在体育锻炼中享受乐趣、增强体质、健全人格、锤炼意志，助力学生养成良好的生活习惯。

通过"经济学基础""会计基础"等校本选修课程提升学生思考问题的能力，拓宽知识面，掌握事物发展规律，结合通俗易懂的社会案例，在传输知识的同时，也让学生了解知识背后的人文属性。

2. 专业类课程思政

专业类课程思政育人内容主要涉及学生作为房地产经纪人、房地产估价员等应具备的职业素养，如人际交往能力、服务意识、创新思维、法治意识、工匠精神、分析解决问题的能力等。

具体育人情况如下。

通过"管理学基础""商业文化伦理""职场沟通"等专业大类必修课程提升学生的人际交往能力、管理技能，让学生知晓商业伦理常识，为今后走上社会，成长为一个善沟通、诚信守法、儒雅有涵养的社会人奠定基础。此外，通过"房地产经营基础""房地产法规制度与政策""房地产经纪""房地产估价"等专业大类必修课程，以及"房地产市场调研与分析""房地产营销""商业地产运营管理""物业管理实务"等专业拓展选修课程，在加大学生的专业知识储备、提升技能水平的同时，注重学生科学思维能力的训练和科学伦理的教育，培养学生追求真理、实事求是的求学态度，提高学生发现社会问题、正确认识问题、分析问题和解决问题的能力。

3. 社会实践类课程思政

通过"明理实践""认识实习""岗位实习""毕业设计"等社会实践类课程弘扬劳动精神，增强学生勇于探索的创新精神、善于解决问题的实践能力，在实践中增长智慧才干，在奋斗中锤炼意志品质，提升职业素养。

(三)专业课程的相关课程信息及课程思政育人目标

房地产经营与管理专业课程的相关课程信息及课程思政育人目标示例如表 12-1 所示。

表 12-1 房地产经营与管理专业课程的相关信息及课程思政育人目标示例

序号	课程名称	课程目标	主要教学内容	主要教学要求	课程思政育人目标
1	房地产经纪	通过课程教学,学生能够掌握房地产租赁业务、房地产经纪置换业务及房地产经纪代理业务操作,并能够进行房地产经纪信息管理	房地产经纪人职业道德,房地产经纪代理业务操作,利用互联网搜集并发布房源信息,线上约看房并签订合同等	能够独立完成房地产租赁、转让、抵押业务操作流程,能够独立操作房地产经纪信息管理系统	1.在育人内容方面,及时了解学生的学习动态与思想动态,关注教学过程中的每一个环节,正确分析和认识学生的优点和缺点,淡化缺点,强化优点,从中发现闪光点来鼓励他们,增强学生学好专业知识的信心,增强他们成为优秀专业人才的信心;课程邀请行业兼职教师授课,兼职教师不仅会根据学生的知识结构有的放矢地传授知识,还会根据学生的思想现状进行职业道德教育的融入 2.在育人方法方面,积极实行启发式教学,以激发学生独立思考和创新的意识,培养学生的科学精神 3.在育人实践方面,通过实训、工学交替及房地产经纪人竞赛提升学生的职业素养,培养职业意识及团队合作精神
2	房地产营销	通过课程教学,学生能够了解和掌握房地产营销的基本原理,熟悉房地产市场环境分析及目标客群特征辨识的方法,掌握房地产促销及价格策略、房地产营销渠道等知识,具备市场分析能力和营销能力等	房地产置业顾问职业道德、房地产市场调查、房地产项目定位、制定房地产价格、选择营销渠道及促销策略,网络时代下新的营销理念、策略及方法	能够进行房地产市场的调查,能够完成房地产项目营销策划报告的撰写,能够运用网络传媒开展房地产营销	1.在育人内容方面,结合房地产营销岗位需求,如营销人员所需具备的专业知识、职业素养等梳理课程内容,培养学生独立思考问题、知识拓展、与人交际的能力,提升学生减压抗压的能力,教育学生做一个诚实正直的房地产人 2.在育人方法方面,通过理论教学与实践教学、案例教学与项目教学相结合的方式,培养学生将理论知识应用于实际项目任务的能力,并通过与房地产行业一线专业人员的合作教学,让学生了解实际的房地产市场情况,对今后的就业环境有更为清晰的认识 3.在育人实践方面,通过实地调研、项目任务解答、方案设计、汇报分享等多种形式,让学生走出校门,了解社会现实,培养学生分析和解决问题的能力,培养学生团队合作意识,使学生学会信息分享,进行正确的思想表达

续　表

序号	课程名称	课程目标	主要教学内容	主要教学要求	课程思政育人目标
3	房地产估价	通过课程教学，学生可以了解房地产价格形成机制，掌握房地产估价方法和技能，学会起草房地产估价报告	房地产估价人员职业道德、房地产基础知识和估价原则、房地产估价的主要方法、房地产估价的程序、运用互联网搜集相关资料的方法	能够根据房地产项目特性选择估价方法并进行价格评估，撰写房地产估价报告的方法等	1.在课堂教学环节，通过项目教学、案例教学等方式，将房地产估价职业道德融入课程内容，让学生认识到房地产估价人员必须坚持专业操守，客观公平公正开展估价业务 2.在实践教学环节，通过小组合作完成项目任务，培养学生分析、解决问题的能力及团队合作意识，通过撰写房地产估价报告，帮助学生养成实事求是、严谨细致的工作作风
4	房地产法规制度与政策	让学生系统掌握房地产领域的法规制度与政策，重点掌握房地产买卖、租赁、抵押、中介服务等房地产交易领域的现行法规、政策内容，为学生将来从事房地产中介服务及房地产销售工作奠定基础	房地产权属、房屋拆迁、房地产交易、房地产税收等房地产法规制度及政策，以及运用互联网了解最新的房地产政策的操作方法	能在案例分析中正确运用房地产相关法规依据，对案例事件给出正确的处理意见	1.在育人内容方面，引导学生树立正确的法治观，教导学生要诚信、守法，同时也要学会运用法律知识、法律武器保护自己，保护自身合法权益不受侵害，并提升自己的法律素养 2.在育人方法方面，主要运用案例教学法，结合案例分析，让学生在掌握相关房地产法规知识的同时，引导学生从案例中吸取实践经验和教训
5	房地产市场调研与分析	使学生了解和掌握房地产市场调查整体工作流程、房地产市场调查的内容、房地产市场调查的方法，掌握设计调查问卷、对调查资料进行分析整理和撰写房地产市场调查报告的技能	房地产市场调查方法、内容和流程、市场调查问卷的设计、利用互联网进行资料的收集整理与分析	能够针对调查内容选择调查方法，能够对初级和次级资料进行综合分析，能够完成房地产市场调查报告	1.在育人内容方面，将思政教育与专业知识讲授紧密结合，把价值塑造、知识传授和能力培养有机统一起来，培养学生的职业精神、职业素养和职业操守，使学生对自身的目标、追求和抱负更加明确，展现出当代优秀大学生的精神风貌，并将更高的热情投入为中国特色社会主义奋斗的学习和工作中 2.在育人方法方面，通过案例教学培养学生的爱国情怀和民族自豪感；通过专业知识的讲授培养学生的职业理想、奋斗精神；以前沿技术和经营理念激发学生的创新思维和意识；在课程教学中全程注重培养学生高尚的道德情操和健康的价值观；通过课堂讲授、一对一课后面谈指导和教师言传身教等多种形式培育和弘扬社会主义核心价值观，担当学生健康成长指导者和引路人的责任，培养又红又专、德才兼备、知行合一、全面发展的中国特色社会主义合格建设者和可靠接班人

序号	课程名称	课程目标	主要教学内容	主要教学要求	课程思政育人目标
6	房地产投资融资实务	通过房地产投资环境分析、市场分析、房地产投资项目财务分析、房地产投资项目不确定性分析和风险分析、房地产投资项目决策分析等内容,帮助学生重点掌握房地产投资分析的基本方法,使学生能够理论联系实际,提高分析问题和解决问题的能力,最终能够独立完成一份房地产投资分析报告	房地产投资环境分析、房地产投资项目的费用构成、投资估算、融资方法、财务评价、风险分析及房地产投资决策等	能够估算房地产开发项目的总成本等,编制房地产投资项目基本的财务报表,并做出投资方案的财务评价	1.在育人内容方面,通过对房地产投资环境的调查,引导学生了解我国的经济形势和社会发展、城市规划和基础设施建设,使学生认识到我国改革开放的巨大成就,坚定"四个自信",激发爱国主义情怀和民族自豪感;通过房地产投资项目财务基本报表编制的实训内容,培育学生的探索精神,培养学生严谨、负责的专业素养;通过房地产投资项目财务评价的学习与实践,帮助学生认识到自己所学的知识对企业生存和发展的重要性,激发学生的职业自豪感,鼓励学生学以致用,知行合一 2.在育人方法方面,课堂教学融入企业的实操案例,带领学生了解行业中最前沿的分析视角与方法,通过理论和实践的前沿分析,培养学生的创新思维

五、课程思政教学实施

(一)教学设计

专业课程思政教学应从学情调查、教学目标设定、育人内容、教学组织、教学效果总结与反思等几个方面进行教学设计。

在进行课程思政教学设计时,应考虑到课程思政的协同性和契合性。协同性即教育主体与教育对象的协同性,而契合性则是指专业教学内容与思政元素的契合。

教育主体应充分考虑教育对象即学生的特点和学习诉求,不能为了思政而思政,应在充分做好教育对象特征调研的情况下,思考如何将思政元素合理地融入教学内容体系中,并贯穿课前思考、课中教学、课后讨论、实训实践、作业等各环节,在课程思政实践中需要对内容和资源进行巧妙整合,实现外化于行、内化于心的目的,并通过适当的考核方式(定性与定量考核相结合),对教学效果予以评定,并及时进行反思与调整。

此外,思政育人不仅仅局限在第一课堂,第二、三课堂均可配合第一课堂开展思政教学工作,通过开展专业讲座、实践类、竞赛类活动,如专业始业教育、行业专家讲座、房地产协会活动、房地产经纪人竞赛、房地产策划大赛等,让学生对行业、专业有更加清晰的认识,并在各类活动中不断提升学生的职业素养、团队合作能力等。

（二）教学内容

在进行思政教学内容选择时，教师应基于所授课程的特点，将能够承担的思政教育内容进行梳理。此外，应依据专业整体的思政育人目标及育人体系，将本课程梳理出的思政教学内容元素进行分类整理，有重点、分层次开展思政育人工作。

房地产经营与管理专业课程思政教学内容示例如表 12-2 所示。

表 12-2　房地产经营与管理课程思政教学内容

章（模块）	知识目标	能力目标	思政目标	思政目标在本章节中具体体现点和结合点	思政教育呈现内容
初识房地产经纪行业	房地产经纪的内涵、功能定位和基本活动类型	能运用所学知识对当地房地产经纪企业基本情况进行调研	树立学生全心全意为人民服务的意识	在讲解中国房地产经纪知识点时，让学生对房地产经纪行业产生兴趣，并意识到只有提高专业水平才能提高为人民服务的能力，并立志成为一名合格的房地产经纪人	为人民服务意识
房地产经纪机构及经纪人员	经纪人员应具备的素质和能力	初步具备房地产经纪人员应具备的职业能力，如搜集信息、市场分析等	树立学生良好的职业道德	阐释经纪人员应具备的素质和能力，房地产经纪人员职业道德的基本要求为：遵纪守法、规范执业、诚实守信、尽职守则、公平竞争及注重合作	房地产经纪人员职业道德的基本要求
存量房经纪业务基本流程	存量房经纪业务基本流程	能运用所学知识初步模拟完成存量房经纪业务基本流程	加强学生市场风险防范意识	学习存量房经纪业务规范流程，以及对房地产交易当事人交易资格的审查方法	严格遵守国家的规章制度
存量房经纪延伸服务	掌握存量经纪房延伸服务的内容	能够初步模拟完成存量房经纪延伸服务	让学生树立以顾客为中心、以人民为中心的意识	房地产经纪咨询及代办服务	以人民为中心的意识
新建商品房销售代理业务的基本流程	掌握新建商品房销售代理业务的基本流程	能模拟完成新建商品房销售代理业务的基本流程	加强学生国家大局意识和风险意识	学习关于房地产市场的政策和文件精神，理解"房住不炒"的定位，领会"因城施策，稳地价、稳房价、稳预期"的长效机制的政策宗旨，让学生坚定贯彻我国的政策、方针、路线，培养爱国情怀	防范意识
房地产经纪服务合同与房地产经纪执业规范	了解房地产经纪服务合同与房地产经纪执业规范的主要内容	能遵守房地产经纪执业规范，完成房地产经纪服务合同的填写	培养学生爱岗敬业、恪尽职守、诚实守信等职业素养	进行房地产经纪服务合同推荐文本讲解，理解房地产经纪执业规范是房地产经纪人员自律管理的基本守则，培养学生爱岗敬业、恪尽职守、诚实守信等职业素养	执业规范和职业道德
房地产税费	熟悉房地产主要税费	能计算房地产交易过程中的税费	树立学生的诚信意识	学习房地产交易中税费种类及计算，树立学生诚信纳税的意识	诚信意识

（三）教学方法

在开展课程思政教学时,应力求春风化雨,以话题交流、案例分析、争议讨论及课堂练习为主,变说教式为建构式,由学生自己揭露问题并形成观点。

课程思政的教学组织形式应灵活创新,课堂组织模式以便利学生学习为原则,增加课堂教学互动,采用线上、线下结合的教学方式,让学生尽可能地参与到学习讨论中来,带动学生主动思考,不断完善学生的德行修养。通过教学方式及内容创新,探索讨论式、网络深度讨论、情景模拟与角色体验等教学方法,深度拓展教学内容,实现知情意行的统一。通过案例教学法、项目教学法等在课程教学过程中实现思政育人之目标,润物于无形。

（四）教材选用

在教材选用时,除选择原先使用的高质量、出版年份较新的与课程吻合的专业教材外,还需增加体现思政教学元素的参考教材,此类教材可选择纸质或电子化教材。当然如果有最新的体现思政教学内容的教材,应优先选择。

（五）师资队伍

教师是开展课程思政教学的主体。提升教师的思政教学意识、加强主动性,提高思政教学的能力,对于保障课程思政教学的效果非常关键。教师在学习研究本专业领域的知识外,还应积极开展学习、交流、培训等活动,利用线上、线下一切可利用的资源,参加马克思主义政治经济学、马克思主义新闻观、中国特色社会主义法治理论、法律职业伦理、人文教育等专题培训,提升教师的政治素养及思政教学的意识。在教研室、教学团队、课程组内,应定期开展课程思政教研活动,并在条件允许的情况下,鼓励专业课教师与思政课教师合作教学教研。此外,鼓励教师针对课程思政建设工作中的重点、难点、前瞻性问题开展研究。

六、课程思政教学评价

（一）评价对象

人才培养效果是课程思政教学评价的首要标准。评价应该立足于课程或专业,凸显对学生发展过程的考查,并将考查结果运用到教师的教学反思与改进等方面。

（二）评价内容

进行课程思政教学评价时,应立足学生的知识、能力、情感、态度、价值观方面的发展情况,充分及时地反映学生的成长成才情况,凸显评价的人文性和综合性。此外,应基于学生思想政治素养发展的过程性,反映课程思政教学中教师知识传授与思想启迪、价值引领的结合程度及所用教学方法的适用性,科学评价以提升教学效果。

(三)评价方法

在进行课程思政教学评价时,应将客观量化评价与主观效度检验相结合,注重过程评价、动态评价。在进行量化评价时,可从思政教学目的的设定、教学组织、教学效果的实现等方面进一步细化评价指标,进行评价。

(四)评价标准

在进行课程思政教学评价时,可从课程思政教学的目标设定、思政教学内容的选择、学情分析、教学方法的选择、教学重难点的把握、教学互动、教学效果评价、教学反思这 8 个方面进行教学评价,其中思政教学内容的选择应考察其与专业教学内容的融合度,教学互动主要考察学生线上、线下的参与度,教学效果主要考察学生思想意识方面的提升程度。

七、管理制度与保障机制

(一)建立专业督查小组,开展课程思政教学督查工作

建立专业督查小组(如专业主任任督查组长、专业副主任任督查组副组长、教研室副主任任督查组秘书),针对专业课程的思政教学情况进行定期与不定期的跟踪检查,深入课堂,结合学生的反馈,了解课程思政教学的执行情况,对优秀教学案例进行表扬,并组织专业教师开展学习,对思政教学落实不到位的课程,则要求及时整改,并且将思政教学执行情况作为课程教学效果评价的因素。

(二)将课程思政教学完成情况作为教师工作绩效评价的重要指标

把教师参与课程思政建设情况和教学效果作为教师考核评价、岗位聘用、评优奖励、选拔培训的重要依据之一。在教学成果奖、教材奖等各类成果的表彰奖励工作中,突出课程思政要求,加大对课程思政建设优秀成果的支持力度。

(三)加强政策资金配套支持

建立课程思政培训与研究专项经费,支持教师课程思政建设工作,参加各类思政教学培训,开展课程思政教学研究等。

(执笔人:范小琪 傅玳)

电子商务专业课程思政教学实践

一、电子商务专业课程思政教学的时代背景

电子商务是随着计算机网络的发展而发展起来的一门新型学科,电子商务使传统意义上的服务、商品流通、国内贸易、国际贸易等概念的内涵发生了理念上的变化。近年来,电子商务这一学科的理论和实践有了突飞猛进的发展,跨境电商、农村电商、直播电商及移动电商等成为电子商务新的发展方向。

课程思政就是把"立德树人"融入教育各环节,进一步加强和改进学生思想政治教育工作。随着电子商务需求与应用的飞速发展,电子商务专业学生在行业环境中面对的国内外社会制度更加多样化,跨境电商渗透诱惑更加复杂化,只有在人才培养的关键期内有效充分地开展和加强思政教育,才能使高职电子商务专业的学生拥有良好的职业道德和职业素养,才能牢固树立"四个意识",坚定"四个自信",坚持"两个维护"。

二、电子商务专业课程思政教学的基本理念

(一)落实教育立德树人根本任务

立德树人是教育根本任务的延展,也是新时代中国特色社会主义发展的迫切需要。立德树人是一个相互联系、有机统一的整体。立德是树人的基础,树人是立德的归宿。高等职业院校所有课程教学要把立德与育人作为首要任务,任何时候都不能忽视。电子商务专业课程思政要把课程教学目标与思政育人目标有机融合,教师在系统讲解专业知识的过程中应注重专业知识的价值引领作用,要求学生在掌握专业知识和提高专业技能的

同时,具备正确的道德认知和良好的道德情操,引导学生热爱专业、热爱科学、热爱学习、热爱国家,激发民族、国家、社会和家庭责任感,培养学生良好的思想道德素质和健全的人格,更好地完成教师传道授业解惑和教书育人的神圣使命,促进学生的健康成长,达到立德与树人、育人与育才的有机统一。

(二)提高专业教师人才培养能力

意识和能力是两种不同的概念,意识的提高并不等于能力的提高。任课教师课程思政意识的提高并不等于课程思政能力的提高。电子商务专业任课教师仅具备课程思政意识是远远不够的,更重要的是提高课程思政的融入能力,把课程思政育人目标真正地落到实处。教师要给学生一碗水,必须自己有一桶水。课程思政要求教师积极参加大学课程思政教育系列教学研究,通过自学、进修、培训,不断提升自身课程思政教育能力。任课教师要及时了解党的路线、方针、政策,时刻关注国家大事,深刻领会国家重大发展战略,不断提高自身的政治觉悟。学校积极组织各种与课程思政有关的讲座、培训、研讨、交流、教学观摩、课题研究等活动,扩大教师的思政视野。思政课教师和其他教师加强交流合作,同心同力,优势互补,明确分工与责任,加强课程思政教学的交流,促进课程思政的有效实施。任课教师要在人才培养方案、教学大纲、教案中体现思政要求,在实际教学中不断总结经验,掌握规律,反复实践,切实提高自身的课程思政能力。

三、专业课程思政教学的培养目标

(一)总体目标

电子商务是利用简单、快捷、低成本的电子通信方式,买卖双方不谋面地进行各种商贸活动,在进行贸易活动的同时,电子商务专业课程思政坚持把立德树人放在首位,努力达到潜移默化、润物无声的教育效果,教育引导学生正确认识世界和中国电子商务发展大势,正确认识时代责任和历史使命,不断增强"四个自信",努力把学生培养成创新型、复合型电子商务高级专业人才。扎实推进习近平新时代中国特色社会主义思想和党的二十大的重要思想、重要观点、重大战略、重大举措有机地融入专业教学。

(二)具体目标

1.实现高等职业院校全员育人基本要求

育人是所有教职员工的职责,高等职业院校要做到全员育人,就要充分发挥每位教师的积极性和主动性。学校的部分教职员工不直接接触学生,而思政课教师和其他任课教师直接与学生在课堂上进行面对面的接触和交流,既是学生知识和技能的传授者,也是学生成长的引路人,教师的授课和思想观点对学生的思想行为有重要的影响,可见任课教师是全员育人中的关键人物。课程思政理念的提出和实践,要求所有任课教师都有思政育人职责。新传统思想政治教育主体不再是单兵作战,而是所有任课教师都要挑起育人担子,积极落实全员育人要求,切实发挥课堂教学育人功能。课程思政使高等职业院校思想政治教育工作队伍从"单兵作战"向"团队协同"转变,积极发挥每位教师的育人潜质和育人能力,开创人人参与思政教育、人人负责思政教育的新局面。

2.专业课程思政特色

根据电子商务专业课程的主体内容及课程特点,以诚信教育、爱国主义教育、法律意识教育与社会主义核心价值观教育为依据,重新设计课程思政内容,以此来更好地体现这一课程的教育教学价值及作用,保证学生既掌握该课程学习的核心要求,又能够树立正确的世界观、人生观、价值观。"电子商务实务"课程思政改革实施案例,结合专业原理和特色,与思政内容进行有机结合,获得校级课程思政示范课程,同时获得校级课程建设改革类奖。

四、面向课程思政的专业课程体系

(一)设计依据

1.思政建设

为全面贯彻习近平新时代中国特色社会主义思想和党的二十大精神,落实全国高等职业院校思想政治工作会议精神,坚持社会主义办学方向,落实立德树人根本任务,按照价值塑造、知识传授和能力培养的总体要求,深化学校课程思政教学改革,发挥各类课程育人作用,推进全员全过程全方位育人,培养又红又专、德才兼备、全面发展的中国特色社会主义建设者和接班人。

2.专业发展

电子商务专业的典型特点是理论与实践的密切结合,依托真实的互联网环境,学生不仅是知识的接受者,同时也是互联网信息的传播者。这就要求学生有较强的法治意识,避免触及法律底线,所输出信息积极向上,拥护社会主义核心价值观和共产党领导,能体现当代大学生的理想信念和远大抱负,脚踏实地,勤奋上进,做一名合格的互联网公民。因此,任课教师不仅要掌握并传授文案策划的专业知识,同时也担负着传道育人的社会责任。教师通过精心设计与组织,在专业知识的讲授中融入人生观、世界观与价值观。

3.学生发展

在专业课教学过程中,重点培育学生求真务实、实践创新、精益求精的精神,培养学生踏实严谨、吃苦耐劳、追求卓越等优秀品质,使学生成长为心系社会有时代担当的技术技能人才。将价值导向与知识传授相融合,明确课程思政教学目标,在知识传授、能力培养中,弘扬社会主义核心价值观,传播爱党、爱国、积极向上的正能量,培养科学精神。将思想价值引领贯穿于教学计划、课程标准、课程内容、教学评价等主要教学环节。

(二)课程结构

电子商务专业利用公共素质类课程、专业类课程及社会实践类课程协同开展思政教学工作,根据各类课程的特性,有针对性地开展思政教学工作。课程体系由公共素质类课程、专业类课程、社会实践类课程组成。具体如图 13-1 所示。

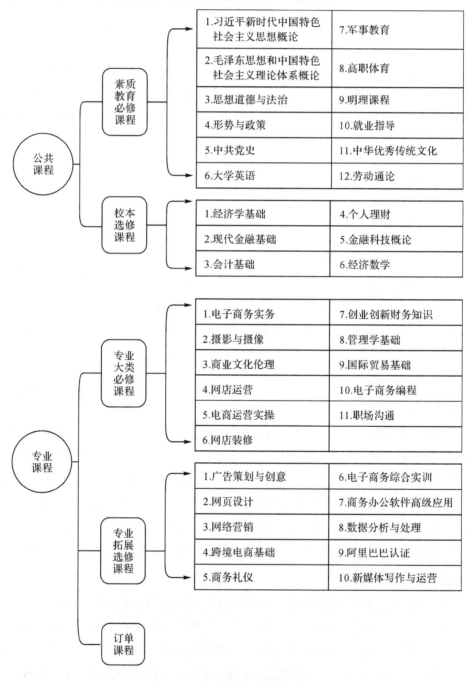

图 13-1 电子商务专业课程结构

1. 公共素质类课程思政

公共素质类课程思政旨在对大学生系统开展中国特色社会主义理论教育,是高等职业院校所有人才培养的核心课程。电子商务专业通过"习近平新时代中国特色社会主义思想概论""毛泽东思想和中国特色社会主义理论体系概论""思想道德与法治""形势与政策""中共党史"等素质教育必修课程提高学生的思想道德修养,让学生了解国家政策及国际形势,树立正确的世界观、人生观和价值观,坚定理想信念、厚植爱国主义情怀;通过"中华优秀传统文化"课程让学生在了解中国传统文化的同时,学会文化传承,不崇洋媚外;通过"军事教育""高职体育"课程帮助学生在体育锻炼中享受乐趣、增强体质、健全人格、锤炼意志,助力学生养成良好的生活习惯。通过"商务礼仪""会计基础"等公共选修课程提升学生思考问题的能力,拓宽知识面,掌握事物发展规律,结合通俗易懂的社会案例,在传输知识的同时,也让学生了解知识背后的人文底蕴。

2. 专业类课程思政

专业课程,注重以专业技能知识为载体开展育人工作。电子商务专业通过"商业文化伦理""管理学基础""职场沟通"等专业大类必修课程提升学生的人际交往能力、管理技能,让学生知晓商业伦理常识,为今后走上社会,成长为一名善沟通、诚信守法、儒雅有涵养的社会人奠定基础。此外,通过"电子商务实务""网店运营""电商运营实操""网店装修"等专业大类必修课程,以及"电子商务编程""网络营销""电子商务综合实训""商务办公软件高级应用"等专业拓展选修课程,在加大学生的专业知识储备、提升技能水平的同时,注重对学生科学思维能力的训练和科学伦理的教育,培养学生追求真理、实事求是的求学态度,提高学生发现社会问题、正确认识问题、分析问题和解决问题的能力。

3. 社会实践类课程思政

社会实践类课程思政是其他各门课程的延伸和拓展,应当成为推进思想政治理论课教学改革的"示范田"。探索高等职业院校思想政治理论课话语体系创新,处理好马克思主义理论学科建设与思想政治理论课程发展的相互关系,真正体现学生、教学、实践三位一体。

通过"明理实践""认识实习""岗位实习""毕业设计"等社会实践课程教育和引导学生弘扬劳动精神,增强学生勇于探索的创新精神、善于解决问题的实践能力,在实践中增长智慧才干,在奋斗中锤炼意志品质,提升职业素养。近年来,电子商务专业一直坚持通过社会实践培养学生吃苦耐劳的精神,同时增强学生的"四个自信"。通过与众多电商企业的合作,举办校企合作、工学交替等活动,让学生体验真实的工作环境,从中培养学生吃苦耐劳的品德,此外,通过社会实践,学生能够了解电商企业的经营模式,从而提高专业技能。

(三)专业课程的相关课程信息及课程思政教学育人目标

电子商务专业课程的相关课程信息及课程思政育人目标示例如表13-1所示。

表 13-1　电子商务专业课程的相关课程信息及课程思政育人目标示例

序号	课程名称	课程目标	主要教学内容	主要教学要求	课程思政育人目标
1	电子商务实务	能够具备基础的互联网思维,对电子商务领域基础知识有所了解,熟悉电子商务领域的相关技术、运行规则	电子商务概论、电子商务模式、电子商务安全技术、互联网金融、移动电子商务、网络营销、跨境电商、电子商务物流、淘宝营销等9个模块	掌握电子商务基础知识和电子商务行业最新动态;掌握电子商务经典模式和新兴模式;掌握加密、解密、RSA算法(一种公开密钥密码体制)、RES算法(一种标准加密算法)、数字签名、数字证书等安全技术;掌握互联网借贷、互联网金融基础知识;掌握互联网思维和移动互联网电子商务应用基础知识;掌握淘宝开店和店铺简单装修;掌握网络营销基本概念和方法;掌握电子商务物流基础知识,掌握当今国内外物流业界的最新动态	1.在育人内容方面,结合电子商务模式、电子商务技术、电子商务物流、电商运营和营销、互联网金融等课程内容,培养学生的责任与自信品格、担当意识、创新意识等,引导学生树立正确的世界观、人生观、价值观,积极践行社会主义核心价值观,将职业技能学习与社会担当有机结合 2.在育人方法方面,通过案例法、讨论法、讲授法、任务驱动法等教学方法,在课程各项目学习中引入大量行业典型案例,引导学生开展小组讨论、团队项目设计,帮助学生掌握知识、提升能力 3.在育人实践方面,通过项目网络调查与搜索、安全技术、网店营销运营等模块开展实践教学环节,帮助学生树立正确的职业伦理观,养成认真严谨的态度,培养其"工匠精神"和创新思维
2	网店运营	通过课程的学习,学生应具备网店经营所需的各项技能,能完成商品上传与维护、营销活动设置、日常订单管理、首页设计与制作、详情页设计与制作、客户问题处理、交易促成相关操作,具有客户关系维护等能力	本课程对接"1+X"网店运营推广职业技能等级证书(初级)考试,包含以下内容: 1.根据宏观经济、市场需求、目标群体等因素选择经营品类并确定进货渠道 2.进行商品照片拍摄并完成照片的后期处理,完成首页及详情页的设计与制作 3.使用多种营销工具进行店铺导流 4.正确完成商品入库及出库操作,完成商品打包和发货工作 5.客服沟通及客户关系管理	掌握网店运营所需的各项知识与技能,主要内容包括平台规则、货源选择、商品拍摄及后期处理、网店首页及详情页的设计与制作、营销工具的使用、仓储与物流管理、客户关系管理等	运用案例讲解、知识讲授、实践操作等方式使学生树立家国情怀,即要使学生热爱自己的祖国、认同祖国的文化,增强学生的民族自信心和自豪感;提高道德情操即要提升学生的社会道德、个人道德和职业道德;提升个人品格即要培养学生求真务实、开拓创新、精益求精的做事风格

序号	课程名称	课程目标	主要教学内容	主要教学要求	课程思政育人目标
3	网店装修	通过本课程的学习,学生能应用Photoshop软件进行网店美工的相关处理;能够掌握网店美工相关的基础知识,掌握网店美工的基本原则及技巧,能综合使用Photoshop软件的各种工具进行网店设计和美化处理;通过各个项目的实践,具备通过"1+X"证书考试	1.店招的设计与制作 2.海报的设计与制作 3.首页的设计与制作 4.主图的设计与制作 5.详情页的设计与制作	掌握Photoshop基本功能,掌握照片处理的基本技巧,能进行店招、店铺首页、详情页面、宝贝主图的设计	在育人实践方面,通过项目网店店招制作、网店首页制作、商品主图制作、商品详情页制作等模块开展实践教学环节,帮助学生树立职业伦理观,养成认真严谨的态度,培养其"工匠精神"和创新思维
4	网络营销	能够树立网络营销理念,掌握网络营销调研、线上推广的方法和策略,具有一定的网店推广职业技能,并能进行网络营销实施和管理	感悟网络营销、网络营销市场定位、网络营销平台建设、网络营销推广和网络营销管理	要求学生树立网络营销观念和意识,熟悉网络市场调研方法和网络营销策略,掌握微信、微博、QQ等常见网络渠道的营销推广方法和技巧,熟悉网络营销管理基础指标,能进行网络营销市场调查、网络营销推广设计和网络营销管理	1.在育人内容方面,结合感悟营销、市场定位、市场调研、线上推广等课程内容,培养学生责任与担当意识、学习品格、创新意识等,引导学生树立正确的世界观、人生观、价值观,积极践行社会主义核心价值观,将职业技能学习与社会担当有机结合 2.在育人方法方面,通过案例法、讨论法、讲授法、任务驱动法等教学方法,在课程各项目学习中引入大量行业典型案例,引导学生开展小组讨论、团队项目设计,帮助学生掌握知识、提升能力 3.在育人实践方面,通过企业微博营销调研、企业百度推广调研、团队微信公众号设计等技能训练模块开展实践教学环节,帮助学生树立职业伦理观,养成认真严谨的态度,培养其工匠精神和创新思维

续 表

序号	课程名称	课程目标	主要教学内容	主要教学要求	课程思政育人
5	网页设计	掌握 HTML 5①语言的文档结构和基本标签使用方法，能综合应用Dreamweaver软件、HTML 5、CSS 3②及 CSS＋DIV③技术制作网页，掌握规划、开发、发布和管理静态网站的专业知识和技能	1. Dreamweaver工具的使用方法 2. HTML 5 的页面元素及属性介绍 3. CSS 3 选择器 4. H5 多媒体技术 5. 盒子模型、元素的浮动与定位、表单的应用	掌握网页制作基本知识、网页设计与制作的设计流程，能熟练运用 Dreamweaver工具进行网页设计与制作，能熟练使用HTML 5 与 CSS 3代码进行页面设计	网页设计课程重视提升学生设计、制作优秀网站的能力，教学过程将一些复杂、难以理解的思想问题简单化，并针对每个知识点精心设计相关案例，模拟这些知识点在实际工作中的应用，真正做到教授知识由浅入深、由易到难；通过各类案例教学培养学生相关职业理想和信念
6	数据分析与处理	通过课程的学习，学生能够具备数据分析所需的各项基础技能	1. 数据采集 2. 数据处理与分析 3. 日常数据监控与报表制作	1. 了解数据采集指标 2. 了解数据采集渠道及工具 3. 熟悉运营数据的采集 4. 了解市场与竞争数据采集 5. 掌握数据统计与处理 6. 了解数据的描述性分析 7. 熟悉日常数据监控 8. 掌握日常数据图表制作 9. 掌握日常数据报表的制作	1. 在育人内容方面，通过对假冒、伪劣等数据的分析，结合课程内容引导教育学生要诚实做人、诚信经商，不可违规 2. 在育人实践方面，通过数据采集、数据分析、数据图表制作、数据报表制作等实践项目模块开展实践教学环节，帮助学生树立正确的职业伦理观，养成认真严谨的态度，培养其"工匠精神"和创新思维

五、课程思政教学实施

(一)教学设计

一是根据基础课程和专业课程的不同特性，分别挖掘课程中蕴含的思想政治元素。二是编写试点课程方案和教学指南。从教学目标、教学内容和环节、教学策略与方法、教学资源分配等方面制订试点方案，编写教学指南。三是在试点基础上，从教学资料、教学策略、教学组织和教学评估等方面提出带有相关建设意见的方案。

---

① HTML 5 是构建网页内容的一种语言描述方式。

② CSS 3 即层叠样式表技术的升级版，是一种用来为结构化文档添加样式的计算机语言。

③ CSS＋DIV 是一种网页布局方法，可以实现网页页面内容与表现相分离。

(二)教学内容

以专业知识为基础,将相关专业知识与爱国主义教育相结合。例如,信息技术和互联网的发展是电子商务产生的物质基础。中国电商销售额逐年增加,2021年销售额排名世界第一。中国电子商务前景较好,存在巨大的经济潜力。信息技术和通信技术的发展,可以引导学生积极投身科技事业的发展,为实现科技强国目标贡献力量。特别是可以重点讲清中国5G通信技术的发展历程及取得的重大突破,引导学生刻苦钻研、善于创新、攻坚克难、努力学习,为中国的科技发展不断努力奋斗,增强民族自信心和自豪感。中国电商发展前景较好,成果突出,为中国经济增长做出了较大贡献,可以引导学生未来就业创业选择电商领域,实现自我价值和社会价值,用自己的聪明才智为中国的电商事业发展贡献力量,增强民族自信心,为实现中华民族伟大复兴的中国梦而不懈奋斗。

以专业知识为基础,将电子商务安全与法治观教育相融合。随着电子商务的深入发展,电子商务安全随之成为不可忽视的问题。电子商务面临着个人计算机和手机病毒、流氓软件、木马程序、网络钓鱼等威胁。近年来,不断出现网上购物被欺诈、木马病毒恶性攻击个人银行账户、个人数据泄露等现象。可见,电子商务在发展过程中面临许多挑战。任课教师精心挑选一些有代表性的电子商务安全案例在课堂上讲授,让学生参与讨论和发言,引导学生遵守电子合同法、电子签名法、电子商务法等相关法律,增强法律意识和法律素养,坚定中国特色社会主义法治信念,积极维护电子商务活动安全。任课教师还可以筛选一些典型的电子商务司法案件,使学生了解司法案件的审理程序,使学生深刻认识国家坚持依法治国的决心,坚信中国特色社会主义法治体系的优越性,引导学生自觉遵守法律法规,维护司法公平正义。

(三)教学方法

改革教学方法,即对传统教学方法进行改革,可以利用在线课程,采用"线上+线下"混合式教学模式,在课堂讲授、实训演练的同时,适时增加讨论、汇报、学生互评等教学环节,提高学生的课堂参与度和学习兴趣。同时,强化显性思政,细化隐性思政,构建全课程育人格局,使学生坚定中国特色社会主义法治观念,加强"四个自信"。

此外,本专业积极推进"学科竞赛、自主创业、校企合作"教学模式,努力提升学生创新创业能力。将学科竞赛纳入教学改革中,使学科竞赛融入教学体系中,成为人才培养的重要环节,突破目前单向式课程和教学组织方式,优化课程教学组织体系,实施设计型教育、将解决问题的能力放在突出的地位。将创新创业教育纳入教学计划,结合专业教育,全程融入人才培养方案全过程。依托电商平台强化创新、创业教育,深化人才培养质量、提高专业学子的综合能力。引进知名大互联网公司共建专业实验室,实现专业、企业、学生三方共赢格局。在教学方法上,积极对传统教学方法进行改革。改革的重点是提高学生的参与度,调动学生的学习积极性。在具体的教学方法上结合项目教学法、任务驱动教学法、案例教学法等多种教学方法,运用多媒体等先进的教学手段,多种措施提高教师的授课效果。

(四)教材选用

教材选用基本涵盖专业教学内容,难易程度适中,范例具有典型性、代表性,便于习者举一反三。选用教材时要求国家规划教材、优秀教材优先,并体现电子商务新理念,涵盖各类电子商务最新发展动态的真实案例。

(五)师资队伍

增强任课教师课程思政的融入意识。针对电商专业与时俱进的特殊性,倡导专任教师深入企业,实时把握行业动态,同时加强师资队伍建设。意识对人的行为具有指导作用,意识是行动的向导,正确的意识能够指导人们正确的行为。教师是课堂的主导者,是传授科学知识的关键人物,也是学生成长道路上的引路人。课程思政建设的效果关键在于教师,课程思政实践的效果如何,取决于教师的课程思政意识,取决于教师对课程思政的认可程度。电子商务专业任课教师要认同课程思政理念,意识到课程思政的重要性和价值性,才能在实际教学中进行课程思政教育,在传授科学知识的同时注重培养学生良好的思想道德素质,在提高学生专业技能的同时注重培养学生的家国情怀,使专业课程教学具有温度。课程思政教育要真正得以实施,要努力提升任课教师的思想政治素养,提高其思想政治教育意识,主动在电子商务专业知识讲授过程中融入思想政治教育内容,以增强电子商务专业类课程的育人功能。

六、课程思政教学评价

(一)评价对象

评价对象为学生和教师。

(二)评价内容

课程思政不仅是思政理论课的任务,同时也是专业课的责任。利用课堂教学主渠道进行思政教育,对学生进行德智体美劳五方面的衡量,对于思想教育不成熟,屡教不改的学生,不论成绩高低,都要进行批评教育,甚至给予一定的惩罚。

(三)评价方法

教学评价是学校每个学期必不可少的常规工作,是评价教师授课质量的重要来源。教学评价对教学活动起着诊断反馈和调控的作用。随着教育的发展和课程思政的普及,教学评价指标也要与时俱进地发生变化，以适应教学活动和教学理念的变革。为推动课程思政建设，电子商务专业课程的教学评价应适当地增加课程思政这一指标，为教学活动的开展提供方向和指导，考核教师是否实施课程思政，是否坚持新的教学理念。

(四)评价标准

电子商务专业积极探讨教学考核方式方法的改革，不断改进课程学习中对学生学业成绩的评价考核方法，改变传统的注重理论知识背记的单一考核模式，提高实务操作和案例实践在综合评分里的比重，探索出重在考核学生实践能力为主的成绩考核体系。一些专业课程的考核方法有了根本性的改变，由原来传统的答卷考核改为完成报告、方案等形式，更注重对所学知识的应用能力的考核。一些专业课程虽然没有完全放弃采用期末考试的方法，但却调低了期末考试成绩在总评成绩里的比重，增加了平时实践作业的占比，或是在期末考试中增加了体现知识应用能力考核的项目，并将课程思政作为考核学生和老师的标准之一。引导学生在互联网环境下，了解电商交易平台和自媒体平台相关法律法规，形成良好的法治意识和观念，并树立正确的价值观。高等职业院校教师要以德立身、以德立学、以德施教，坚持教书和育人相统一，坚持言传和身教相统一，坚持潜心问道和关注社会相统一。

七、管理制度与保障机制

在课程建设、课程教学组织实施、课程质量评价体系建立中，注重将"价值塑造"功能作为首要因素；在教学过程管理和质量评价中将"价值塑造"作为一个重要的监测指标。从源头、目标和过程上强化所有课程融入德育教育理念，并在教学建设、运行和管理等环节中落到实处。在课程标准、教学设计等重要教学文件的审定中考量"价值塑造与知识传授、能力培养"同步提升的实现度；在精品课程、示范课程的遴选立项、评比和验收中应设置"价值引领"或"德育功能"指标；在课程评价标准(含学生评教、督导评课、同行听课等)的制定中设置"价值引领"观测点。

电子商务专业着重建立健全与人才培养模式和课程教学模式相适应的教学管理制度，并以教书育人、管理育人、服务育人和生产过程育人为出发点，加强教学质量、管理质量和服务质量建设，确保专业建设质量，在质量管理和质量建设中切实起到示范、引领作用。在人才培养方案的制订上紧密契合用人单位的实际需要，在课堂教学管理方面注重教学计划与教学过程相结合的管理，在岗位实习环节明确实习单位、校内指导教师、实习单位指导教师各自的管理职责，制定管理工作规范，健全学生毕业实习管理机制，完善实习管理制度，加强实习学生的管理，实行校内成绩考核与企业实践能力考核相结合的制度，强化专业技能培养，建立专业技能考核标准。

(执笔人：马天有　陈月波　林青)

国际经济与贸易专业课程思政教学实践

一、专业课程思政教学的时代背景

数字经济日益成为我国经济高质量发展的新引擎,在推动数字经济与实体经济深度融合的过程中,数字贸易呈现出了广阔的前景和无限的潜力。浙江作为国家数字经济创新发展试验区,正全力打造全球数字贸易中心。浙江金融职业学院国际经济与贸易专业作为教育部国际贸易实务国家高水平专业群龙头专业,正进一步深化专业内涵建设,更好地服务浙江经济社会发展。为深入学习贯彻习近平总书记关于职业教育的重要指示精神和全国职业教育大会精神,全面贯彻党的教育方针,把思想政治教育贯穿人才培养体系,构建符合人才成长规律、体现时代要求、彰显高职数字国际贸易专业特色的课程思政体系,培养德、智、体、美、劳全面发展的社会主义建设者和接班人,国际经济与贸易专业特制定本专业课程思政教学实践指南。

二、专业课程思政教学的基本理念

本指南坚持以习近平新时代中国特色社会主义思想为指导,根据中共中央办公厅、国务院办公厅《关于深化新时代学校思想政治理论课改革创新的若干意见》、教育部《高等学校课程思政建设指导纲要》《浙江省高校课程思政建设实施方案》和浙江金融职业学院《加强课程思政建设 推进全课程育人的意见》等文件精神,坚持社会主义办学方向,坚持把立德树人作为专业教育中心环节,坚持把思想政治教育贯穿教育教学全过程。

本专业开展专业课程思政依据以下理念:一是"三全育人"理念。建设全程育人为基础、全员育人为主体、全方位育人为方略的人才培养机制,使思政课程与其他课程同向同行,构建全面覆盖、特色鲜明、层次递进、相互支撑的课程思政体系。二是"德技并修"育人理念。把育德、修技融入专业教学全过程,既发挥专业课程在技术技能培养中的主阵地作用,又注重培育学生的职业意识、职业精神,使学生成为德才兼备的新时代劳动者。三是"以德育德"理念。以"四有"好老师为鲜明导向,推动专业教师自我提升思想政治素质和师德师风;将思政元素融于课程,实现"润物无声",将工匠精神融于教学,实现"以身示范"。四是"一二三课堂融合"育人理念。从第一堂课起循序渐进地让学生认识专业课程的重要价值,结合第二课堂和第三课堂,让学生形成清晰的专业认知、树立坚定的职业理想,实现理论与实践相结合、课内与课外相结合、第一和第二三课堂相结合,构建"专业课程—社团活动—实践项目"的课程育人体系。五是"育训结合"育人理念。彰显职业教育类型特征,坚持工学结合,设计校内授课与工学交替两种授课形式,实现技能学习与劳动教育相结合。以"1+X"证书制度为契机,对学生开展岗位职业技能培训,提升学生的职业获得感和认同感,形成正确的职业观。

三、专业课程思政的建设目标

(一)总体目标

以培养拥护党的基本路线,适应区域经济建设和社会发展需要,具有诚信、合作、敬业、创新创业基本素养和数字素养,掌握国际贸易、跨境电商、创业创新等知识,能从事跨境电商B2B运营、销售、营销等工作,具有全球视野和较强可持续发展能力,在德、智、体、美、劳各方面全面发展的高素质技术技能型专门人才为目标,培育一批数字贸易领域课程思政示范课程,打造一批具有育德意识和育德能力的课程思政教学示范团队,立项一批课程思政教学研究项目,建设一批课程思政教学资源和优秀案例,形成"培育爱国情怀 建设贸易强国"专业课程思政之魂。扎实推进习近平新时代中国特色社会主义思想和党的二十大的重要思想、重要观点、重大战略、重大举措有机地融入专业教学。

(二)具体目标

1. 构建专业课程思政体系

基于国际经济与贸易专业特点,挖掘专业课程的育人元素,结合当前专业三级课程体系,打造专业核心课程的课程思政之魂。例如,"国际贸易基础""批判性思维""国际结算操作"3门专业基础课程的课程思政之魂分别为"知识为路、商誉起航""辩证理性、科学创新""精益求精、审慎创新";专业核心课程"跨境电商B2B运营""跨境电商B2B数据分析""跨境电商B2B销售""跨境电商B2B营销""进出口业务操作""外贸单证操作"的课程思政之魂分别为"精益求精、开拓创新""依数据求是,用数据创新""团队合作、诚信履约""以美育人、文化自信""重合同、守信用""精益求精的单证观",打造既传授职业知识和培养技术技能,又塑造正确世界观、人生观、价值观,多层次互补、有机融合的专业课程思政体系。

2.打造一批课程思政示范课程

依托专业课程体系框架,努力打造国际经济与贸易专业国家一省一校三级课程思政示范课程,将"外贸单证操作""国际结算操作"国家级精品在线开放课程建设成为国家级课程思政示范课程,将"出口业务操作"等省级精品在线开放课程建设成为省级课程思政示范课程,将"国际贸易基础""跨境电商 B2B 运营"等校级精品在线开放课程建设成为校级及以上课程思政示范课程。各门专业课程深入挖掘课程中蕴含的思想政治教育资源,将思想政治教育元素融合于课程教学,作为课程讲授的重要内容和学生考评、教学评价的关键指标,并纳入课程标准体系。

3.创新课程思政课堂教学模式

专业采用项目教学法、任务引领法、案例教学法、合作学习法和线上线下混合教学法等,以进出口业务操作、外贸单证操作、跨境电商 B2B 等外贸领域的典型案例、热点事件和专题报告为载体,开展实训操作、案例分析、头脑风暴、社会调研等活动,强化对传统贸易与跨境电商 B2B 基本业务原理和流程的理解和应用。基于微课、案例、习题等数字化资源,设计课前自学、课中讲练、课后拓展等环节,培养学生自主学习和团队合作能力,培育爱国情怀和建设贸易强国的使命感,践行严谨细致、精益求精的职业规范。

4.建设课程思政立体教学资源

根据专业人才培养特点和专业能力素质要求建立课程思政的案例库,科学合理设计思想政治教育内容,所有案例应有效结合社会热点问题、专业领域内重点关注问题,如中美贸易摩擦、跨境电商知识产权、品牌出海等,切实体现课程思政和专业思政。将课程思政融入主持的国际贸易国家教学资源库升级改进项目之中,充分利用浙江数字贸易先行示范区、杭州跨境电商综试区等优势,将家国情怀、"四个自信"、工匠精神、诚实守信等育人元素入微课、入动画、入课件、入作业、入实训,在国际贸易国家教学资源库平台设立"课程思政"版块,实现优质课程思政教学资源共享。

5.提升教师课程思政教研能力

全体专任教师加强课程思政的融入意识,构建一支高水平"双元双优"课程思政教学团队,形成专业课程思政教学改革常态。发挥教育部"外贸单证操作"国家级课程思政教学名师和教学团队的示范引领作用,与行业大师共同构成"双专业带头人",发挥"双专业带头人"的顶层设计师、资源整合师、创意制造师、教学示范者、科研领军者和服务引路者的"三师三者"作用。聘请行业专家担任课程兼职负责人和培训讲师,形成校内课程负责人+行业课程负责人构成的"双课程负责人",提升"双课程负责人"的课程设计、业务操作、社会服务、课程教学、创新创造和国际交流"六项核心"能力。鼓励专业教师结对思政教师,组建多学科背景互相支撑、良性互动的课程教学团队,通过教师之间的"同向同行、协同育人"来保障课程之间的"同向同行、协同效应"。

四、专业课程思政体系

(一)设计依据

国际经济与贸易专业以习近平新时代中国特色社会主义思想为指导,贯彻党的二十大精神,深入落实《国家职业教育改革实施方案》《加快推进教育现代化实施方案》《中国教育现代化 2035》《职业教育提质培优行动计划(2020—2023 年)》《关于推动现代职业教育高质量发展的意见》等文件精神,落实"立德树人"根本任务,服务浙江"全球数字贸易中心"建设和国家外贸数字化转型,立足数字国际贸易产业高端,依托"阿里巴巴数字贸易学院"育人载体,全面对接跨境电商 B2B 数据运营职业技能等级证书考试,"政行校企"共同制订专业人才培养方案,构建学历证书与职业技能等级证书融通的课程体系,实现专业基础课程共享、专业核心课程分立、专业拓展课程互选的教学模式。国际经济与贸易专业与国家高水平专业群内其他专业共享 8 门专业基础课程,开设跨境电商 B2B 运营、跨境电商 B2B 销售、跨境电商 B2B 营销等 6 门专业核心课程,学生结合目标岗位客观需求和个人职业发展主观意愿,自主选择专业拓展课程,如"跨境电商 B2C 运营""跨境电商 B2C 数据分析""跨境电商 B2C 营销"等,提升岗位迁移能力。

(二)课程结构

国际经济与贸易专业公共素质类课程结构如图 14-1 所示。

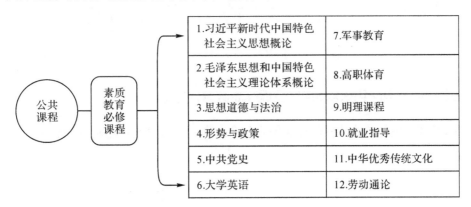

图 14-1 国际经济与贸易专业公共素质类课程结构

国际经济与贸易专业课程结构如图 14-2 所示。

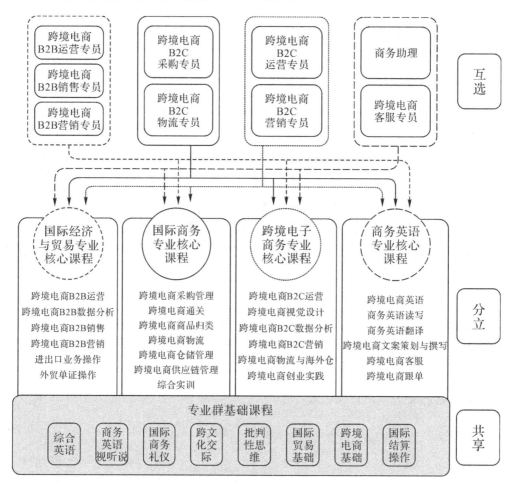

图 14-2 国际经济与贸易专业课程结构

(三)专业课程的相关课程信息及课程思政育人目标

国际经济与贸易专业课程的相关课程信息及课程思政育人目标示例如表 14-1 所示。

表 14-1 国际经济与贸易专业课程的相关课程信息及课程思政育人目标示例

序号	课程名称	课程目标	主要教学内容	主要教学要求	课程思政育人目标
1	跨境电商B2B运营	通过课程学习,学生能熟悉跨境电商B2B平台(阿里巴巴国际站、环球资源网、中国制造网等)规则,掌握跨境电商运营工作流程,具备跨境电商B2B平台和外贸企业自建站店铺优化与运营管理能力	跨境电商B2B平台店铺开通操作,产品定位和数据选品操作,店铺装修操作,产品管理和发布操作,外贸直通车和顶级展位等产品推广操作,产品优化和站内运营操作,外贸企业自建站店铺的信息化建设和运营操作	具有互联网思维,熟悉跨境电商B2B操作的平台规则,掌握跨境电商B2B运营操作的基本流程,具备跨境电商B2B店铺和外贸企业自建站的运营与优化能力	1.在育人内容方面,结合跨境电商B2B平台和外贸企业自建站的运营工作流程和具体操作等课程内容,培养学生的规则意识和创新精神 2.在育人方法方面,通过团队合作学习法、案例教学法等,融入诚信意识、团队精神的培养 3.在育人实践方面,借助各种实训操作项目,培养学生的工匠精神
2	跨境电商B2B数据分析	通过课程学习,学生能熟悉跨境电商B2B数据采集的工具、方法,具备搜集并分析跨境电商B2B平台和外贸企业自建站各类店铺数据、同类目竞品数据、广告数据,制订爆款产品和主打产品运营优化方案,搭建业务数据报表体系等能力	跨境电商B2B平台和外贸企业自建站店铺数据搜集、投入成效分析、客户来源和质量分析、平台产品优化分析、广告数据分析、专题促销活动数据分析	具有互联网思维和数据素养,熟悉跨境电商B2B数据分析方法,具备跨境电商B2B数据分析操作、店铺数据搜集、业务数据报表分析、投入成效分析、客户来源和质量分析、平台产品优化、广告数据分析、类目专题促销活动策划及数据跟进的能力	1.在育人内容方面,结合跨境电商B2B平台和外贸企业自建站店铺数据搜集、分析等课程内容,培养学生的信息素养和法律意识 2.在育人方法方面,通过项目教学法、案例教学法等,融入诚信意识、保密意识等的培养 3.在育人实践方面,借助各种实训操作项目,培养学生的工匠精神
3	跨境电商B2B销售	通过课程学习,学生能熟悉跨境电商B2B平台和自建站销售的流程和技巧,具备询盘处理与回复、名片营销、磋商谈判、签订合同、出口履约、客户管理、信保管理和风险防控操作等能力	跨境电商B2B平台和外贸企业自建站访客营销、客户数据分析及客户开发、询盘处理与回复、磋商谈判、签订合同、出口履约、国外客户信息管理、供应商信息管理、信保管理和风险防控	具有互联网思维,熟悉跨境电商B2B销售操作,掌握跨境电商B2B平台客户信息管理、访客营销、供应商管理、出口履约、客户数据分析及客户开发的方法	1.在育人内容方面,结合跨境电商B2B平台和外贸企业自建站销售流程、技巧和操作等课程内容培养学生创新意识、风险意识和法律意识 2.在育人方法方面,通过案例教学法、合作学习法等,融入诚信意识和团队精神等的培养 3.在育人实践方面,借助各种实训操作项目,培养学生的工匠精神

续 表

序号	课程名称	课程目标	主要教学内容	主要教学要求	课程思政育人目标
4	跨境电商B2B营销	通过课程学习，学生能熟悉跨境电商B2B营销的原理和方法，具备外贸企业自建站和跨境电商B2B平台的市场推广、国际搜索引擎优化、跨境电商B2B平台直播营销、境外社交媒体营销、产品规划和开发、品牌规划和推广的能力	外贸企业自建站和跨境电商B2B平台店铺视觉营销和视频营销、平台及店铺运营策划方案拟订，国际搜索引擎优化及营销方案拟订，跨境电商B2B平台直播规范和操作技巧，境外社交媒体营销及其营销方案拟订，产品规划和开发，品牌规划和推广	具有互联网思维，掌握跨境电商B2B平台营销、国际搜索引擎营销、跨境直播营销、境外社交媒体营销方法，熟悉产品策划和开发、品牌规划和推广的操作方式	1.在育人内容方面，结合跨境电商B2B平台和外贸企业自建站营销工作流程和具体操作等课程内容培养学生创新意识、法律意识和风险意识 2.在育人方法方面，通过案例教学法、合作学习法等，融入契约精神和团队精神等的培养 3.在育人实践方面，借助各种实训操作项目，培养学生的工匠精神
5	进出口业务操作	通过本课程学习，学生能准确进行进出口报价、还价；能书写发盘函、还价函、接受函、改证函等；能合理拟订进出口合同、境内购货合同；能进行组织履约操作；能进行出口退税操作	出口准备、客户开发、报价核算、磋商签约、生产跟单出口履约、出口善后，进口价格核算、磋商签约、申请开立和修改信用证、进口运输保险、进口付汇、进口履约、进口善后	具有互联网思维，掌握互联网技术支持下的进出口业务操作流程，掌握进出口准备知识和进出口磋商签约操作知识，熟悉进出口履约和进出口善后操作知识	1.在育人内容方面，结合进出口磋商、签约和履约等课程内容，培养学生的契约精神、诚信意识、创新意识和法律意识 2.在育人方法方面，通过案例教学法、合作学习法等，融入敬业精神和团队精神等的培养 3.在育人实践方面，借助各种实训操作项目，培养学生的工匠精神
6	外贸单证操作	通过本课程学习，学生能掌握扎实的外贸单证基础知识，具备不同结算方式下外贸单证的制作、办理和审核等职业能力	制作订舱委托书、报检单、商业发票、装箱单、报关单、产地证、海运提单、投保单、保险单、汇票、受益人证明、装运通知等	具有互联网思维，掌握互联网技术支持下的外贸单证操作，掌握托运单证、报检单证、报关单证和结汇单证的制作要领，熟悉进口单证和官方单证办理，了解单证管理知识	1.在育人内容方面，结合审证改证、报检报关等课程内容，培养学生的契约精神和法律意识 2.在育人方法方面，通过案例教学法、分组竞赛法等，融入爱国精神和团队精神等的培养 3.在育人实践方面，借助各种实训操作，培养学生的工匠精神

五、课程思政教学实施

(一)教学设计

国际经济与贸易专业的教学设计如图 14-3 所示。

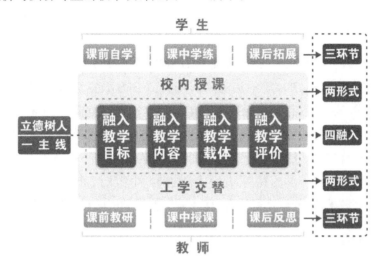

图 14-3 "一主线两形式三环节四融入"课程思政教学设计理念

本专业课程思政教学坚持"一主线两形式三环节四融入"教学设计理念。第一,遵循立德树人一条主线,教学设计彰显职业教育类型特征。第二,坚持工学结合、德技并修,设计校内授课与工学交替两种授课形式,实现技能学习与劳动教育相结合。第三,融通课前教研、课中授课、课后反思,学生课前自学、课中学练、课后拓展相对应的三环节,充分拓展课程思政育人时间跨度。第四,将课程思政作为课程标准、教学设计、课堂授课的重要内容,全面融入专业课程的教学目标、教学内容、教学载体、教学评价之中。在课程教学目标中融入课程思政育人目标,在教学内容中融入思政育人元素在课程各模块的体现点、结合点、呈现内容及形式,在教材、课件、在线开放课程等教学载体中融入思政育人元素,课程考核方式和成绩评定时融入素质考核指标及对学生思想道德的评价。不仅传授学生专业知识与技能,还应培养学生爱岗敬业的劳动态度、精益求精的工匠精神、诚实守信的职业品格。

(二)教学内容

以专业核心课程为例:"跨境电商 B2B 运营"课程结合跨境电商 B2B 平台和外贸企业自建站的运营工作流程和具体操作等课程内容,培养学生规则意识和创新精神;"跨境电商 B2B 数据分析"课程结合跨境电商 B2B 平台和外贸企业自建站店铺数据搜集、分析等课程内容,培养学生的信息素养和法律意识;"跨境电商 B2B 销售"课程结合跨境电商 B2B

平台和外贸企业自建站销售流程、技巧和操作等课程内容,培养学生的创新意识、风险意识和法律意识;"跨境电商 B2B 营销"课程结合跨境电商 B2B 平台和外贸企业自建站营销工作流程和具体操作等课程内容,培养学生的创新意识、风险意识和法律意识;"进出口业务操作"课程结合进出口磋商、签约和履约等课程内容,培养学生的契约精神、诚信意识、创新意识和法律意识;"外贸单证操作"课程结合审证改证、报检报关等课程内容,培养学生的契约精神和法律意识。

(三)教学方法

以 6 门专业核心课程为例:"跨境电商 B2B 运营"课程通过团队合作学习法、案例教学法等,融入诚信意识、团队精神等的培养;"跨境电商 B2B 数据分析"课程通过项目教学法、案例教学法等,融入诚信意识、保密意识等的培养;"跨境电商 B2B 销售"课程通过案例教学法、合作学习法等,融入诚信意识和团队精神等的培养;"跨境电商 B2B 营销"课程通过案例教学法、合作学习法等,融入契约精神和团队精神等的培养;"进出口业务操作"课程通过案例教学法、合作学习法等,融入敬业精神和团队精神等的培养;"外贸单证操作"课程通过案例教学法、分组竞赛法等,融入爱国精神和团队精神等的培养。

(四)教材选用

规范教材建设和选用制度,根据国际经济与贸易专业人才培养目标及课程教学要求,优先从国家级或省级规划教材目录中选用教材。加强新形态一体化教材建设,以学生为中心、以能力为本位、以数字资源为支撑,校企双元开发特色鲜明的教材,实现其与在线精品课程的"互联网+"式互动。挖掘《外贸单证操作》《进出口业务操作》等"十三五"职业教育国家级规划教材,《国际结算操作》《出口业务操作》等新形态一体化教材的思政教育元素,结合教材修订进行二次开发,以优秀教材推进社会主义核心价值观、科学精神、劳动精神、创新精神等落地生根。

(五)师资队伍

充分发挥本专业教学团队作为省级课程思政示范基层教学组织的载体优势,构建由校内专任教师与行业兼职教师组成的"双元双优"高水平、结构化的课程思政教学团队。校内教师通过学习培训、交流共享、实践探索,不断提升课程思政建设意识和能力,教师动态结合当前国际贸易行业的新业态、新技术、新规范,优化课程思政内容供给,主动践行教学改革,时刻秉承以德为先、以身示范、润物无声的教学理念。行业兼职教师应需具备良好的思想政治素质、职业道德和工匠精神,具有较高的专业素养和技能水平,具有较丰富的从业经验和行业资源,具有参与人才培养全过程的主观意愿。"双元双优"高水平、结构化的课程思政教学团队应合作开发岗位标准、专业教学标准、课程标准、一体化教材,共同备课、授课、评价,给予就业指导,参与人才培养全过程。

六、课程思政教学评价

(一)评价主体

课程思政评价主体应包括教师和学生两方面。针对教师的评价应包括三点:第一,教学备课过程中是否体现道德教育元素,是否将专业课应讲授的职业道德融入知识与技能教学中;第二,教学实施过程中是否将职业道德教育展现出来,是否达到三维目标;第三,教学活动结束后教师应及时进行教学反思,反思过程中是否对道德教育模块做了专门的考量,是否及时调整了有关该方面的下一步教学方案。针对学生的评价应包括两点:第一,学生的自我评价。学生对于专业学习的展望、想达到的目标等都有着不同的想法,在学生完成专业学习后进行自我评价。第二,对学生的外部评价。如同学之间的相互评价、校内教师对学生的评价、行业兼职教师的评价及家长的评价,应及时对学生成长做出评价并给予正确的引导。

(二)评价内容

评价获得感的理性维度,要从学生的学习内容进行考查。专业课程思政建设内容要紧紧围绕坚定学生理想信念,优化专业课程思政内容供给,系统开展社会主义核心价值观教育、法治教育、劳动教育,以及科学精神、工匠精神、职业道德、职业素养等教育。根据学生在课程学习中实际所获进行评价。可以通过课程阶段性学习展示汇报、结合考试进行评价,考试要整合"思政"与"课程"的内容,而非单纯考查课程内容。

评价持续性的实践维度,要从学生价值观的长远改造进行考查。应检验课程思政是否让学生武装了习近平新时代中国特色社会主义思想、是否有效改造了价值观、是否达到了量变引起质变的效果,如学生在课堂上有无失范行为,是否积极参与课堂及团队任务,是否坚持正确的价值观和职业观,借助现代教学手段,利用深度数据评价课程思政的有效性。

(三)评价方法

应着眼学生的家国情怀、人生观、价值观、职业观的感悟开展课程思政的教学效果评价。从两方面开展课程思政效果的评价,一是学生的课程参与度,观察学生对课程学习态度的变化,可以从课堂教学规范的遵守情况、课堂参与的积极度,包括课前背景资料的搜集与阅读、课中问题回答与实训任务操作、课后拓展训练的完成情况等来考察。二是学生的感悟度,观察学生在课内外对我国外经贸发展的关注度和认同感,从专题讨论、案例分析、个人展示、期末考核中的开放性答题等方面来评价。

（四）评价标准

国际经济与贸易专业课程思政评价标准如表 14-2 所示。

表 14-2　国际经济与贸易专业课程思政评价标准

评价指标	评价方式	评价比重（可依据课程特征调整）
学习态度、纪律意识	日常考勤	××%
职业道德、法律意识	理论考核	××%
创新精神、契约精神、团结协作	实训考核	××%
诚实守信	综合考核	一票否决

七、管理制度与保障机制

（一）加强组织领导

在学校党委统一领导、教务部门牵头抓总、相关部门联动的课程思政格局中，在国际商学院课程思政建设工作领导小组领导下，结合专业实际，制定完善国际经济与贸易专业课程思政教学指南，定期召开专业层面实施推进会，统筹协调、落实课程思政建设推进工作，彰显专业特色。

（二）加强条件保障

在学院党总支的领导下，深化制度创新，统筹各类资源，加强课程思政工作在制度、经费、人员等方面的条件保障，做好课程思政建设工作的组织、协调、管理和服务，将课程思政建设和专业人才培养同规划、同部署、同落实、同考核，推进课程思政工作顺利开展，健全动态化、常态化评价机制，保障课程育人实效。

（三）营造良好氛围

面向不同课程，持续深入抓典型、树标杆、推经验，利用多种渠道和形式，加强典型经验和优秀做法的宣传、交流和推广。充分激发教师投入课程思政的积极性和创造性，坚持学生主体、问题导向和成果导向，固化课程思政建设成果，推进课程思政教学示范团队建设、示范课程建设、教材建设和教法改革，加强示范引领，形成"课程门门有思政、教师人人讲育人"的课程思政建设的良好氛围。

（四）构建激励机制

对标分院课程思政建设成效考核评价体系，明确教师任务，合理安排进度，确保全额完成。对专业课程思政示范课程、课程思政示范教学团队、课程思政教学研究项目进行考核评价,将客观量化评价与主观效度检验结合起来,注重过程性评价和发展性评价,促进课程思政提质增效,不断充实完善各门课程育人功能。把教师参与课程思政教学改革情况和课程思政效果作为教师考核评价、评优奖励、选拔培训的重要依据,使课程思政成为教师职业发展的内在要求,持续提升课程思政建设质量。

(执笔人:华红娟　刘一展)

15 国际商务专业课程思政教学实践

一、专业课程思政教学的时代背景

浙江省《关于同意全面深化服务贸易创新发展试点的批复》《中国（浙江）自由贸易试验区扩展区域方案》等文件要求，各级需发挥浙江数字经济先行优势，打造浙江数字贸易先行示范区。同时杭州市自 2018 年列入全国供应链创新与应用试点城市和全国流通领域现代供应链体系建设试点城市，通过发挥科技创新优势，通过建设企业大数据平台、智能业务系统等方式实现企业信息互通、业务联通、物流畅通，提高社会整体资源利用率，推动企业转型升级。2020 年 4 月，国家明确了"新基建"范围，其中 5G 基建、大数据中心、人工智能、工业互联网等与跨境电商供应链息息相关，无论是面向供应链设施管理的智能货架和仓储机器人，还是面向供应链金融的大数据风控等技术进步，都将驱动跨境电商供应链加速技术变革，提升服务效率。

在这样的背景下，依据《高等学校课程思政建设指导纲要》《教育部关于学习宣传贯彻习近平总书记重要指示和全国职业教育大会精神的通知》，全面贯彻党的教育方针，深入学习贯彻习近平总书记关于职业教育的重要论述精神，把思想政治教育贯穿人才培养体系，着眼跨境电商供应链行业需求，提升技能的适应性，紧盯产业链条、紧盯企业需求、紧盯社会急需、紧盯市场信号、紧盯政策框架、紧盯技术前沿，提高技能与经济社会发展的匹配度，扎实推进国际商务专业思政建设，构建新时代高质量的课程思政体系，发挥好每门课程的育人作用，培养德智体美劳全面发展的复合型技术技能人才。

二、专业课程思政教学的基本理念

本专业课程思政将以习近平新时代中国特色社会主义思想作为专业建设的核心标准,把专业能不能为中国特色社会主义事业源源不断培养合格建设者和接班人,能不能为实现中华民族伟大复兴的中国梦而不断凝聚人才、培育人才、输送人才,作为专业教育水平最为重要的指标。在深刻理解习近平总书记强调的"人才培养辩证法"[①]的基础上,抓住培养社会主义建设者和接班人这一根本,把握思想政治工作体系建设这一主线,突出以德育德这一关键,为实现中华民族伟大复兴培养更多充满希望的青年生力军。

具体来说,本专业开展专业课程思政依据以下理念:一是以思政为一切工作的内核。习近平总书记曾在讲话中指出:"人才培养体系涉及学科体系、教学体系、教材体系、管理体系等,而贯通其中的是思想政治工作体系。"[②]专业建设在人才培养各项工作中都要以思政为内核,以培养"德智体美劳全面发展的社会主义建设者和接班人"为宗旨。二是"三全育人"理念。全程育人为基础、全员育人为主体、全方位育人为方略的人才培养机制,使思政课程与各类课程同向同行,构建全面覆盖、特色鲜明、层次递进、相互支撑的课程思政体系。面向不同课程,利用多种渠道和形式,充分激发教师投入课程思政的积极性和创造性,加强示范引领,形成"课程门门有思政、教师人人讲育人"的良好氛围。实现理论与实践相结合、课内与课外相结合、第一与第二、第三课堂相结合,构建"专业课程—社团活动—实践项目"的课程育人体系。三是"多元文化"育人理念。鼓励学生探索多元文化,感受开放经济体制下的时代变化,帮助国际商务专业学生,包括中美合作项目学生,通过多元文化进行价值取向和价值体系的建立,用先进的、高尚的价值体系和思想理论影响他们,用道德、公正、责任等指引他们,树立坚定的理想信念,锤炼高尚的道德情操,培养健全的情感人格。专业育人目标不是要培养一模一样的人,而是要培养自由而全面发展的、具有丰满美好的精神世界,能创造丰富多彩人生的人。

三、专业课程思政教学的建设目标

(一)总体目标

坚持社会主义办学方向,坚持把立德树人作为教书育人中心环节,坚持将价值塑造、知识传授和能力培养融为一体,紧紧抓住教师队伍"主力军"、课程建设"主战场"、课堂教学"主渠道",使思政课程与各类课程同向同行,将显性教育和隐性教育相统一,形成协同

---

① 习近平在北京大学师生座谈会上的讲话[N].人民日报,2018-05-03(02).
② 同上。

效应,全面提升育人实效。扎实推进习近平新时代中国特色社会主义思想和党的二十大的重要思想、重要观点、重大战略、重大举措有机地融入专业教学。

(二)具体目标

1. 开展专业课程思政教学体系顶层设计

专业根据发展定位和自身特色,按照"科学设计、系统规划、上下联动、立体实践、循序渐进、以点带面"的原则,以学生"千日成长工程"为重要抓手,通过深入挖掘专业课的德育内涵和德育因素,实现思政课程教育目标与专业课程知识点的精准对接,促进显性教育和隐性教育相融合,全方位布局课程思政教学落脚点,科学地开展专业课程思政教学体系的顶层设计。培养拥护党的基本路线,适应区域经济建设和社会发展需要,面向跨境电商B2C采购专员、物流专员、报关专员等岗位,具有诚信、合作、敬业、创新创业基本素养和信息素养,掌握国际贸易、跨境电商、商务英语、创业创新等知识,能从事跨境电商采购、物流等工作,同时具有全球视野和较强可持续发展能力,德、智、体、美、劳全面发展的高素质技术技能型专门人才。

2. 着力打造一批课程思政示范课程

国际商务专业定位跨境电商供应链管理方向,专业核心课程包括"跨境电商采购管理""跨境电商通关""跨境电商物流"等6门课程,专业将以6门专业核心课程为重点,分批打造课程思政示范课程。通过专业内部的"课程思政研讨活动",统一制定融入课程思政方案的教学目标和教学大纲,一以贯之地实施价值引领目标,优化教学内容和教学方法。在教学内容中正确、恰当地融入思想政治教育,通过适宜的、渗透式的教学方法,提高教学效果。重视教材选用和课程资源,选择与高校课程思政要求一致且能突出专业特色的教材,开发丰富的课程资源并最大限度发挥课程思政资源的作用。创新考核内容和方式,加大对价值导向方面的考核,观测学生课程前后对课程所蕴含的价值理念的认同度和接受度。争取3年内,培育2门课程思政示范课程,打造2支课程思政示范教学团队,培育立项2个课程思政教学研究项目,建设丰富的课程思政教学资源库,凝练2个课程思政优秀案例。

3. 创新实践课程思政课堂教学模式

创新课堂教学方法,采用渗透式教学、独立式教学、社会文化、实践活动等多种教学模式,将思政教育融入国际商务各专业课程教学环节中,融合将学术和学科资源有效地转化为育人资源,促进教育的价值理性和工具理性的统一,在丰富专业学科教育内容的同时,实现知识体系和价值体系构建的统一,让课程教育回归育人的根本目的。创新推进课程思政教学话语体系,也就是推进话语内容创新,推进话语方式创新,推进话语语境创新。

4.共建共享课程思政立体教学资源

习近平总书记在高校思想政治工作会议上的讲话要求"各类课程与思想政治理论课同向而行,形成协同效应"①。因此,国际商务专业课程思政建设过程中,不仅仅要融入思想政治教育元素,还应做到与思想政治理论课协同育人,每门课完成融入思想政治教育的目标后,还能实现专业、学科甚至跨学科间的思想政治教育效果,达到有序协同的局面。

建设课程思政立体教学资源,利用新媒体技术开发课程思政元素相关的视频、动画等教学资源,提升教学实效性,积极运用互联网新媒体技术新渠道、新载体,推出"线上""线下"翻转课堂,使思想教育工作更接地气、更有活力。

校企合作建设课程思政实践教学基地,促进显性教育和隐性教育相融合,构建专业教师、校内外专家协同联动的育人体系,努力构建全程、全员、全方位的"三全育人"大格局,在统一的知识、能力和价值观目标下,融合第一课堂、第二课堂(实践课堂)、第三课堂(网络课堂),协同开展育人工作,实现"课程思政"立体化育人的创造性转化。

四、面向课程思政的专业课程体系

(一)设计依据

本专业坚持以习近平新时代中国特色社会主义思想为指导,根据中共中央办公厅、国务院办公厅《关于深化新时代学校思想政治理论课改革创新的若干意见》、教育部《高等学校课程思政建设指导纲要》、《浙江省高校课程思政建设实施方案》和学校《加强课程思政建设 推进全课程育人的意见》等文件精神,培养拥护党的基本路线,适应区域经济建设和社会发展需要的跨境电商供应链相关人才(包括跨境电商物流专员、采购专员、通关专员、仓储管理专员等),具有诚信、合作、敬业、创新创业基本素养和数字素养,掌握国际贸易、跨境电商、商务英语、创业创新等知识,能从事跨境电商 B2C 采购、物流、通关等工作,同时具有全球视野和较强可持续发展能力,德、智、体、美、劳全面发展的高素质技术技能型专门人才。

(二)课程结构

国际商务专业公共素质类课程结构如图 15-1 所示。

---

① 习近平.把思想政治工作贯穿教育教学全过程　开创我国高等教育事业发展新局面[N].人民日报,2016-12-09(01).

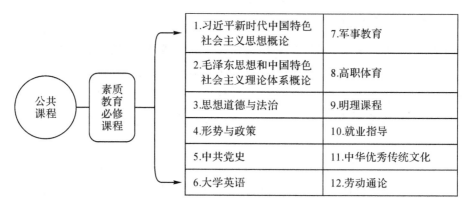

图 15-1　国际商务专业公共素质类课程结构

国际商务专业课程结构如图 15-2 所示。

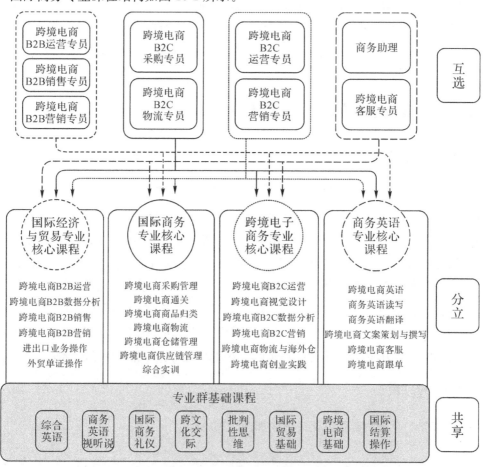

图 15-2　国际商务专业课程结构

(三)专业课程的相关课程信息及课程思政育人目标

国际商务专业课程的相关课程信息及课程思政育人目标示例如表 15-1 所示。

表 15-1   国际商务专业课程的相关课程信息及课程思政育人目标示例

序号	课程名称	课程目标	主要教学内容	主要教学要求	课程思政育人目标
1	跨境电商采购管理	通过本课程学习，学生能掌握跨境电商采购相关基础知识，培养学生的职业技能与职业素质，为从事跨境电商采购业务工作奠定扎实的基础，提高学生的岗位适应性	采购与采购管理认知、采购组织设计、供应市场与需求分析、采购计划与成本管理、典型采购方式的认知、供应商选择和采购洽商、采购合同管理、供应商与风险管理、进口采购管理、采购绩效管理	采取项目教学，融入《物流师国家职业标准》和《采购师国家职业标准》，对标人力资源和社会保障部的物流师职业资格考试和采购师职业资格考试，培养学生的综合职业能力和可持续发展能力	1.在育人内容方面，结合供应商选择和谈判、供应商风险管理等课程内容，培养学生的契约精神和法律意识，在进口采购部分加强国家荣誉感的培养 2.在育人方法方面，通过案例教学法、探究式教学等，融入团队精神的培养 3.在育人实践方面，借助多种形式的实训操作项目，培养学生的自律意识和工匠精神
2	跨境电商通关	通过本课程学习，学生能掌握出境通关、入境通关各种模式的基本含义、工作过程、模式设计等基本业务，使学生具备良好的职业道德与职业操守，提高学生的岗位适应性	B2B 模式出境通关、B2C 模式出境通关、C2C 模式出境通关、B2B 模式入境通关、B2C 模式入境通关、C2C 模式入境通关	采取项目教学，通过项目和任务训练学生能力，培养学生的职业技能与职业素质	1.在育人内容方面，结合海关对报关企业的分类管理制度、货物报关程序等课程内容，培养学生诚信守法、爱岗敬业的职业素养，提升其专业水平 2.在育人方法方面，通过案例教学法、启发教学法，学生能够自觉了解我国跨境电商发展成就，帮助其树立"四个自信"意识，培养爱国情怀 3.在育人实践方面，借助各种报关实训操作项目，培养学生良好的职业素养
3	跨境电商商品归类	通过本课程的学习，学生能对商品归类有比较深刻全面的了解，能够熟悉不同商品质认证的方法，能够掌握典型商品特性和通关要求，为开展跨境电商物流通关业务工作奠定扎实的基础	认知商品、商品分类编码、讲授食品、纺织品、工业品等典型商品归类方法、商品质量标准、商品质量认证方法	采用项目教学，融入大量实训，使学生具备商品归类能力，同时也培养学生分析和解决问题的基本能力，以及团队精神和创新能力	1.在育人内容方面，结合我国跨境电商商品数量、质量、种类的变化历程，培养学生商品要做成精品、高标准才有高质量的意识 2.在育人方法方面，通过案例教学法，提高和内化学生的法律意识，树立如实申报、合法通关的理念 3.在育人实践方面，借助虚拟关务竞赛归类实训系统，培养学生细致、规范的工作作风
4	跨境电商物流	通过本课程学习，学生能掌握跨境电商物流相关基础知识，熟悉基本业务流程操作，为从事跨境电商物流和其他跨境电商工作打下坚实的基础	认知岗位，介绍跨境电商的出口物流模式、进口物流模式、海外仓备货物流模式、国际海运头程物流、国际空运头程物流、中欧班列头程物流、跨境电商物流的商业模式等	以就业为导向，邀请行业专家对跨境电商物流职业能力进行分析，并以此为依据确定本课程的工作任务和课程内容，开展项目教学	1.在育人内容方面，结合物流操作流程，培养学生的规范意识和法律意识 2.在育人方法方面，通过案例教学等方式，融入"四个自信"和团队精神的培养 3.在育人实践方面，通过实训培养学生做事全面缜密的职业素养

续 表

序号	课程名称	课程目标	主要教学内容	主要教学要求	课程思政育人
5	跨境电商仓储管理	通过课程学习,学生能掌握跨境电商仓储业务流程,掌握海外仓方案设计、库存管理等各工作环节的岗位技能,奠定坚实的物流岗位群职业通用能力	认知仓库,介绍入库管理、在库管理、出库与配送、仓储经营管理、海外仓规划与布局、仓储安全与特殊货物管理、保税仓储管理、金融仓储与虚拟仓库等内容	在对生产制造企业、商业流通企业、物流企业等广泛调研的基础上,确定该课程的能力目标、知识目标和素质目标,开展项目教学	1.在育人内容方面,结合仓库管理、特殊货物管理等课程内容,培养学生审慎的态度和法律意识 2.在育人方法方面,通过案例教学法、团队演示法等,融入爱国精神和团队精神的培养 3.在育人实践方面,借助各种实训操作项目,帮助学生提升自我学习能力
6	跨境电商供应链管理综合实训	通过本课程学习,学生能进行供应链仿真 ERP 实训软件操作,掌握跨境电商供应链管理综合能力	供应链仿真 ERP 实训软件模拟企业内、外运营系统,开展供应链规划设计、供应链系统运作过程的计划与控制,以及经营管理的资源优化配置等实训	采取项目教学,对标人力资源和社会保障部的注册供应链管理师资格考试,培养学生供应链管理综合能力和可持续发展能力	1.在育人内容方面,结合供应链运作计划和控制等课程内容,培养学生的全局意识和精细化操作意识 2.在育人方法方面,通过案例教学法、团队演示法等,融入爱国精神和团队精神的培养 3.在育人实践方面,借助实训操作项目,帮助学生提升自我学习能力和工匠精神

五、课程思政教学实施

(一)教学设计

围绕课程思政和专业特色,专业针对专业课程内容体系和各个教学环节进行了深入的分析和优化设计,开展专业整体课程思政设计和每门课程思政设计。

专业整体课程思政设计主要包括:从培养学生综合素质和能力的角度出发,对课程进行系统设计,合理筛选教学内容,建设活力课堂,丰富实践活动,改革考核方式,借助于全方位的学习交流平台,提高学生的综合素质和能力,将德育融于教学过程中,培养学生良好的学习习惯和道德品质,以全面提高其综合素质。构建目的明确的课程组织体系,努力寻找和培育学生知识、素质、能力的增长点,将学生综合素质培养渗透到专业建设各个环节,提高教学质量和与人才培养目标的相符度,使专业课教学由单一的知识传授向价值塑造、知识传授与能力培养"三位一体"转化,实现课程思政的育人目标。

每门课的课程思政设计首先应对课程的各个教学环节进行深入的分析和优化设计,将全部教学内容划分为基础知识、专业知识点和综合运用 3 个层次,针对不同层次的教学内容采取不同的教学方法,进行不同的课程思政教学设计。基础知识层面用课前布置任务,学生线上预习,课堂考查的方式,培养学生细致的工匠精神;专业知识层面通过课前线上学习和完成任务,让学生提前预习,在课堂上讲练结合,进一步巩固,培养学生精益求精、严谨专业的态度;综合运用层面通过小组协作完成项目式作业,培养学生创新思维和分工协作的团队精神。同时在资源建设、一二三课堂活动、行业共建课程、课程评价等方面融入思政元素。

(二)教学内容

以 6 门专业核心课程为例:"跨境电商采购管理"课程结合供应商选择和谈判、供应商风险管理等课程内容培养学生的契约精神和法律意识;"跨境电商通关"课程结合海关对报关企业的分类管理制度、货物报关程序等课程内容,培养学生诚信守法、爱岗敬业的职业素养,提升专业水平;"跨境电商商品归类"课程结合我国跨境电商商品数量、质量、种类的变化历程,培养学生"商品要做成精品、高标准才有高质量的"精品意识;"跨境电商物流"课程结合物流操作流程,培养学生的规范意识和法律意识;"跨境电商仓储管理"课程通过案例教学法、团队演示法等,融入爱国精神和团队精神的培养;"跨境电商供应链管理综合实训"课程结合供应链运作计划和控制等课程内容,培养学生的全局意识和精细化操作意识。

(三)教学方法

创新课堂教学方法,采用渗透式教学、独立式教学、社会文化、实践活动等多种教学模式,将思政教育融入国际商务专业各课程教学环节中,将学术和学科资源有效地转化为育人资源,促进教育的价值理性和工具理性的统一,在丰富专业学科教育内容的同时,实现知识体系和价值体系构建的统一,让课程教育回归育人的根本目的。

制定创新的思政课程教学规范,把握课程标准审核、教案评价、课堂教学和教学成效评估等关键环节,合理设置教学规模,严格落实课时规定。

创新推进课程思政教学话语体系,也就是推进话语内容创新,推进话语方式创新,推进话语语境创新。

(四)教材选用

提供能够满足学生专业学习、教师专业教学研究和教学实施需要的教材、教辅图书及数字资源等。

1.教材选用要求

规范教材建设和选用制度,根据跨境电商 B2B、B2C 专业人才培养目标及课程教学要求,优先从国家级或省级规划教材目录中选用教材。专业群应加强新形态一体化教材建设,以学生为中心、以能力为本位、以数字资源为支撑,校企双元开发特色鲜明的教材,实现其与在线精品课程的互联网+式互动。

2. 图书文献配置要求

定期选购教师专业教学研究和教学实施需要的、融入国际贸易和跨境电商行业企业发展的新制度、新法规、新业务、新做法的图书资料、电子资料等学习辅助性资源。

3. 数字资源配备要求

依托职业教育国际贸易专业国家教学资源库项目,专业群核心课程数字资源应做到系统、完整、优质,主要包括课程介绍、课程标准、教学设计、教学课件、教学视频、电子教材、习题库、案例库、实训项目、参考资料等,同时保持动态更新。

(五)师资队伍

国际商务专业在师资队伍组建原则上,引导教师、辅导员老师、校内外专家等加入思想政治教育体系师资团队,将高校思想政治教育融入课程教学各个环节,于润物无声中立德树人,实现价值塑造、知识传授和能力培养相统一。

在师资队伍培养举措方面,设立"课程思政"教学改革激励计划,鼓励教师开展课程思政教学研究与实践,推出示范团队、精品课程、优秀教案等,引导教师群体共同学习与探索,增长道德智慧。同时引导教师在教学过程中践行全过程、全方位育人理念,通过行业培训、共同备课、互相听课等方式,提高教师的学习意识和能力,注重将学术前沿理论引入教学中,能根据学生的成长规律和特点,吸引学生的注意,驾驭课堂,使课程教学有序开展。提高教师育德能力和育德意识,扭转部分专业教师"只教书不育德"的现象,使思想政治教育从思政教师"单兵作战"转向全体教师"人人有责"。提高教师的职业道德修养,包括教育观念、情感、作风等,将教师的理想信念教育放在教师职业道德修养建设的首位,明确拥护中国共产党的领导,拥护习近平新时代中国特色社会主义思想,坚持用马克思主义理论指导教学工作,树立和端正正确的职业观,保证讲台有纪律,将正确的价值观传输给学生。

六、课程思政教学评价

(一)评价主体

专业根据课程性质和课程定位,对学生学业成绩进行分类评价,强化对学生自主学习能力的考核评价,鼓励开展线上线下学习成果的多元评价,并从学生自评、生生互评、专业教师评价、行业教师评价、企业评价等维度来实现。

(二)评价内容

本专业建立的专业人才培养评价指标保障体系,主要评价内容涉及培养目标、培养过程和培养质量 3 个部分,如表 15-2 所示。

表 15-2　国际商务专业课程思政评价内容

序号	指标		内容
1	培养目标		本专业人才培养方案的制订遵循人才培养的目标与客观规律,基于区域经济的行业岗位人才需求确立人才培养定位与人才培养目标,面向行业的岗位人才市场需求调研已形成长效机制,每年更新,密切关注行业发展新趋势与岗位人才需求新动态,保证人才培养与产业发展协同一致,基于市场调研与专家论证的课程体系具有专业性、系统性,符合职业发展的规律性。人才培养方案中人才培养目标定位准确,与产业发展具有一致性,也具有一定的前瞻性
2	培养过程	课程体系	专业课程包含专业核心课程与专业拓展课程,由校企合作共同开发,充分体现课程内容与职业标准的对接性。课程体系面向与跨境电商 B2B 和 B2C 从业人员相对应的跨境电商 B2B 运营专员、销售专员和营销专员,跨境电商 B2C 运营专员、营销专员、采购专员、物流专员,跨境电商客服专员和商务助理等岗位,符合职业发展的规律性,全部专业核心课程均由校企合作共同开发,课程内容与职业标准对接
		教学方法	专业核心课程建设旨在利用包括课程网站在内的立体化教学资源,运用项目教学、案例教学、线上线下混合教学、合作学习、双语改革等形式多样的教学方式,增强课堂实效,提高教学质量。重点评价教学资源的有效利用,教学方法的科学性、合理性和应用的有效性
		基地建设	建设体现真实职场环境的校内仿真实训基地,实现课程实践教学过程与工作过程有效对接;建设丰富的校外实习基地,接收学生开展工学交替、毕业实习等,提高"1+X"证书考试通过率
		师资建设	打造"双元双优"的师资队伍,专任教师中双师素质教师比例不低于 95%,兼职教师配比不低于 1∶1,全部专任教师都具备企业实践经历
3	培养质量		本专业构建"三维文化"育人体系,以"诚信文化、校友文化、外贸文化"育人,重视对学生外贸职业素养的培育,编写职业素养读本,开展一、二、三课堂融合改革,开展国际文化节、国际商务礼仪大赛,外塑形象,内炼气质,增强学生的职业素养,旨在提高本专业学生就业率及就业对口率,满足外贸相关企业对学生的专业能力、职业素质、业务知识等方面的要求

(三)评价方法

建立专业建设和教学过程质量监控机制,健全专业教学质量监控管理制度,完善课堂教学、教学评价、实习实训、毕业设计,以及专业调研、人才培养方案更新、资源建设等方面质量标准建设,通过教学实施、过程监控、质量评价和持续改进,达成人才培养目标和培养规格。

构建课程思政评价激励机制,一是开展教师育德意识和能力提升计划,把育德能力作为教师评教、评优评先、绩效考核的重要内容,纳入教学质量评估指标体系。二是完善课堂教学效果评价体系,教育的本质归根结底是一种价值观的教育,因此衡量其有效性要看教育者所传递的价值是否内化为受教育者的自主认知并自觉践行。课堂教学效果评价应向人文素质、科学态度、社会责任感、环境伦理道德、全球意识等维度延伸,引导教师丰富课堂内容、选择多样教学方式、注重社会实践,加强对学生根植正确理想信念和树立正确价值观的教育。

(四)评价标准

包括学生学业评价和行业评价。

学业评价中的理论性课程成绩包括期末成绩和平时成绩,平时成绩包括视频课件学习、测验作业、课堂提问和讨论、调研报告等。实践性课程成绩创新评价制度,注重实践性考核。平时成绩包括作业、课堂提问和讨论;实践操作环节以视频、音频、文字材料等形式进行保存,每门课程的实践操作环节有详细的操作要求和规范的评分标准,每次实践操作环节有必要的反馈。

行业、企业对毕业生的评价是人才培养质量评价体系重要的环节,本专业定期、不定期地了解行业、企业等对毕业生的评价,努力建立和完善第三方对人才培养质量评价制度,主要包括以下方面。

(1)应届毕业生岗位实习及就业情况调查。在每年应届毕业生岗位实习阶段对若干个实习单位进行调查,主要了解毕业设计、岗位实习、就业情况等方面的情况。

(2)每年毕业生随访制度。每年随机对前一届毕业生所在单位进行重点访问,主要了解用人单位对毕业生满意度和认可度、毕业生专业知识和专业技能的适用性等方面的情况。

(3)毕业生5年后调查。主要调查学生的工作岗位、岗位发展情况、收入情况、工作满意度、毕业后岗位更换次数、工作适应情况等。

七、管理制度与保障机制

(一)加强组织领导

成立由党总支书记、院长为双组长,副院长、教研室主任、院办(党办)主任为成员的学院课程思政建设工作领导小组,组建课程思政研究团队,结合学院实际,完善课程思政工作方案,健全工作机制,明确责任分工,定期召开工作推进会,统筹协调、全面落实课程思政工作。

(二)加强条件保障

在学院党总支的领导下,深化制度创新,统筹各类资源,加强课程思政工作在制度、经费、人员等方面的条件保障,做好组织、协调、管理和服务,将课程思政建设和学院人才培养同规划、同部署、同落实、同考核,健全动态化、常态化评价机制,推进课程思政工作顺利开展,保障全课程育人实效。

（三）营造良好氛围

面向不同课程,持续深入抓典型、树标杆、推经验,利用多种渠道和形式,加强典型经验和优秀做法的宣传、交流和推广。充分激发教师投入课程思政的积极性和创造性,坚持问题导向和成果导向,固化课程思政建设成果,推进课程思政教学示范团队建设、示范课程建设、教材建设和教法改革,加强示范引领,形成"课程门门有思政、教师人人讲育人"的良好氛围。

（执笔人:王婧　王晴岚）

跨境电子商务专业课程思政教学实践

一、专业课程思政教学的时代背景

跨境电子商务作为国家的战略性新兴产业,在引领商业模式变革、优化产业转型升级、提升信息消费需求、促进现代服务业和信息经济发展等方面发挥了重要的作用,成为经济发展新的原动力,并为大众创业、万众创新提供了新空间。

为深入学习贯彻习近平总书记关于职业教育的重要论述,以及全国、浙江省教育大会和全国职业教育大会等会议精神,全面贯彻党的教育方针,把思想政治教育贯穿人才培养体系,扎实推进跨境电商专业课程思政建设,构建新时代高质量的课程思政体系,发挥好每门课程的育人作用,培养德智体美劳全面发展的复合型技术技能人才,特制定本专业课程思政教学实践指南。

二、专业课程思政教学的基本理念

本指南坚持以习近平新时代中国特色社会主义思想为指导,根据中共中央办公厅、国务院办公厅《关于深化新时代学校思想政治理论课改革创新的若干意见》、教育部《高等学校课程思政建设指导纲要》、《浙江省高校课程思政建设实施方案》和学校《加强课程思政建设 推进全课程育人的意见》等文件精神,全面贯彻党的教育方针,坚持社会主义办学方向,坚持把立德树人作为学校教书育人中心环节,把思想政治教育贯穿教育教学全过程,扎实推进跨境电商专业课程思政建设。

本专业开展专业课程思政依据以下理念。

第一,"三全育人"理念。形成以全课程育人为内核,以全员育人为主体,以全程育人为基础,以全方位育人为方略的人才培养机制,使思政课程与各类课程同向同行,发挥好每门课程的育人作用,培养德智体美劳全面发展的复合型跨境电商技术技能人才。

第二,"一二三课堂融合育人"理念。从第一堂课起循序渐进地让学生认识专业课程的重要价值,结合第二课堂和第三课堂,让学生形成清晰的专业认知,树立坚定的职业理想,实现理论与实践相结合、课内与课外相结合、第一和第二、三课堂相结合,构建"专业课程—社团活动—实践项目"的课程育人体系。

第三,"以德育德"理念。以"四有"好老师为鲜明导向,推动专业教师提升自身的政治素质,深化师德师风建设;将思政元素融于课程,实现"润物无声";将工匠精神融于教学,实现"以身示范"。

三、专业课程思政教学的建设目标

(一)总体目标

利用3年建设时间,以培养拥护党的基本路线,适应区域经济建设和社会发展需要,面向跨境电商 B2C 运营专员、营销专员等岗位的应用型人才。引导学生遵守公平、公正、合理的竞争原则,树立良性竞争意识;培养学生求真务实、爱岗敬业的职业精神,养成认真负责的工作态度;培育学生的团队意识,发挥团结协作精神。培育一批数字贸易领域课程思政示范课程,打造一批具有育德意识和育德能力的课程思政教学示范团队,立项一批课程思政教学研究项目,建设一批课程思政教学资源和优秀案例,形成专业思政之魂和各门课程思政之魂。扎实推进习近平新时代中国特色社会主义思想和党的二十大的重要思想、重要观点、重大战略、重大举措有机地融入专业教学。

(二)具体目标

1.着力打造一批课程思政示范课程

将思政教育与课程设计、标准开发、课程实施、课程评价等有机结合,将课程思政作为打造多层次精品在线开放课程建设的重要内容,发挥价值塑造、知识传授和能力培养"三位一体"功能。依托跨境电商专业核心课程的建设,发挥跨境电商课程案例教学优势,全面推进特色鲜明的课程思政建设,着力打造1~2门课程思政示范课程,发挥价值导向作用。

2.创新实践课程思政课堂教学模式

依托跨境电商培优班、跨境电商协会等开展内容丰富、形式多样的专业实践活动和企业文化体验活动,在实践中融入思政元素。邀请企业专家进行跨境电商系列讲座,培养学生爱岗敬业的职业操守。与跨境电商企业深度合作,积极推动"1+X"证书考试试点工作,实现课证融通,在教学中把"从理论到实践"变为"融理论于实践"。鼓励学生参加跨境电商技能大赛、"挑战杯"中国大学生创业计划竞赛、中国国际"互联网+"大学生创新创业大赛等学科竞赛,构建"学、赛、创"人才培养模式,实现学习即比赛、学习即创业、比赛即创业,将理论知识内化为专业实践能力,培养学生创新思维、创业精神和团队合作意识。

3.共建共享课程思政立体教学资源

在"大智移云"的时代背景下,教师应创新利用"互联网+"等现代信息技术手段与方式,将大数据、智能化、移动互联网和云计算运用到教学过程中。基于学生学情进行课程思政信息化平台建设和在线课程资源的开发,满足跨境电商专业不同年级学生的学习需求。

4.全面提高教师课程思政教学能力

加强师德师风建设,培育具有工匠精神、产—教—研经验丰富的跨境电商教学团队,提升团队教师课程思政教学能力。跨境电商专业教师应注重"工匠精神"的提升,定期开展各种形式的研讨和培训,进一步掌握和理解工匠精神的内涵,并在教学活动中自觉践行。不断打磨教案、设计教学内容,使课程内容更贴近学生、贴近生活,增进学生对所学知识的理解和接受度。

四、面向课程思政的专业课程体系

(一)设计依据

按照专业人才培养方案和课程教学大纲中的育人规定,以专业课为课程思政建设重点,构筑以"习近平新时代中国特色社会主义思想概论""毛泽东思想和中国特色社会主义理论体系概论""思想道德与法治""形势与政策"等思政课程为基础,以"明理课程""中华优秀传统文化"等综合素养课程为支撑,以"跨境电商 B2C 运营""跨境电商 B2C 数据分析""跨境电商 B2C 营销""跨境电商创业实践"等专业课程为辐射,促进公共素质类课程、专业类课程、社会实践类课程的协调联动,认真梳理知识框架,围绕课程思政的育人目标,结合专业特色和课程特色,明确课程思政融入课程教学的切入点,深度挖掘各课程的育人元素,融课程思政于教学各环节,加强教育内容优化。

(二)课程结构

跨境电子商务专业公共素质类课程结构如图 16-1 所示。

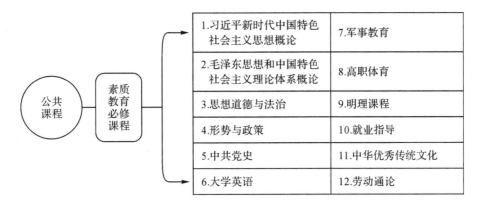

图 16-1 跨境电子商务专业公共素质类课程结构

跨境电子商务专业课程结构如图 16-2 所示。

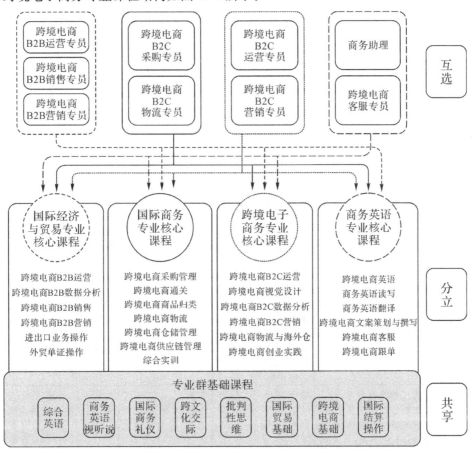

图 16-2 跨境电子商务专业课程结构

(三)专业课程的相关课程信息及课程思政育人目标

跨境电子商务专业课程的相关课程信息及课程思政育人目标示例如表 16-1 所示。

表 16-1　跨境电子商务专业课程的相关课程信息及课程思政育人目标示例

序号	课程名称	课程目标	主要教学内容	主要教学要求	课程思政育人目标
1	跨境电商B2C运营	通过本课程学习，学生能理解跨境电子商务的基本概念、了解基本政策，熟悉跨境第三方操作平台（亚马逊、速卖通、eBay、Wish、Shopee 等）规则，掌握跨境电商运营工作流程，具备跨境电商B2C主流平台跨境店铺优化与运营管理能力和技巧	店铺和账号注册操作，境外消费者行为习惯调研操作，数据化选品操作，产品定价、刊登和发布操作，产品优化及站内运营操作，订单处理操作	熟悉跨境电商B2C操作平台规则（亚马逊、速卖通、eBay、Wish、Shopee 等），掌握跨境电商操作基本工作流程，具备跨境店铺运营管理、电商操作技术等业务能力	1.在育人内容方面，结合数据选品、运营等课程内容，培养学生的责任意识和守约精神 2.在育人方法方面，通过项目教学、案例教学等方法，融入互联网思维能力和家国情怀等精神的培养 3.在育人实践方面，借助各种实训项目，培养学生的劳动意识和精益求精的精神
2	跨境电商视觉设计	通过本课程学习，学生能独立设计并制作产品主图、跨境电商平台的轮播海报图、跨境电商平台的详情页面、手机端店招、焦点图及横幅广告（banner）；熟悉手机端店铺布局及详情页制作	跨境电商视觉营销概述，店招文案、广告文案、详情页的设计制作方法，Photoshop 等图片处理软件的使用方法，主图、细节图、轮播海报等制作方案，短视频文案撰写、短视频拍摄及后期制作方法	掌握跨境电商视觉设计与营销的基本原理、方法和路径，掌握 Photoshop 的基本原理及应用，掌握短视频文案制作及视频拍摄技巧	1.在育人内容方面，结合图片设计、视频拍摄和文案制作等课程内容，培养学生的美学意识、责任意识和契约精神 2.在育人方法方面，通过项目教学、案例教学等，融入品牌意识、知识产权意识和家国情怀等精神的培养 3.在育人实践方面，借助各种实训项目，培养学生的劳动意识和工匠精神
3	跨境电商B2C数据分析	通过本课程学习，学生能熟悉跨境电商数据采集的工具、方法，掌握数据采集与处理方案制订等技能，掌握挖掘消费者行为数据、运营数据、竞争对手数据等技巧，掌握数据监控、运营方案撰写等技能	跨境电商数据采集与处理方案的制订（设定目标、分析指标、制订方案），跨境电商数据分析（消费者行为数据分析、运营数据分析、供应链数据分析、竞争对手数据分析），跨境电商数据监控与应用报告撰写（数据监控、数据分析报告的撰写及运营优化建议的提出等）	掌握跨境电商数据分析三要素即数据采集、分析和报告撰写各环节的核心技能，熟悉数据挖掘和分析的常用工具及各种模型，掌握运营优化的方法和技能	1.在育人内容方面，结合数据采集、数据分析等课程内容，培养学生的信息素养、责任意识和守约精神 2.在育人方法方面，通过项目教学、案例教学等，融入互联网思维能力的培养和家国情怀等精神的培养 3.在育人实践方面，借助各种实训项目，培养学生的劳动意识和工匠精神
4	跨境电商B2C营销	通过本课程学习，学生能熟悉跨境电商宏观、中观和微观调研方法，具备目标客户分析与整体营销方案拟订的能力；掌握主要社交媒体如Facebook/Twitter/Ins/Tiktok等营销推广技巧；掌握内容营销推广技巧	营销基本原理，跨境电商宏观、中观和微观调研方法，境外市场调研，目标客户分析，整体营销方案设计，Google 广告推广，社交媒体营销、邮件营销、事件营销方法等	掌握国际市场营销基本理论和方法，了解互联网营销的技术和策略，能利用网络环境、借助社交媒体开展跨境电商平台营销、运营操作	1.在育人内容方面，结合营销、调研和社交媒体等课程内容，培养学生的责任意识、沟通能力和守约精神 2.在育人方法方面，通过项目教学、案例教学等，融入互联网思维能力培养和家国情怀等精神的培养 3.在育人实践方面，借助各种实训项目，培养学生的劳动意识和精益求精的精神

序号	课程名称	课程目标	主要教学内容	主要教学要求	课程思政育人目标
5	跨境电商物流与海外仓	通过本课程学习,学生能掌握跨境电商出口物流模式、进口物流模式、海外仓备货物流模式、国际海运头程物流、国际空运头程物流、中欧班列头程物流、清关规定、清关模式和跨境电商物流的商业模式及其基本业务流程操作	国际邮政物流业务操作、国际快递物流业务操作、国际专线物流业务操作、海外仓物流业务操作、国际海运头程物流业务操作、国际空运头程物流业务操作	掌握各种跨境电商物流的基本含义、工作过程、运费计算、运单填写、物流方案设计、发货等业务知识,并具备相应能力	1. 在育人内容方面,结合跨境电商海派物流、空派物流和海外仓等课程内容,培养学生的责任意识、沟通能力和守约精神 2. 在育人方法方面,通过项目教学、案例教学等,融入互联网思维能力和家国情怀等精神的培养 3. 在育人实践方面,借助各种实训项目,培养学生的劳动意识及吃苦耐劳、精益求精的精神
6	跨境电商创业实践	通过本课程学习,学生能模拟完成公司注册,基于某跨境电商 B2C 平台完成全流程模拟或真实业务交易,撰写创业实践报告	跨境电商公司注册(模拟)操作、店铺运营账号注册、店铺运营模拟交易、订单处理模拟交易、客户业务处理模拟交易、创业实践报告撰写等	掌握大学生创业政策和公司注册要求,完成亚马逊、速卖通、eBay、Wish、Shopee 等平台全流程业务,掌握跨境电商店铺管理和优化技能	1. 在育人内容方面,结合跨境电商企业注册、公司运营等课程内容,培养学生的责任意识、创业意识和守约精神 2. 在育人方法方面,通过项目教学、案例教学等,融入互联网思维能力培养和家国情怀等精神的培养 3. 在育人实践方面,借助各种创业项目,培养学生的劳动意识和工匠精神

五、课程思政教学实施

(一)教学设计

本专业针对专业课程内容体系和各个教学环节进行了深入分析和优化设计,把育德育人的目标有机融入课前、课中和课后全过程。

1. 课前

教师应立足于跨境电商发展实际及学生实际的学习需求,做好学情调研和分析。针对学生的个体差异选择教学资源和教学案例,强化教学内容对学生的价值引领。

2. 课中

课堂教学活动内容注重理论联系实际,理论与实操并重,将专业能力和个人素养综合融入其中,在项目教学中有机融入爱岗敬业的精神元素,让学生意识到爱岗敬业对自身、对现代企业的重要价值。通过分析一些典型的、创新的商务模式,学生能够认识到创新思维的重要性,激发学生的创新意识,培养学生的创新精神,掌握创新的思维方法。

3. 课后

课后通过布置线上线下合作学习任务,创设直观形象的情境,激发学生自主学习的兴趣,培养和提高学生的创新创业意识,发挥团结协作精神。

(二)教学内容

以 6 门专业核心课程为例:"跨境电商 B2C 运营"课程结合数据选品、运营等课程内容,培养学生的责任意识和守约精神;"跨境电商视觉设计"课程结合图片设计、视频拍摄和文案制作等课程内容,培养学生的品牌意识、知识产权意识和家国情怀等精神;"跨境电商 B2C 数据分析"课程结合数据采集、数据分析等课程内容,培养学生的互联网思维能力和精益求精的精神;"跨境电商 B2C 营销"课程结合营销、调研和社交媒体等课程内容,培养学生的创新意识、法律意识和风险意识;"跨境电商物流与海外仓"课程结合跨境电商海派物流、空派物流和海外仓等课程内容,培养学生的契约精神、劳动意识和精细化操作意识;"跨境电商创业实践"课程结合跨境电商企业注册、公司运营等课程内容,培养学生的全局意识和吃苦耐劳的精神。

(三)教学方法

结合课程教学内容的需要,采取案例教学法、情境模拟教学法、任务驱动教学法、合作教学法等多元化的教学方法,加强与学生的互动交流,以多样化、艺术化的教学方法培养学生的思辨能力,使学生在学习专业知识的同时感受到其中所蕴含的价值取向。

(四)教材选用

1. 教材选用要求

规范教材建设和选用制度,根据跨境电商 B2B、B2C 专业人才培养目标及课程教学要求,优先从国家级或省级规划教材目录中选用教材。专业群加强新形态一体化教材建设,以学生为中心、以能力为本位、以数字资源为支撑,校企双元开发特色鲜明的教材,实现其与在线精品课程的"互联网+"式互动。

2. 图书文献配置要求

定期选购教师专业教学研究和教学实施需要的、融入国际贸易和跨境电商行业企业发展的新制度、新法规、新业务、新做法的图书资料、电子资料等学习辅助性资源。

3. 数字资源配备要求

依托职业教育国际贸易专业国家教学资源库项目,专业群核心课程数字资源应做到系统、完整、优质,主要包括课程介绍、课程标准、教学设计、教学课件、教学视频、电子教材、习题库、案例库、实训项目、参考资料等,同时保持动态更新。

4.开发跨境电商教学资源

编撰跨境电商案例库,建设视频、课件、习题、案例、实验实训(实践)项目、数字教材、数据集等优秀教学资源库,深度挖掘《跨境电商实务》"十三五"规划教材的思政教育元素,结合教材修订进行二次开发,推动跨境电商专业核心课程思政资源的开发与创新利用。

(五)师资队伍

加强师德师风建设,组建并培育一支具有工匠精神、产—教—研经验丰富的跨境电商教学团队,通过行业培训、共同备课、互相听课等方式,提高教师的学习意识和业务能力,注重将学术前沿理论引入教学中,能根据学生的成长规律和特点,吸引学生的注意,驾驭课堂,使课堂教学有序开展,提升团队教师课程思政的教学能力。

在课堂教学中引入案例分析法、项目驱动法、项目教学法等形式,创新教学方式和教学资源,引导学生主动思考,提高学生的参与度。在考核环节通过设置开放试题、增加平时综合表现分占比等方式,考察学生的创新能力和职业素养,引导学生将思政要求内化为日常行为准则。

六、课程思政教学评价

(一)评价主体

评价主体应包括学生评价和教师评价两方面。

学生评价应包括学生的自我评价和对学生的外部评价。学生对于专业学习的展望及想达到的目标等有着不同的想法,学生的自我评价是学生在完成专业学习后进行的自我评价。学生的外部评价是同学之间的相互评价、校内教师对学生的评价、行业兼职教师及家长对学生的评价。

教师评价应包括教学备课过程中是否体现道德教育元素,是否将专业课应讲授的职业道德融入知识与技能教学中;教学实施过程中是否将职业道德教育展现了出来,是否达到了三维目标;教学活动结束后教师应及时进行教学反思,反思过程中是否对道德教育模块做了专门的考量,是否及时调整了有关该方面的下一步教学方案。

(二)评价内容

评价获得感的理性维度要从学生的学习内容进行考查,根据学生在课程学习中实际所获进行评价。可以通过课程阶段性学习展示汇报并结合考试进行评价,考试要整合"思政"与"课程"的内容,而非单纯考查课程内容。

评价持续性的实践维度,要从学生价值观的长远改造进行考查。应检验课程思政是否让学生武装了习近平新时代中国特色社会主义思想、是否有效改造了价值观、是否达到了量变引起质变的效果,如学生在课堂上有无失范行为、是否积极参与课堂及团队任务、是否坚持正确的价值观和职业观。可借助现代教学手段利用深度数据评价课程思政的有效性。

(三)评价方法

采用过程评价、结果评价、动态评价等方式,及时反映学生成长成才的情况,反映教师在课程中价值塑造与知识传授、能力培养的结合程度,以科学评价提升教学效果。

平时成绩中课堂出勤率、作业完成度、提交作业的准时度等评分点,考察的是学生的学习态度,对应工匠精神中爱岗敬业、诚实守信、严谨认真的基本职业素养。

期中考核则重在考察学生的创新思维、团队协作等能力,对应的是新时代工匠所应具备的创新思辨和协同合作意识的培养。

期末考试中,设置开放性的试题,将学生的知识水平考核与思想品德、职业操守、理想信念的考察相结合。

(四)评价标准

跨境电子商务专业课程思政评价标准如表 16-2 所示。

表 16-2　跨境电子商务专业课程思政评价标准

评价指标	评价方式	评价比重
守时、纪律意识	日常考勤	30%
职业道德、法律意识	理论考核	30%
创新精神、契约精神、团结协作	项目考核	40%
诚实守信	综合考核	一票否决

七、管理制度与保障机制

(一)加强组织领导

成立由党总支书记、院长为双组长,副院长、教研室主任、院办(党办)主任为成员的学院课程思政建设工作领导小组,组建课程思政研究团队,结合学院实际,制订完善课程思政工作方案,健全工作机制,明确责任分工,定期召开工作推进会,统筹协调、全面落实课程思政工作。

(二)加强条件保障

在学院党总支的领导下,深化制度创新,统筹各类资源,加强课程思政工作在制度、经费、人员等方面的条件保障,做好组织、协调、管理和服务,将课程思政建设和学院人才培养同规划、同部署、同落实、同考核,健全动态化、常态化评价机制,推进课程思政工作顺利开展,保障全课程育人实效。

(三)营造良好氛围

面向不同课程,持续深入抓典型、树标杆、推经验,利用多种渠道和形式,加强典型经验和优秀做法的宣传、交流和推广。充分激发教师投入课程思政的积极性和创造性,坚持问题导向和成果导向,固化课程思政建设成果,推进课程思政教学示范团队建设、示范课程建设、教材建设和教法改革,加强示范引领,形成"课程门门有思政、教师人人讲育人"的良好氛围。

(四)构建激励机制

对标分院课程思政建设成效考核评价体系,明确教师任务,合理安排进度,确保全额完成。对专业课程思政示范课程、课程思政示范教学团队、课程思政教学研究项目进行考核评价,将客观量化评价与主观效度检验结合起来,注重过程性评价和发展性评价,促进课程思政提质增效,不断完善并发挥各门课程的育人功能。把教师参与课程思政教学改革情况和课程思政效果作为教师考核评价、评优奖励、选拔培训的重要依据,使课程思政成为教师职业发展的内在要求,持续提升课程思政建设质量。

(执笔人:王琼　肖旭)

商务英语专业课程思政教学实践

一、专业课程思政教学的时代背景

"一带一路"贸易畅通带来的新的贸易全球化和跨境电商行业的飞速发展催生出大量多语种多样化的服务需求,商务英语应充分挖掘自身集商务、语言、文化为一体的专业特色,抓住语言服务与贸易业务过程相融合的时代机遇,服务浙江省打造数字贸易中心的需求。浙江金融职业学院商务英语专业创新人才培养模式,培养国际化复合型人才,为全面贯彻习近平新时代中国特色社会主义思想和党的二十大精神,全面落实全国高校思想政治工作会议精神,落实立德树人根本任务,按照价值塑造、知识传授和能力培养的总体要求,积极响应学校课程思政教学改革,发挥专业课程育人作用,推进全员、全过程、全方位育人,培养又红又专、德才兼备、全面发展的适应区域经济发展的跨境电商人才,商务英语专业特制定本专业课程思政教学实践指南。

二、专业课程思政教学的基本理念

本书高举习近平新时代中国特色社会主义思想伟大旗帜,全面落实全国高校思想政治工作会议精神,落实中共中央办公厅、国务院办公厅《关于深化新时代学校思想政治理论课改革创新的若干意见》、教育部《高等学校课程思政建设指导纲要》、《浙江省高校课程思政建设实施方案》和学校《加强课程思政建设 推进全课程育人的意见》等文件精神,坚持德技并修、育训结合,把德育融入课堂教学、技能培养、实习实训等环节,促进思政课程与课程思政有机衔接,提高思想政治教育的实效性,培养学生的劳模精神、劳动精神和工匠精神,引导学生刻苦学习、精进技艺、全面发展。

(一)为党育人与为国育才是根本

习近平强调:"我国是中国共产党领导的社会主义国家,这就决定了我们的教育必须把培养社会主义建设者和接班人作为根本任务,培养一代又一代拥护中国共产党领导和我国社会主义制度、立志为中国特色社会主义奋斗终身的有用人才。"①把正确价值引领、共同理想信念塑造作为商务英语专业课堂的鲜亮底色,巧妙地寓社会主义核心价值观于专业课程知识的传授之中,突出强调用习近平新时代中国特色社会主义思想铸魂育人。本专业要引导学生增强"四个自信",把爱国情、强国志、报国行自觉融入每节课、每个学生的心中。这是课程思政教学改革的根本出发点。

(二)思政课程与专业课程协同共振

思政课程在课程思政建设中始终发挥主导作用和引领作用,同时要扩大专业课程与思政课的协同共振,专业课程在融入思政元素时,不能将专业课程"泛思政化",不能大量生硬地加入意识形态内容,要将专业知识技能与思政元素相互映射、融合、扩散,实现"思政"与"专业"协同育人的有机统一。

(三)创新实践与资源共享为路径

课程思政改革的主阵地是第一课堂,但是也要有相关第二、第三课堂的配合和补充。本专业计划利用学生社团、培优班、见习实习、学科竞赛等辅助教学形式更广泛地开展课程思政,将思政元素同样融入这些活动。对专业课程知识体系进行分析,锁定开展价值引领的重点内容,并发掘与这些知识内容相关联的传统德育资源、当代德育资源及传统与当代融合的德育资源,呈现形式可以包括思政特色教材、教学微课、专家讲座微课、说课视频等。

(四)师者信道与育人育己作基石

面对专业课程思政建设的改革攻坚和建设难点,所有专任教师都要坚守立德树人的初心,自觉肩负起教书育人的职责使命,加强任课教师的思想政治教育和培训,育人之前先育己,切实做到爱学生、有学问、会传授、做榜样,转变教师重知识传授和能力培养,轻价值塑造的观念,做到既要教书,更要育人。进行教师专题培训、专业研讨和集体备课,使任课教师主动利用好课堂时间,精心设计实施思政教学,把知识技能和思政元素充分融合,无缝衔接,做到"润物细无声"。

---

① 习近平.坚持中国特色社会主义教育发展道路　培养德智体美劳全面发展的社会主义建设者和接班人[N].人民日报,2018-09-11(01).

三、专业课程思政的建设目标

(一)总体目标

商务英语专业课程开展课程思政建设,要坚持正确的价值方向,把握商务英语专业课程的课程属性、价值属性、特色优势,发掘、利用、转换专业课程所蕴含的思政资源,坚持以"语言+商务"为特色的商务英语专业知识教学为"体"、以"以德育德、中外融通、显隐结合、德技双修、知行合一"专业育人理念为"魂"、以"线上+线下""课程社团化"等教学形式为"用",追求商务英语专业教育与思政教育的"共振"效应。扎实推进习近平新时代中国特色社会主义思想和党的二十大的重要思想、重要观点、重大战略、重大举措有机地融入专业教学。

(二)具体目标

围绕课程思政建设的总目标,本专业拟从教师、教材、教改3个方面入手,确保整个商务英语专业课程思政建设的有效性。

1.打造"以身示范、以德育德"的商务英语课程思政教师团队

以"四有"好老师为鲜明导向,推动商务英语专业教师自我提升思想政治素质和师德师风,提升教师自身的国际视野与文化自觉、创新精神、学科基本素养及商业伦理意识等,培养1~2名省级教书育人成绩显著的课程思政名师。发挥课程思政教育的主体作用,将思政元素融于课程,实现"以身示范、以德育德"的教育理念。

2.建设"润物无声"的商务英语课程思政教学资源

厘清商务英语专业课程价值属性、特色优势,即其"商"与"英"的双重属性——"英"是指学生提升外语语言水平的重要途径,"商"是指学生接触西方思想、管理理念、商务文化的重要通道。激活商务英语专业课程中的思政元素,紧密围绕商务英语专业课程的知识要点,深挖、萃取塑造价值观、树立文化自信、培养健全人格的切入点和思政元素,重构教学内容,建设一批"润物无声"的商务英语课程思政教学资源,完成专业核心课程的思政课程"多模态"资源建设,开展"跨境电商客服"等课程思政教材建设,回应与践行专业课程知识体系与课程思政价值目标。

3.落实"中外融通、显隐结合、德技兼修、知行合一"为理念的专业教学改革实践

一是积极构建"中外融通、显隐结合"的专业课程思政体系。构建融通中外、全面覆盖、特色鲜明、层次递进、相互支撑的商务英语课程思政体系,积极申报商务英语翻译、综合英语、跨文化交际等省级和校级课程思政示范课程;构建"显隐结合"的课程思政教学生态,通过一、二、三课堂融合,发挥显性课程与隐性课程的各自优势,从第一堂课起循序渐

进地让学生认识专业课程的重要价值,结合第二课堂和第三课堂,让学生形成清晰的专业认知、树立坚定的职业理想,实现理论与实践相结合、课内与课外相结合、第一和第二、第三课堂相结合,构建"专业课程—社团活动—实践项目"课程思政教学生态。

二是积极开展"德技并修、知行合一"的课程思政教学改革实践。德技并修、知行合一,把育德、修技融入专业教学全过程,既发挥专业课程在学生技术技能培养中的主阵地作用,又注重培育学生的职业意识、职业精神,使学生成为德才兼备的跨境电商商务人才。以课程、课程群为单位凝练1～2个专业知识技能传授与课程思政元素完美融合的省级优秀教学案例,积极申报1～2门专业课程的课程思政教学改革项目,归纳总结并形成课程思政教学成果。

四、专业课程思政体系

(一)设计依据

商务英语专业以习近平新时代中国特色社会主义思想为指导,全面贯彻党的二十大精神,深入落实《国家职业教育改革实施方案》《加快推进教育现代化实施方案》《中国教育现代化2035》《职业教育提质培优行动计划(2020—2023年)》《浙江金融职业学院商务英语专业课程思政建设实施方案》等文件精神,切实把思政教育当做立德树人的有力抓手,服务浙江"全球数字贸易中心"建设和国家外贸数字化转型,从最基础最根本的专业教学中深入挖掘思想政治教育资源,通过教师教学内容的巧妙设计、教学过程的自然实施,让学生树立对本国文化的充分自信,掌握语言学习规律,通晓商务成功经营的道理,养成未来职业需求的素质。"丰富学识,增长见识,塑造品格"是每门专业课程的核心要求,努力培养德、智、体、美、劳全面发展的社会主义建设者和接班人。

(二)课程结构

商务英语专业公共素质类课程结构如图17-1所示。专业课程构建了专业群基础课程共享、专业核心课程分立、专业拓展课程互选的课程体系,开设"跨境电商英语""商务英语读写""商务英语翻译"等6门专业核心课程,学生结合目标岗位客观需求和个人职业发展主观意愿,自主选择专业拓展课程,提升岗位迁移能力。专业教师的主力军作用、专业课程的主阵地作用、课堂教学的主渠道作用三者协同联动,实现价值塑造、知识传授、能力培养"三位一体"的专业育人目标,同时注重人格的培养和完善。

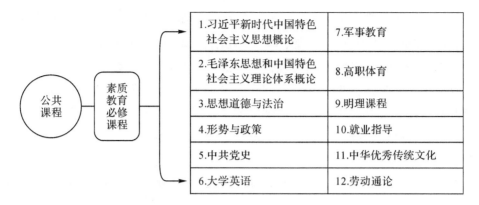

图 17-1　商务英语专业公共素质类课程结构

商务英语专业课程结构如图 17-2 所示。

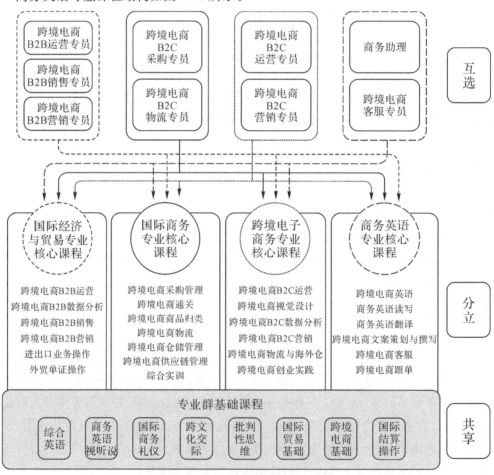

图 17-2　商务英语专业课程结构

（三）专业课程的相关课程信息及课程思政育人目标

本专业共开设 8 门专业基础课程，包括"综合英语""商务英语视听说""国际商务礼仪""跨文化交际""批判性思维""国际贸易基础""跨境电商基础""国际结算操作"。

商务英语专业课程的相关课程信息及课程思政育人目标示例如表 17-1 所示。

表 17-1　商务英语专业课程的相关课程信息及课程思政育人目标示例

序号	课程名称	课程目标	主要教学内容	主要教学要求	课程思政育人目标
1	跨境电商英语	通过本课程的学习，学生能掌握跨境电商售前、售中、售后基本工作流程和英语沟通技巧，熟悉欧美国家、"一带一路"沿线国家国情、消费习惯、文化习俗等，具备跨境店铺运营管理、跨境电商客服岗位所需的沟通能力和问题处理技巧	跨境电商概览、跨境电商主要平台介绍、跨境电商售前沟通、售中沟通及售后服务	能用英语表述跨境电商发展现状和发展趋势、了解主要跨境电商平台特征和规则、掌握跨境电商行业的核心词汇和常用表达，提高跨境电商英语沟通能力和跨文化交流能力	1.在育人内容方面，结合跨境电商发展趋势、各跨境电商平台英语等课程内容培养学生的语言能力、文化素养和正确价值观 2.在育人方法方面，通过项目教学、案例教学和合作学习等，融入文化思维和家国情怀等精神的培养 3.在育人实践方面，借助各种实训项目，培养学生劳动意识和精益求精的精神
2	商务英语读写	通过本课程的学习，学生能书写国际贸易及跨境电商业务中所涉及的主要信函，能够书写简历、求职信、感谢信、祝贺信等常见商务信函，提高在国际商务活动中综合运用英语语言知识和国际贸易专业知识的能力，增强在国际贸易和跨境电子商务中的沟通和书写能力	询盘及答复、报盘及还盘、订单与执行、包装、保险、运输、支付、投诉与索赔、代理、国际商务合同，以及其他信函如求职信、感谢信等相关内容	本课程融国际商务知识与英语阅读写作于一体，合理兼顾语言、商务、文化三者间的关系，介绍商务英语信函的写作原则、组成部分等基础知识，然后根据国际贸易的主要流程，结合案例，系统地讲解各环节的背景知识、典型样函、写作策略等	1.在育人内容方面，结合先进互联网信息，培养学生的互联网思维和国际化视野 2.在育人方法方面，利用在线分级阅读系统、移动终端引导学生通过世界维度对问题进行观察、认识与分析 3.在育人实践方面，通过与浙江省商务厅等高质量校企合作单位联手，提高其职业素养，践行工匠精神，培养文化自信
3	商务英语翻译	通过本课程的学习，学生能翻译商务广告、商品说明书、公司简介等商务文本，掌握迎来送往、商务谈判等口译技能，增强网络资源运用思辨、仿写能力等，满足跨境电商 B2B 和 B2C 企业客服专员、商务助理、销售专员等岗位的需求	翻译标准、翻译过程、增减译法等翻译原则和基本理论，商品说明书、公司简介等商务文本笔译，迎来送往、商务谈判等商务口译，网络语法工具、网络翻译等翻译工具的运用，商务情境下的英语口笔译模拟等	根据国际最新的英语文本译写规范，完成书面翻译，如商品说明书、公司简介、汇票、信用证、英谱等；能就迎来送往、日程安排、宾馆入住、宴会招待、商贸展销、参观工厂等情景进行现场口译，语言流畅，内容基本正确	1.在育人内容方面，结合互联网翻译工具使用、中外商务语篇对比等教学方法，培养学生的国际化视野、工匠精神 2.在育人方法方面，运用语料库等方法引导学生建立起大数据思维、批判性思维和反思性思维 3.在育人实践方面，提高学生的社会责任感、团队合作和专业知识的应用能力

续　表

序号	课程名称	课程目标	主要教学内容	主要教学要求	课程思政育人目标
4	跨境电商文案策划与撰写	通过本课程的学习，学生能熟悉文本、图片、视频等多种文案制作工具；挖掘产品亮点与卖点，策划有品牌感、互联网思维且能打动消费者的产品标题；能够进行品牌文案、产品文案、新媒体传播文案、活动推广文案，掌握关键词设置的方法等文案的策划与撰写	文本文案设计与撰写、图片文案设计与撰写、视频文案设计与撰写、新媒体文案设计与撰写、品牌产品文案设计与撰写等	注重互联网文案创新思维和国际化视野等的培养，要求挖掘产品亮点与卖点，策划有品牌感、互联网思维、能打动消费者的文案；要求能够不断跟踪热点事件，针对不同的人群画像、产品特性、活动目的等撰写文案	1. 在育人内容方面，结合文本文案、图片文案和视频文案等课程内容培养学生的责任意识和守约精神 2. 在育人方法方面，通过项目教学法、案例教学法和合作学习法等，拓展国际视野，融入互联网思维能力和家国情怀等精神的培养 3. 在育人实践方面，借助各种实训项目，培养学生的劳动意识和精益求精的精神
5	跨境电商客服	通过本课程的学习，学生能掌握客服询盘技巧、纠纷的预防和处理办法；能够从客户角度出发，并随时更新可能的FAQ(常见问题解答)；能够把握客户心理，理解客户咨询并快速地给出有效解答，及时处理客户售前、售中、售后的纠纷；能够对客户情绪加以引导，对店铺损失予以控制；能够对客户相关数据进行分类统计，配合其他部门完成客户的定期回访、促销信息送达等工作，以达到促进客户二次购买、转化潜在客户的效果	后台客服管理机制、售前客户沟通、售中客户沟通、售后客户沟通、纠纷和投诉、客户维护等相关内容	熟悉跨境电子商务上货过程及后台客服管理方法，能用英语完成后台操作和进行客户沟通，能使用英语在售前、售中、售后过程中给客户完善的服务	1. 在育人内容方面，结合跨境电商售前、售中和售后等课程内容，培养学生的服务意识、责任意识和守约精神 2. 在育人方法方面，通过项目教学、案例教学和合作学习等方法，融入沟通、协调能力和家国情怀等精神的培养 3. 在育人实践方面，借助各种实训项目，培养学生的劳动意识和精益求精的精神
6	跨境电商跟单	通过课程的学习，学生能掌握扎实的跨境电商B2B跟单基础知识，具备样品跟单、原材料跟单、生产进度跟单、包装跟单、质量跟单操作的职业能力	样品跟单方法、原材料跟单方法、生产进度跟单方法、包装跟单、质量跟单操作	具有互联网思维，掌握互联网技术支持下的跨境电商B2B跟单操作，掌握样品跟单、原材料跟单、生产进度跟单、包装跟单、质量跟单的操作要领	1. 在育人内容方面，结合样品跟单、原材料跟单等课程内容，培养学生的诚信意识和法律意识 2. 在育人方法方面，通过案例教学法、合作学习法等，融入敬业精神和团队精神的培养 3. 在育人实践方面，借助各种实训项目，培养学生的工匠精神

五、课程思政教学实施

(一)教学设计

在构建全面覆盖、特色鲜明、层次递进、相互支撑的课程思政体系基础上,凸显"以德育德、中外融通、显隐结合、德技双修、知行合一"的专业课程思政理念。第一,双教合作,中外融通,以德育德,优化中外教合作的课程思政教学团队,外教团队侧重从中外共知共识共认的道德品质开展教学,中教团队侧重中外对比、中国传统价值等思政元素的融入。第二,隐显结合,一、二、三课堂联动,构建课程思政生态,做实第一课堂:充分利用线上线下两种资源开展思政教学;做强第二课堂:通过金苑翻译社、英语沙龙协会等,丰富课程思政教学形式;做宽第三课堂:拓展涉外志愿者活动、开展社会调研、翻译社会服务等拓展思政教学平台。第三,明确课程定位,厘清课程特色,回应德技双修理念,明确每一门专业课程的课程思政定位,如课程思政的教学内容、在专业人才培养方案中的地位和作用、在人才培养中对育人环节的支撑作用、在课程教学中的融入点和实施路径。在教学内容中突出思政目标在课程各章节模块的具体知识点、技能点、思政要素,以"德技双修"为目标设计呈现内容及呈现形式。第四,以评促学,以评促教,制定体现"知行合一"的课程思政评分标准,在课程考核方式和成绩评定时融入对学生思想道德的评价,甚至将知识点、技能点与思政元素考核相融合,不仅要求学生有对专业知识的见解,还应具有爱岗敬业的劳动态度、精益求精的工匠精神、诚实守信的职业品格,爱国爱家的家国情怀,反思总结的思维品质,中外融通的国际视野。

(二)教学内容

商务英语专业核心课程的主要教学内容可以参见表17-1,此处不再重复。

专业群基础课中的"综合英语""商务英语视听说""国际商务礼仪""跨文化交际"4门课程专注于学生听力、口语、阅读、交际等基础英语语言能力的训练,使学生具备扎实的英语语言技能,能够准确获得英语信息并解码,从而熟练用英语输出口头和书面信息,达到得当、准确交际的目的。

(三)教学方法

采用多元教学方法对学生进行培养,如班级讨论、小组讨论、同伴教学、翻转课堂、课堂报告等,教学方法的选取注重学生的课堂产出,强调教学互动性及课程内容的建构性、生成性,把思想政治教育以"春风化雨""润物无声""潜移默化"的方式融入专业教学。如"商务英语视听说"课程中采用"中国基因"案例教学法,即师生通过收集阅读关于中国思想、中国元素、红色基因、家乡故事的英语案例,培养学生爱国、爱党、爱社会主义的情怀;

又如"商务英语翻译"课程中"数字故事"项目教学法,即将技术形式(数字故事)、思政内容(中国故事)、语言转换(脚本译写)、合作学习(小组项目制)有机结合,从而提高学生的信息分析能力,培养学生的新闻敏感度、译写能力,融入爱国、爱家、爱岗等思政教育元素,增强师生的知识共享。

(四)教材选用

1.规范主教材选用

规范教材选用、审核、评价制度,根据跨境电商客服人才培养目标及相关课程教学要求,优先从国家级或省级规划教材目录中选用教材,关注教材的经典化、科学性,重点审核教材中意识形态、政治立场、政治概念表达等问题。

2.建设特色教材、教辅

加强新形态一体化教材建设,以学生为中心、以能力为本位、以数字资源为支撑,校企双元开发特色鲜明的教材;教辅材料建设采用活页等形式,对接国家最新政策、中国经验、浙江特色、学校特色、专业培养目标,采取专业教师与行业教师共同编写、试用、修订。

3.融入课程思政元素

专业教材和教辅材料应系统融入体系化、颗粒化、情景化和专业特色鲜明的课程思政元素。一是通过跨文化比较,培养学生的文化自信与人类命运共同体意识;二是通过思辨,强化社会主义核心价值观;三是通过用外语表达中华优秀传统文化的方式,提升人文素养、文化自信和跨文化交际的能力;四是通过体验式语言学习,提高道德素养,推进社会主义核心价值观、科学精神、劳动精神、创新精神等落地生根。

(五)师资队伍

建立健全专业课程思政建设体制机制、提升教师育人意识与能力、灵活供给配置课程思政要素。着力建设"多元"专业课程思政师资生态,邀请思政专业教师,在跨境电商企业、金融机构、政府外事部门等奉职多年的行业专家,政府部门(如商务厅等部门)的代表,以及辅导员、学生家长等,组成协同育人的共同育人主体。

六、课程思政教学评价

(一)评价主体

首先是学生自评。学生对于自我的思想政治学习程度、改进情况,通过自我反省、与老师和朋辈谈心、演讲等方式进行。其次是生生评价。通过同学之间相互评价可以客观地认识到各自思想上的进步、存在的问题和弱点等,促进自己更全面深入地了解自己。以别人为榜样看到自己的长处与不足,为下一步提高做好准备。再次是教师评价。在第一、第二、第三课堂中,教师根据课程思政教学目标实施知识、技能和思政融合化教学,对学生的思政情况进行全面立体的评价。最后是企业评价。来自合作企业的行业专家结合专业相关岗位的核心职业素养要求,对学生的合作能力、诚信品质、工匠精神等思政素质进行评价。总之,通过学生自评、生生评价、教师评价和企业评价对课程思政教学效果形成全面、立体的评价体系。

(二)评价内容

1.评价学生感悟的质量和程度

课程思政的目的是引发学生的情感触动和思想共鸣,实现思政教育元素的入脑、入心。因此,课程思政教学评价要着重在感悟上,要以感悟的质量与程度作为评价的重要内容。

2.评价学生对学习、工作、生活的态度和成绩

课程思政教学评价需要重点考查学生对学习、从事班级工作的态度和成绩改变的情况,考查学生对于任课教师人格和教学的认可度,考查学生课内外对于国家发展、民族复兴的关注度和认同感。

3.评价教师的课程思政设计

课程思政设计评价重点关注教学目标、教学内容、教学方法、教学情境等要素是否体现充分、是否齐全、是否执行得当。同时,课程思政是否具有丰富的层次感和维度、教学方式的多样性,以及教师素质的专业性等都是评价的主要内容。

(三)评价方法

评价维度包括专业学生在课程学习中体现出的学习态度、纪律意识、职业道德、法律意识、创新精神、爱国情怀、团结协作、批判性思维、科学精神、反思习惯、诚实守信等。评价方式为教师评价、学生评价、行业评价相结合的多元评定方式。评价时间跨度兼顾形成性评估和终结性评估。评价依据日常考勤记录、课堂表现记录、项目作业、项目反思笔记,适当考虑学生担当涉外志愿者、进行社会实践等情况。考核方式应考虑思政元素类型和专业课程的特点来选择考核形式和评定方式,注重主客观结合、案例与理论结合。

(四)评价标准

客观标准方面,概括为:明确清晰的教学目标、准确合理的教学内容、灵活多变的教学方法、情真意切的教学情境。将这些基本要素是否体现充分、是否齐全、是否执行得当,作为考察课程思政教学的客观评价标准。而在主观方面,则可以重点考察课程思政是否具有丰富的层次感和维度,如思政元素的时代性、师生间的亲和性、教学方式的多样性及教

师素质的专业性。具体如表 17-2 所示。

表 17-2　商务英语专业课程思政评价标准

评价指标	评分要素	占比/%
教学目标	1. 教学目标明确、符合课程标准要求 2. 有效挖掘课程的思想政治教育资源,充分发挥专业课教师的育人作用 3. 教学目标表述清晰,能够体现课程思政教学目标	15
教学内容	1. 教学内容适合设计课程思政,能够与思想政治教育内容有机融合 2. 内容充实,能够准确把握教学重点、难点 3. 以项目任务为主要载体,设计突出职业能力培养的教学内容 4. 文字表述准确、简洁,阐述清晰 5. 课程思政教学内容设计系统全面	30
教学过程	1. 依据课程特点与思政教育规律,选择教学方法与手段,做到既教书又育人 2. 思政元素隐性融入的方法巧妙,能突出学生主体地位,充分调动学生思维和学习积极性 3. 能够运用有效的方法抓住重点、突破难点 4. 教学资源和技术运用合理,能够有效辅助教学,优化教学过程 5. 课程思政教学有必要的评价或考核 6. 教学时间安排合理	40
特色创新	教学理念先进,风格突出,课程思政设计新颖巧妙,具有较强的示范性	10
教学反思	从课程内容与思政教育元素融合的方法、育人的效果等方面进行反思,做到联系实际、思路清晰、观点明确、语言通顺,有感而发	5

七、管理制度与保障机制

1. 组织领导机制

成立课程思政教学改革领导小组,专业主任担任组长,专业副主任和教研室副主任担任副组长,加强对本专业课程思政工作的领导。做好顶层设计,指导课程负责人稳步推进课程思政工作。

2. 考核评价机制

将教师参与课程思政教学改革的情况作为教师年度考核、评优奖励、选拔推优的重要参照指标。领导小组加强对课程思政执行情况的督查,查漏补缺,指导整改。

3. 培育宣传机制

布局重点核心课程的思政教学改革,挖掘优秀案例,创新思政载体,培育校级及厅级教改课题。同时,充分发挥校内微信平台、学院网站等宣传平台作用,将优秀课程思政教学典范加以推广、宣传,营造好"三全育人"的良好氛围,系统构建课程思政评价激励机制。

4. 教师激励机制

将教师参与课程思政教学改革的情况作为教师年度考核、评优奖励、选拔推优的重要参照指标。布局重点核心课程的思政教学改革，挖掘优秀案例，创新思政载体，培育校级及厅级教改课题。将德育元素挖掘度、德育元素受学生接纳度、德育元素重复利用度等量化指标纳入教师评价考核、聘任晋升、奖励评优、选拔考察环节之中，引导教师积极、有效地开展立德树人工作。

（执笔人：张敏　朱慧芬）

18 会展策划与管理专业课程思政教学实践

一、专业课程思政教学的时代背景

为深入学习贯彻习近平总书记关于职业教育的重要论述,以及全国、浙江省教育大会及全国职业教育大会等会议精神,全面贯彻党的教育方针,把思想政治教育贯穿人才培养体系,全面推进会展策划与管理专业课程思政建设,构建符合人才成长规律、体现时代要求、彰显专业特色的课程思政体系,发挥好每门课程的育人作用,培养德智体美劳全面发展的社会主义建设者和接班人,顺应会展数字化转型及会展品牌化发展的需要,特制定本专业课程思政教学指南。

会展策划与管理专业是一个知识密集型的智慧产业,行业有更迭,但每个行业都需要会展这样的展示和交流的平台,大型品牌展会往往成为体现一个国家或地区发展战略的风向标。高素质会展人才需要通过创新的思维和手段、先进的管理逻辑和方法来推动会展业的发展,更为重要的是他们需要具备吃苦耐劳的品质、抗压能力、工匠精神和品牌意识等多个方面的素养,因此系统性设置专业的课程思政教学对专业建设及专业人才培养具有十分重要的意义。

二、专业课程思政教学的基本理念

本指南坚持以习近平新时代中国特色社会主义思想为指导,根据中共中央办公厅、国务院办公厅《关于深化新时代学校思想政治理论课改革创新的若干意见》、教育部《高等学校课程思政建设指导纲要》、《浙江省高校课程思政建设实施方案》和学校《加强课程思政建设 推进全课程育人的意见》等文件精神,全面贯彻党的教育方针,坚持社会主义办学方向,坚持把立德树人作为学校教书育人的中心环节,坚持把思想政治教育贯穿教育教学全过程。

会展策划与管理专业形成以全课程育人(全课多层次育人)为内核,以全员育人(全员双角色育人)为主体,以全程育人(全程持续性育人)为基础,以全方位育人(全生个性化育人)为方略的人才培养机制,使思政课程与各类课程同向同行,将显性教育和隐性教育相统一,构建全面覆盖、特色鲜明、层次递进、相互支撑的课程思政体系,如图18-1所示。

育人的对象是所有专业学生,全生育人同时兼顾个性化育人,特别是对特殊学生个体的个性化教育

专业从新生进校的第一天起,直到学生毕业离校止,结合千日成长工程,在整个大学培养周期内,课程思政育人贯穿始终

注重理论课程育人和实践课程育人相衔接。理论课程育人强调培养正确"三观"等通识类教育,实践课程育人强调职业态度、职业纪律和职业伦理教育。同时,兼顾一、二、三课堂思政化育人的衔接

专业所涉及的所有老师,特别是所有专业课程的老师,都参与进来。所有专业课程老师都是"兼职班主任"

图 18-1　会展策划与管理专业课程思政理念及路径

三、专业课程思政的建设目标

(一)总体目标

以培养拥护党的基本路线,适应区域经济建设和社会发展需要,具有诚信、合作、敬业、创新创业基本素养和数字素养,掌握策划、设计、品牌、营销、管理、服务、创新创业等知识,能从事调研分析、文案策划、市场营销、客服运营、创业设计、品牌管理、现场执行等工作,具有全球视野和较强可持续发展能力,德、智、体、美、劳全面发展的高素质技术技能型专门人才为目标,培育一批数字会展及品牌会展领域课程思政示范课程,打造一批具有育德意识和育德能力的课程思政教学示范团队,立项一批课程思政教学研究项目,建设一批课程思政教学资源和优秀案例,形成专业课程思政之魂和各门课程思政之魂。扎实推进习近平新时代中国特色社会主义思想和党的二十大的重要思想、重要观点、重大战略、重大举措有机地融入专业教学。

(二)具体目标

1.构建专业课程思政教学体系

结合会展策划与管理专业特点,深入研究专业育人目标,挖掘专业课程的育人元素,

设计课程思政实施路径与载体,构筑以"参展管理与品牌推广""会展项目管理"两门国家教学资源库建设课程为基础,以"品牌数字化传播""会展综合实训"等专业核心课程为支撑,以"国际商务礼仪""会展英语"等专业基础课为辐射的课程体系,课程思政建设覆盖全部专业基础课、专业核心课和专业拓展课,每门课程均制订课程思政建设实施方案,打造既传授职业知识、培养技术技能,又塑造正确世界观、人生观、价值观,多层次互补、有机融合的专业课程体系。

2.打造一批课程思政示范课程

突出重点,努力将"参展管理与品牌推广"和"会展项目管理"两门国家教学资源库课程建设成为省级课程思政示范课程,将"会展综合实训""国际商务礼仪"等专业基础课程建设成为校级及以上课程思政示范课程。各课程深入挖掘课程中蕴含的思想政治教育资源,将思想政治教育元素融合于课程教学,作为课程讲授的重要内容和学生考评、教学评价的关键指标,并纳入课程标准体系。

3.创新课程思政课堂教学模式

会展策划与管理专业的课程总的来说是实践性特别强的课程,许多专业课程都是以真实项目为载体进行设计,在会展专业思政课程的实践中,我们特别重视实践性教学环节,综合运用讲授式、启发式、探究式、合作式、线上线下混合式、工学交替、课证融合、课赛融合等各类教学方法,培养学生发现问题、分析问题和解决问题的能力,让学生在解决问题的过程中优化处理问题的思维方式,有正向的价值判断,能选择合适的解决方式,特别是在实践教学中,加强对学生的工匠精神、抗压能力、一丝不苟的工作态度及吃苦耐劳精神的培养。充分利用互联网、大数据、人工智能等现代信息技术手段和智慧教室等配套设备,增强学生的自主学习能力,开展线上线下混合式教学、翻转课堂等教学改革,发挥微博、微信、播客、论坛等新媒体平台功能,发挥新媒体技术在价值引领、情感传递和道德示范等方面的作用。

4.建设课程思政立体教学资源

根据会展策划与管理专业人才培养特点和专业能力素质要求建立"课程思政"的案例库,科学合理地设计思想政治教育内容,所有案例应有效结合社会热点问题、国家或者区域指标性展会(如中国国际进口博览会),也关注疫情下会展业态的发展趋势和最新变化,特别是关注境外参展、全媒体营销、品牌出海等领域的新发展趋势,切实体现"课程思政"和"专业思政"。将课程思政融入会展专业国家教学资源库建设项目之中,充分利用浙江数字贸易先行示范区、杭州跨境电商综合试验区等优势,将家国情怀、"四个自信"、工匠精神、诚实守信等育人元素入微课、入动画、入课件、入作业、入实训。

5.提升教师课程思政教研能力

全体专业教师树立"课程思政"的践行自觉,形成"课程思政"教学改革常态。专业每年培育1个课程思政教学团队,3年内培育1～2个课程思政教师团队,立项1～2个课程思政教学研究项目。发挥课程思政名师的示范引领作用，发挥专业群"万人计划"教学名师工作坊平台功能。鼓励专业教师结对思政教师，组建多学科背景互相支撑、良性互动的课程教学团队，通过教师之间的"同向同行、协同育人"来保障课程之间的"同向同行、协同效应"。

四、专业课程思政体系

(一)设计依据

会展策划与管理专业以习近平新时代中国特色社会主义思想为指导，贯彻党的二十大精神，深入落实《国家职业教育改革实施方案》《加快推进教育现代化实施方案》《中国教育现代化 2035》《职业教育提质培优行动计划(2020—2023 年)》《浙江金融职业学院会展策划与管理专业课程思政建设实施方案》等文件精神，落实"立德树人"根本任务，服务浙江"全球数字贸易中心"建设和会展数字化、品牌化转型，全面对接会展管理师及全媒体运营师等职业技能证书，"政行校企"共同制订专业人才培养方案，构建了学历证书与职业技能等级证书融通的课程体系。

(二)课程结构

会展策划与管理专业课程结构如图 18-2 所示。

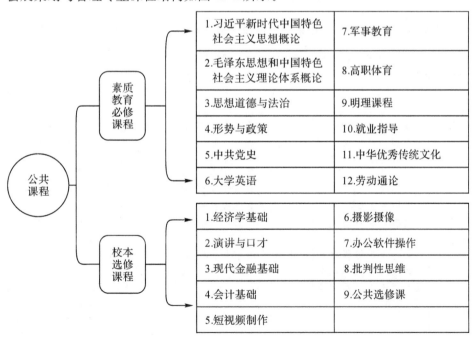

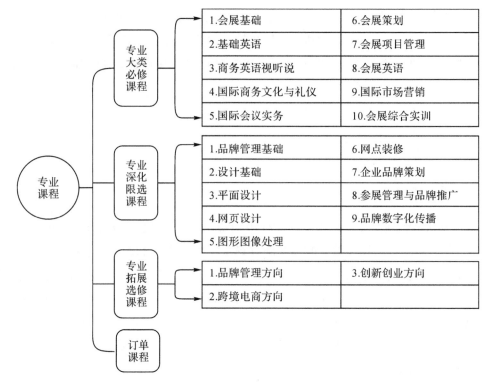

图 18-2　会展策划与管理专业课程结构

（三）专业课程的相关课程信息及课程思政育人目标

会展策划与管理专业的相关课程信息及课程思政育人目标示例如表 18-1 所示。

表 18-1　会展策划与管理专业的相关课程信息及课程思政育人目标示例

序号	课程名称	课程目标	主要教学内容	主要教学要求	课程思政育人目标
1	会展策划	课程通过丰富的教学案例和会展项目导向的基本技能训练，学生可以熟练掌握多种类型、不同阶段会展项目的策划与管理能力，从而具有对策划会展项目的全局视野及灵活机动的市场敏锐度和观察力，为今后从事会展或相关策划活动奠定扎实的基础	能对会展项目进行可行性分析，能对场地进行合理选择和科学规划，能编写简单的会展调查问卷，具有起草会议方案、展会及节事活动策划方案的能力，能做好项目财务预算，能够制订展会宣传策略与媒体支持方案	会展策划基础知识、相关法律与政策知识，会议活动策划、展览活动策划、会展场地的选择和规划、论坛及相关活动策划、会展信息化、会展策划评估、节事活动策划、与媒体的合作与宣传等方法	1.在育人内容方面，结合会展策划的流程和具体操作等课程内容，培养学生精益求精的工作态度和创新精神 2.在育人方法方面，通过组织比赛及团队合作学习法、实践教学法等的运用，融入责任意识、团队精神的培养 3.在育人实践方面，借助各种实训项目，培养学生的工匠精神

序号	课程名称	课程目标	主要教学内容	主要教学要求	课程思政育人目标
2	会展项目管理	课程通过任务引领项目活动,学生能够掌握会展项目管理的基础知识和实操技能,运用系统的观点、理论和方法,对会展项目执行周期中各阶段的工作进行计划、组织、控制、沟通与激励,以实现其既定的各项目标,增强学生的项目管理能力及实际操作能力	介绍启动项目、制订项目计划的方法,执行项目、控制项目、进行项目收尾等操作流程,培养良好的组织、协调和人际沟通能力,能进行有效的项目预算管理、信息管理和后勤管理,解决突发问题的方法等	掌握管理学基础知识,以及项目主题的确定、项目的立项、项目现场运作、项目的控制、项目人力资源管理、项目预算管理、项目危机管理、项目后勤管理、项目信息管理知识	1.在育人内容方面,结合会展项目的流程和具体项目操作等课程内容,培养学生统筹兼顾的能力及项目责任意识 2.在育人方法方面,通过团队合作学习法、实践教学法等,融入沟通能力、学习能力及团队精神的培养 3.在育人实践方面,借助各种实战项目的操作,培养学生的责任意识和时间观念
3	国际市场营销	课程通过项目导向的教学模式,培养学生针对国际市场各要素开展调研分析的能力,并能提出符合市场规律的细分、进入、竞争等多种策略;通过营销实训,学生能够全面掌握营销调研和战略策划,以及开展产品、价格、渠道、促销的具体技巧	介绍电话、传真、电子邮件、拜访等招展技术,拟订参展合同、设计与制作招展书、制订招商方案和展会推介方案的方法,独立进行市场调研获取相应信息、根据展会细分市场开展营销活动、及时针对环境的变动改变营销策略和方式等相关知识,运用多种营销策略,开展各种组合营销活动等相关内容	具有互联网思维,掌握互联网技术支持下的市场营销和多媒体营销技巧,掌握一般的市场营销方法和推销手段、展会推介方法、信息搜集及数据库的建立方法,掌握合同相关知识及展会招展招商知识	1.在育人内容方面,结合市场营销的方法和具体操作等课程内容,培养学生的市场意识和互联网思维 2.在育人方法方面,通过营销项目模拟和团队合作学习法的运用等,融入市场意识、营销理念的培养 3.在育人实践方面,借助各种真实项目,塑造学生的营销价值观
4	会展综合实训	课程以实训为主,鼓励专业学生通过自主决策,完成项目的一整套策划、实施和管理流程,在情境实践中锻炼综合职业能力,如很多会展企业非常重视的关注细节的能力;学生全面掌握并灵活运用所学的知识和技能,锻炼和提高其专业能力、职业能力及社会交往能力	对展会注册管理、服务管理、市场调研、市场营销、展务管理与服务、客户关系管理、危机管理、参展商接待服务等方面进行模拟操作的讲解	掌握展会注册管理实训、服务管理实训、市场调研实训、市场营销实训、展务管理与服务实训、客户关系管理实训、危机管理实训、参展商接待服务实训知识	1.在育人内容方面,结合会展综合实训的流程和具体操作等课程内容,培养学生的责任意识和市场意识 2.在育人方法方面,通过组织学生参加真实项目,并运用团队合作学习法、实践教学法等多种教学方法,融入责任意识、抗压能力、团队精神的培养 3.在育人实践方面,借助各种实战项目操作,培养学生的工匠精神

续　表

序号	课程名称	课程目标	主要教学内容	主要教学要求	课程思政育人目标
5	品牌数字化传播	课程通过任务引领项目活动,在数字化背景下,培养学生掌握品牌应该如何适应媒介环境嬗变的创新传播思维,掌握利用大数据激发品牌创新潜力,借助虚拟仿真技术营造品牌体验场景,运用多元传播矩阵讲好中国品牌故事的能力	品牌传播环境的变革,品牌传播创新思维,品牌的价值策略、个性策略、角色策略、消费者策略、沟通策略、延伸策略,品牌的整合传播、全球化传播,品牌新技术、新技巧及新创意传播等相关知识	本课程综合性和实践性较强,兼顾内容深度与广度,通过翔实的理论、独到的观点和精彩的案例,剖析并阐述数字时代品牌传播的内在逻辑与发展趋势,从认知、策略、战略、实践等4个维度让学生系统理解并掌握品牌传播的相关知识技能	1.在育人内容方面,结合数字化传播的流程和具体操作等课程内容,培养学生的品牌意识和终身学习精神 2.在育人方法方面,通过案例教学和团队合作学习法等,融入数字经济和人工智能相关理念 3.在育人实践方面,借助各种实训项目,培育学生运用数字和人工智能为品牌服务的观念
6	参展管理与品牌推广	课程通过任务引领项目活动,学生可以了解展览会的功能,企业参展的一般流程,展前准备、展中管理和展后跟进的基本工作流程和步骤,掌握高质量参加展会筹备工作的要点和技巧,掌握各个阶段的工作重点,掌握O2O(online to offline,线上线下)品牌推广模式	介绍制订参展目标和参展计划,做好充分的参展准备,办理展会申请手续,进行展台搭建,参与展会服务,安排展运工作,组建参展团队并进行工作安排,进行参展推广并邀请观众,进行展台管理、展中营销和展后跟进等相关知识	具有互联网思维,以企业参展流程为中心组织课程内容,让学生在了解会展的过程中学会完成相应工作任务,并掌握相关品牌管理理论知识,最后熟悉以品牌推广和传播为目标的参展管理体系	1.在育人内容方面,结合参展管理及线上线下品牌推广的流程和具体操作等课程内容,培养学生的品牌意识和互联网思维 2.在育人方法方面,通过真实项目跟踪、校企联合授课等,融入服务企业的意识和职业伦理素养的培养 3.在育人实践方面,借助各种校企合作实训项目,培养学生服务企业的意识

五、课程思政教学实施

(一)教学设计

会展策划与管理专业在构建全面覆盖、特色鲜明、层次递进、相互支撑的课程思政体系的基础上进行教学体系设计。首先,明确每一门专业课程的课程思政定位,如课程思政的教学内容、在专业人才培养方案中的地位和作用、在人才培养中对育人环节的支撑作用、在课程教学中的融入点和实施路径等;其次,在教学内容中突出思政目标在课程各章节模块的具体体现点、结合点、呈现内容及呈现形式;最后,制定课程思政评分标准,在课程考核方式和成绩评定时融入素质考核指标,融入对学生思想道德的评价,不仅要求学生有对专业知识的见解，还应具有爱岗敬业的劳动态度、精益求精的工匠精神、诚实守信的职业品格。

（二）教学内容

以 6 门专业核心课程为例："会展策划"课程结合会展策划的流程和具体操作等课程内容培养学生精益求精的工作态度和创新精神；"会展项目管理"课程结合会展项目的流程和具体项目操作等课程内容培养学生统筹兼顾的能力及项目责任意识；"国际市场营销"课程结合市场营销的方法和具体操作等课程内容培养学生市场意识和互联网思维；"会展综合实训"课程结合会展综合实训的流程和具体操作等课程内容，培养学生的责任意识和市场意识；"品牌数字化传播"课程结合数字化传播的流程和具体操作等课程内容，培养学生的品牌意识和终身学习的精神；"参展管理与品牌推广"课程结合参展管理及线上线下品牌推广的流程和具体操作等课程内容，培养学生品牌意识和互联网思维。

（三）教学方法

以 6 门专业核心课程为例："会展策划"课程通过组织比赛，并运用团队合作学习法、实践教学法等多种教学方法，融入责任意识、团队精神的培养；"会展项目管理"课程通过团队合作学习法、实践教学法等，融入沟通能力、学习能力及团队精神的培养；"国际市场营销"课程通过营销项目模拟和团队合作学习法等方法的运用，融入市场意识、营销理念的培养；"会展综合实训"课程通过组织学生参加真实项目并运用团队合作学习法、实践教学法等多种教学方法，融入责任意识、抗压能力、团队精神的培养；"品牌数字化传播"课程通过案例教学和团队合作学习法等，融入数字经济意识和人工智能相关理念的培养；"参展管理与品牌推广"课程通过真实项目跟踪、校企联合授课等，融入服务企业意识、职业伦理素养的培养。

（四）教材选用

规范教材建设和选用制度，根据专业人才培养目标及课程教学要求，优先从国家级或省级规划教材目录中选用教材。加强新形态一体化教材建设，以学生为中心、以能力为本位、以数字资源为支撑，校企双元开发特色鲜明的教材，实现其与在线精品课程的互联网＋式互动。编著并挖掘《参展管理与品牌推广》《国际商务礼仪》等新形态一体化教材或者活页式教材的思政教育元素，以优秀教材推进社会主义核心价值观、科学精神、劳动精神、创新精神等落地生根。

（五）师资队伍

专业创新"双元双优"团队建设模式，打造高水平、结构化的教师教学创新团队。行业兼职教师需具备良好的思想政治素质、职业道德和工匠精神，具有较高的专业素养和技能水平,具有较丰富的从业经验和行业资源,具有参与人才培养全过程的主观意愿。"双元双优"教师教学创新团队合作开发岗位标准、专业教学标准、课程标准、一体化教材,共同备课、授课、评价,给予就业指导,参与人才培养全过程。专业聘请与全媒体营销、品牌推广、境外参展等岗位相关的行业骨干教师与校内专任教师共同将岗位典型工作任务转化为主要教学项目,并细分为若干教学模块,针对不同业务领域,分别主讲各自"精专"的项目模块,实施分工协作模块化教学。

六、课程思政教学评价

(一)评价主体

学生是课程思政最直接的学习者、感受者、获益者,因此专业课程思政的课程思政教学评价对象是学生端,不仅要从供给侧、投入端考查,还应从需求侧、产出端考查。评价应基于学生侧的专业与职业发展的价值观改造,注重课程思政教学入脑入心、见行见效的有效性评价,既要关注学生获得感方面的理性维度,又要关注发展持续性方面的实践维度。

(二)评价内容

评价获得感的理性维度,要从学生的学习内容进行考查。专业课程思政建设内容要紧紧围绕坚定学生理想信念,优化专业课程思政内容供给,系统开展社会主义核心价值观教育、法治教育、劳动教育、科学精神、工匠精神、职业道德、职业素养等教育。根据学生在课程学习中实际所获进行评价。可以通过课程阶段性学习展示汇报、结合考试进行评价,考试要整合"思政"与"课程"的内容,而非单纯考查课程内容。

评价持续性的实践维度,要从学生价值观的长远改造进行考查。应检验课程思政是否让学生武装了习近平新时代中国特色社会主义思想、是否有效改造了价值观、是否达到了量变引起质变的效果,如学生在课堂上有无失范行为、是否积极参与课堂及团队任务、是否坚持正确的价值观和职业观,借助现代教学手段利用深度数据评价课程思政的有效性。

(三)评价方法

应着眼学生的家国情怀、人生观、价值观、职业观的感悟开展课程思政的教学效果评价,主要从两个方面展开:一是学生的课程参与度,观察学生对课程学习态度的变化,可以从课堂教学规范的遵守情况、课堂参与的积极度,包括课前背景资料的搜集与阅读、课中问题的回答与实训任务操作、课后拓展训练的完成情况等来考察;二是学生的感悟度,观察学生在课内外对专业相关领域发展的关注度和认同感,从专题讨论、案例分析、个人展示、期末考核中的开放性答题等方面来评价。

（四）评价标准

会展策划与管理专业课程思政教学设计评分标准如表 18-2 所示。

表 18-2　会展策划与管理专业课程思政教学设计评分标准

评价指标	评分要素	占比/%
教学目标	1.教学目标明确、符合课程标准要求 2.有效挖掘课程的思想政治教育资源,充分发挥专业课教师的育人作用 3.教学目标表述清晰,能够体现课程思政教学目标	15
教学内容	1.教学内容适合设计课程思政,能够与思想政治教育内容有机融合 2.内容充实,能够准确把握教学重点、难点 3.以项目任务为主要载体设计突出职业能力培养的教学内容 4.文字表述准确、简洁,阐述清晰 5.课程思政教学内容设计系统全面	30
教学过程	1.依据课程特点与思政教育规律选择教学方法与手段,做到既教书又育人 2.思政元素隐性融入的方法巧妙,能突出学生主体地位,充分调动学生思维和学习积极性 3.能够运用有效的方法抓住重点、突破难点 4.教学资源和技术运用合理,能够有效辅助教学,优化教学过程 5.课程思政教学有必要的评价或考核 6.教学时间安排合理	40
特色创新	教学理念先进,风格突出,课程思政设计新颖巧妙,具有较强的示范性	10
教学反思	从课程内容与思政教育元素融合的方法、育人的效果等方面进行反思,做到联系实际、思路清晰、观点明确、语言通顺,有感而发	5

七、管理制度与保障机制

（一）加强组织领导和顶层设计

在学校党委统一领导、教务部门牵头抓总、相关部门联动的课程思政格局中,在国际商学院课程思政建设工作领导小组的领导下,结合专业实际,制定完善会展策划与管理专业课程思政教学指南,定期召开专业层面实施推进会,统筹协调、落实推进课程思政建设工作,彰显专业特色。

会展专业手册是会展专业根据学校的"千日成长"工程而制定的,详细说明了学生的就业岗位、必备技能、核心素养及在校期间每个阶段的思政素养成长路径。课程根据学校和专业的"千日成长"方案,形成了校内老师、行业师傅、专业学长共同参与的,贯穿课前、课中与课后全过程的"三元三优、实践育人"的课程思政教学保障机制（见图 18-3）。

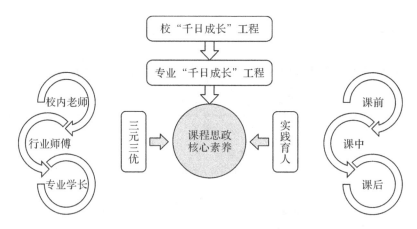

图 18-3 "三元三优、实践育人"课程思政教学保障机制

(二)加强条件保障

在学院党总支的领导下,深化制度创新,统筹各类资源,加强课程思政工作在制度、经费、人员等方面的条件保障,做好课程思政建设工作的组织、协调、管理和服务,将课程思政建设和专业人才培养同规划、同部署、同落实、同考核,推进课程思政工作顺利开展,健全动态化、常态化评价机制,保障课程育人实效。

(三)营造良好氛围

面向不同课程,持续深入抓典型、树标杆、推经验,利用多种渠道和形式,加强典型经验和优秀做法的宣传、交流和推广。充分激发教师投入课程思政的积极性和创造性,坚持学生主体、问题导向和成果导向,固化课程思政建设成果,推进课程思政教学示范团队建设、示范课程建设、教材建设和教法改革,加强示范引领,形成"课程门门有思政、教师人人讲育人"的课程思政建设的良好氛围。

(四)构建激励机制

对标分院课程思政建设成效考核评价体系,明确教师任务,合理安排进度,确保全额完成。对专业课程思政示范课程、课程思政示范教学团队、课程思政教学研究项目进行考核评价,将客观量化评价与主观效度检验结合起来,注重过程性评价和发展性评价,促进课程思政提质增效,不断充实完善各门课程的育人功能。把教师参与课程思政教学改革情况和课程思政效果作为教师考核评价、评优奖励、选拔培训的重要依据,使课程思政成为教师职业发展的内在要求,持续提升课程思政的建设质量。

(执笔人:金方增　张万里)